U0935784

中药配方颗粒行业发展蓝皮书

（1993—2024）

中国中药协会中药配方颗粒专业委员会 组织编写

1993

2024

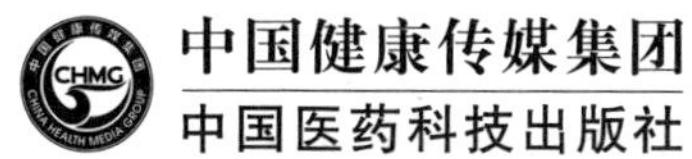

中国健康传媒集团
中国医药科技出版社

内 容 提 要

本书共六章，主要从中药配方颗粒行业发展历程、中药配方颗粒监管政策法规变化、中药配方颗粒质量标准研究、中药配方颗粒临床应用情况、中药配方颗粒行业现状、面临的挑战、应对策略及发展趋势等方面，对中药配方颗粒从中药饮片剂型改革试点到中药配方颗粒试点到结束试点的发展历程及监管法规进行了详细总结，同时整理了中药配方颗粒质量标准研究进程以及中药配方颗粒临床使用情况，通过深入分析中药配方颗粒行业发展需求，展望中药配方颗粒行业未来发展趋势，为中药配方颗粒行业高质量发展提供借鉴和指引。

图书在版编目（CIP）数据

中药配方颗粒行业发展蓝皮书：1993—2024 / 吴宪，程学仁，魏梅主编 . -- 北京：中国医药科技出版社，2024. 11. -- ISBN 978-7-5214-4939-6

Ⅰ. F426.7

中国国家版本馆 CIP 数据核字第 2024FH2193 号

美术编辑 陈君杞
版式设计 也 在

出版 **中国健康传媒集团** | 中国医药科技出版社
地址 北京市海淀区文慧园北路甲 22 号
邮编 100082
电话 发行：010-62227427 邮购：010-62236938
网址 www.cmstp.com
规格 710×1000mm 1/16
印张 17 3/4
字数 329 千字
版次 2024 年 11 月第 1 版
印次 2024 年 11 月第 1 次印刷
印刷 河北环京美印刷有限公司
经销 全国各地新华书店
书号 ISBN 978-7-5214-4939-6
定价 98.00 元

获取新书信息、投稿、为图书纠错，请扫码联系我们。

编委会

顾　问（按姓氏笔画排序）

王元清　王进元　王桂华　支志明　付　静　兰青山　冯　丽
吴　玢　张立群　张清波　季　申　周厚成　周嘉林　赵润怀
钱忠直　涂瑶生　黄掌欣　梁颂名　谭登平　Rudolf Bauer

主　编

吴　宪　程学仁　魏　梅

副主编

张　军　沈斌斌　谭　沛　周　翔　张　坤　陈宇龄　李　挥
张　威　王华刚　耿春风

编　委（按姓氏笔画排序）

丁　青　王丽英　邓淙友　朱冬林　刘雪莉　孙冬梅　孙立恩
杨绍升　李振雨　吴若飞　何民友　张志强　陈　靓　陈向东
陈盛君　周　坚　胡英占　贺　喜　耿春雷　徐以亮　黄　宇
黄丽莎　谢翡翡

支持单位

广东一方制药有限公司
江阴天江药业有限公司
华润三九现代中药制药有限公司
四川新绿色药业科技发展有限公司
北京康仁堂药业有限公司
神威药业集团有限公司
培力（南宁）药业有限公司
石家庄以岭药业股份有限公司
北京春风中药股份有限公司
浙江景岳堂药业有限公司
江西百神药业股份有限公司
云南神威施普瑞药业有限公司
吉林敖东延边药业股份有限公司

前　言

中药配方颗粒是由单味中药饮片经水提、分离、浓缩、干燥、制粒而成的颗粒，在中医药理论指导下，按照中医临床处方调配后，供患者冲服使用，其质量监管纳入中药饮片管理范畴。中药配方颗粒是对中药饮片剂型的改革，是中药标准化和现代化的创新探索和大胆尝试，作为传统中药饮片的补充，其创新性的应用形式，既保留了传统中医药辨证论治、复方配伍、随证加减的优势和特色，同时也弥补了传统中药汤剂煎煮费时、贮存、携带不便等不足，这种新的中药用药形式更易被现代社会所接受。

自20世纪90年代初至今，中药配方颗粒行业已成规模，逐渐进入新的健康发展时期。据广州标点医药信息股份有限公司检索，2016年至2023年中药配方颗粒总体市场销售额（以企业出厂价计算）分别为92.04亿元、110.37亿元、142.74亿元、178.58亿元、192.12亿元、244.45亿元、161.49亿元和175.01亿元。2021年2月1日国家药品监督管理局、国家中医药管理局、国家卫生健康委员会和国家医疗保障局四部门联合发布了《关于结束中药配方颗粒试点工作的公告》，2021年11月1日正式实施，新政策落地给中药配方颗粒行业带来了新的挑战与机遇。

在此背景下，中国中药协会中药配方颗粒专业委员会在中国中药协会的指导下，组织编写出版了《中药配方颗粒行业发展蓝皮书（1993—2024）》，该书全面呈现了中药配方颗粒行业发展历程、中药配方颗粒监管政策法规变化、中药配方颗粒质量标准研究、中药配方颗粒临床应用情况、中药配方颗粒行业现状、面临的挑战、应对策略及发展趋势等方面的内容，对中药配方颗粒从中药饮片剂型改革试点到中药配方颗粒试点到结束试点的发展历程及监管法规进行了详细总结，同时详细整理了中药配方颗粒质量标准研究进程以及中药配方颗粒临床使用情况，通过深入分析中药配方颗粒行业发展需求，展望中药配方颗粒行业未来发展趋势，为中药配方颗粒行业高质量发展提供借鉴和指引。

当前，中药配方颗粒行业正处于从结束试点向规范化管理的关键时期，希望本书成为了解中药配方颗粒行业情况，促进行业转型的重要参考资料，使从业人员和生产企业能够系统快速了解本行业，更科学地进行生产和经营服务。

编　者

2024年6月

目　录

第一章　中药配方颗粒行业发展历程

第二章　中药配方颗粒监管政策

第三章　中药配方颗粒质量标准研究

第四章　中药配方颗粒临床应用

第五章　中药配方颗粒行业现状

第六章　中药配方颗粒行业发展趋势

附 录

第一章

中药配方颗粒行业发展历程

第一节　中药配方颗粒产生背景

一、中药配方颗粒国标产生背景

1. 日本汉方药的发展

日本现有的汉方医学理论体系是在我国中医药基础理论的影响下形成的具有日本特色的医学理论，与我国传统中医学的辨证论治不同，日本汉方医学主要是“以方对症”，也称为“问病取药”，其用药类似于西医的对症下药，这是因为日本汉方医学理论体系先天不足，导致汉方药缺乏随证加减的灵活性，这也是日本药企生产的汉方药多为复方的原因。

早在 4 世纪中期，中医药经由朝鲜传入日本。后到遣唐使时期，中国医学已经可直接传输到日本。幕府末期以前称其为“本道”，后来被称为“汉方”。日本人创立了汉方流派“后世方”。随着中西方医药文化的融入，加上长期临床实践研究和积累，日本汉方医学逐渐本土化，成分具有日本特色的传统医学。在日本江户时代（1603—1868），日本汉方医学和汉方药进入了鼎盛时期。

汉方颗粒剂最早于 20 世纪 40 年代在日本出现，1950 年，汉方颗粒应用于临床。小太郎汉方制药公司是日本首家汉方颗粒剂的生产销售机构，于 1957 年成功开发出 35 种汉方颗粒剂，经日本厚生劳动省批准上市销售。1974 年日本确认《一般用汉方制剂承认基准》，其中共收载 210 个汉方，这些处方中，来源于我国中医文献的有 162 个（《伤寒论》44 个，《金匮要略》37 个，《太平惠民和剂局方》22 个，《万病回春》20 个，《救生方》6 个，《千金方》5 个，其他中医文献收载的 28 个），其他则来源于日本的医籍，至今已增至 294 个处方。汉方制剂在日本的主要剂型有煎剂、散剂、细粒剂、颗粒剂、片剂和丸剂等，其中以细粒剂和颗粒剂更受欢迎。汉方制剂在日本作为医疗保健用药，被《药价基准》和《日本药局方》收载，大大促进了汉方制剂在日本的发展。目前日本汉方制剂被划分成一般用汉方制剂（OTC）和医疗用汉方制剂（PD）两大类来管理。

1961 年，日本开始实施国民全体医疗保险，医疗保险制度下使用的医药品由厚生劳动省认定，厚生省对从 1927 年开始实施达 35 年的健康保险中加入汉方制剂之原则进行了探讨。1967 年 6 月 29 日，厚生省批准了小太郎公司生产的葛根汤、当归芍药散、十味败毒汤、五苓散、薏苡仁散五类颗粒剂，以及薏苡仁散片剂共 6 个品种，这是汉方制剂作为医疗保险用药品首次公开被政府认可，之后一直被国家医疗保险体系——《药价基准》系列收载。1976 年，日本厚生省公布了 210 个中药处方允许厂家生产。同时，日本将颗粒剂列入国民健康保险用药范围，规定使用此类药品的患者，其费用可由国家健康保险基金支付。

20 世纪 80 年代以来，日本汉方颗粒剂发展加快，如津村顺天堂下属的茨城工厂年产颗粒剂能力 1600 吨，品种达 100 余个。日本现有汉方药厂 200 余家，汉方颗粒剂已经成为骨干剂型产品，其生产与销售量逐年成倍增长，约有 2/3 的日本医生在临床中应用颗粒剂，仅小柴胡汤颗粒，1989 年产值即达 291 亿日元。日本厚生劳动省在 2012 年发布的《一般用汉方制剂承认基准》基础上进行修订，于 2017 年发布了最新《一般用汉方制剂制造销售承认基准》，并从 2017 年 4 月 1 日开始用于一般汉方制剂制造销售的品种申请和批准，共有 294 种处方。日本颗粒剂产品采用铝塑包装和 500g 瓶装，既便于药房配方，又便于患者携带，在药房零售也很方便，深受日本人欢迎。根据日本汉方生药制剂协会发布的《医药工业生产动态统计年度报告》可知，日本 2018 年药品总产值为 6907722 百万日元，汉方制剂类 2018 年产值为 192742 百万日元，约占药品总产值的 2.79%。按制剂类型分类，汉方制剂占 93.1%，生药占 1.8%；按药品性质分类，汉方制剂的处方药占 78.5%，非处方药占 21.0%。2018 年销售量排名前 10 的汉方制剂品种及年销售额（单位：百万日元）：补中益气汤（9.4）、六君子汤（8.7）、芍药甘草汤（6.0）、加味逍遥散（5.9）、麦门冬汤（5.6）、五苓散（5.4）、小青龙汤（4.9）、葛根汤（3.9）、防风通圣散（3.2）、当归芍药散（3.0）。由以上数据可知，日本汉方药市场以成药为主，达 93.1%，药材饮片占比仅为 1.8%。日本高度重视对古方的研发，由研究机构、大学和汉方药企业组成汉方药研究体系。截至 2019 年 1 月，日本有超过 60 所大学设有汉方医学研究部，有的还设立了生药学研究部门。据不完全统计，日本有近 3 万人从事汉方药研究；日本的汉方药品生产相当集中，使制药公司有足够的资金用于研发和工艺改进；汉方药厂一般都建有一流的研究所，促进了汉方药的发展。在日本，企业负责汉方药的生产和管理，汉方药生产企业众多，但主要集中在 18 家企业，其中规模最大的是津村，2021 年其生产的医疗用汉方制剂在日本的市场份额超过 80%。目前在日本有 900 多种汉方药制剂，产品高度集中在“七汤二散一丸”共 10 种制剂，这 10 种制剂分别是补中益气汤、大建中汤、柴苓汤、六君子汤、芍药甘草汤、加味逍遥散、麦门冬汤、牛车肾气丸、葛根汤和五苓散。

日本关于汉方制剂监管的法律法规见表 1–1，可以看出，日本对汉方制剂的监管有着较为完善的监管体系。日本汉方药的发展历程见图 1–1。

表 1–1　日本关于汉方制剂监管的法律法规

时间	法律法规的名称
1887 年	《日本药典》（JP）
1974 年	《一般用汉方处方 210 处方》
1980 年	《关于医疗用汉方制剂的处理》
1993 年	《医药产品上市后调查规范》（GPMSP）
1993 年	《药房工作管理规范》（GPP）
1997 年	《医药产品非临床试验管理规范》（GLP）2008 年修订
1999 年	《医药产品制造管理规范》（GMP）
2005 年	《药事法》（2005 修订版）
2008 年	《一般用汉方制剂审批基准》
2011 年	《一般用汉方制剂承认基准》增补至 294 种处方
2012 年	《医疗用汉方制剂管理的通知》
2014 年	《医药品医疗器械法》
2017 年	新版《一般用汉方制剂制造销售基准》
2021 年	《日本药局方》第 18 版

2. 韩国韩药的发展

朝鲜是世界上为数不多仍然保留相对完整传统医学的国家之一。韩国的传统医学源于中国中医，早在公元前 2 世纪，中医药即传入朝鲜。大约在公元 2 世纪末，《黄帝内经》《伤寒论》等中医经典传入朝鲜，与当地传统医学结合并发展，逐渐形成富有民族特色的朝鲜传统医学，在名称上有所演绎，古代朝鲜称之为“东医”。之后，韩国与日本的密切关系，又按日本的习惯称之为“汉医”或“汉方医”。1986 年，韩国政府修改《国民医疗法》，统一称为“韩医”。15 世纪，《乡药集成方》《医方聚类》和《东医宝鉴》3 部医学典籍的编纂完成，标志着朝鲜医学已经形成完整的民族医学体系。19 世纪末，西方医学传入朝鲜，韩国政府一直采用西方医学与韩医并存的政策，东西方两种医药均可享受医疗保险。其植物药根据医学理论不同分为“韩药”和“生药”。

韩国制定了较为全面的植物药法规、标准和技术指南。相关的法规文件主要有《药事法》《韩国韩医药发展法案》《韩药（生药）制剂等的审批和通知条例》《天然新药研究开发促进法》《韩医药教育法》《地方天然医药和韩医

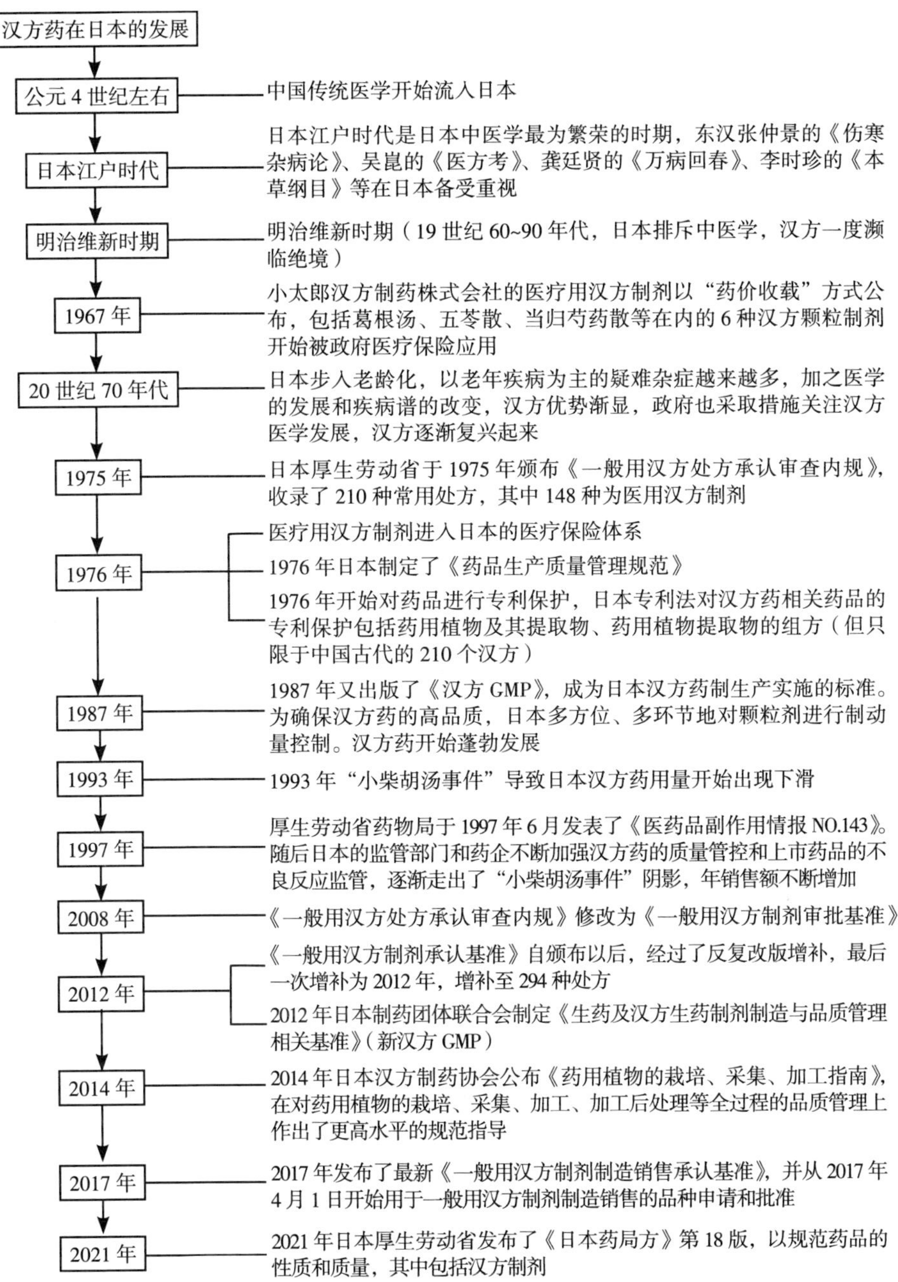

图 1-1 日本汉方药的发展历程

药振兴计划》等。药品标准方面主要有《韩国药典》（KP）和《韩国草药典》（KHP）。相关技术指南主要有《生药（韩药）临床试验的一般考虑指南》《临床生药（韩药）制剂质量评价指南》《韩药（生药）制剂 CTD 指南》《韩药材 GMP 评价指南》《生药质量管理指南》《韩药（生药）制剂非临床试验指南》《韩药（生药）提取物质量管理指南》《韩药（生药）制剂成分研究指南》等。

根据韩国社会事务卫生部（MOHSA）1969 年 6 月 7 日发布的 223 号文件，制定 11 种古代中医药经典文献（韩国 7 种，中国 4 种）记载的中药处方，依据这些处方生产的制剂不必要做新药有关的临床及药理、毒理试验，即可作为传统草药制剂获准生产及销售。11 种中韩古典中医药文献，中国的有《景岳全书》《医学入门》《寿世保元》《本草纲目》；韩国的有《东医宝鉴》《东医寿世保元》《广济秘籍》《济众新编》《药性歌》《方药合编》《乡药集成方》。

韩药在韩国受到普遍信任，近十几年来，韩医发展较快，据韩国专业招聘期刊《职业杂志》发表的一项“2010 年最有前景的 10 种职业”的调查显示，“韩医”被选为最有前景的职业和韩国人最希望从事的职业。随着人口老龄化和慢性疾病的增加，韩国人对“韩医”的功效更加重视。

韩国在 20 世纪 90 年代初期已生产出 68 种供配方用的中药颗粒，并列入健康保险用药范围，1996 年国家卫生部领导访韩时，已发展到 300 多个品种。有感于韩国在中药配方颗粒方面这种快速发展趋势，中国国家卫生部领导在国家中医药管理局一份有关中药配方颗粒的报告中批示：“加快和加强这一领域的科研进度，以便尽早为临床和生产服务。国外在这一方面的快速发展值得我们高度重视！这本应是我们的优势。”

二、中国中药颗粒剂的探索

1. 中国台湾地区科学中药的发展

在中国台湾，中药颗粒被称为“科学中药”，台湾科学中药之父许鸿源作为日本留学生，在日本投降之后于 1946 年 2 月返台，创立顺天堂药厂，因有鉴于中药生药的煮法未能标准化，必须改进，故经由其教授木村康一的介绍到日本长仓药厂学习科学中药的制造。1955 年顺天堂药厂开始制作浓缩科学中药粉，中国台湾的科学中药与日本的汉方制剂有许多相似之处，同日本一样，也是以复方为主，辅以单味浓缩中药，临床应用以复方治疗疾病者居多。

中国台湾自 1982 年起开始实施 GMP 管理，台湾规定只有符合 GMP 要求的药品制造企业才能生产科学中药。目前台湾已有 40 多家通过 GMP 认证的企业生产科学中药，共有 250 多个复方和超过 300 味单味颗粒品种，台湾各医院对“科学中药”实行电子调配、临时包装。并远销东南亚和欧美等国，在当地广泛使用。

1983 年，中国台湾选择部分中医院把科学中药纳入医疗保险，全额报销科学中药费用，如果选用中药饮片就需要支付一部分费用。1993 年和 1994 年，台湾进一步开放医疗保险，科学中药成为全民医疗保险唯一给付的剂型，而传统中药饮片则需要完全自费，这种政策上的倾斜大大改变了台湾民众的用药习惯，促使科学中药在临床中的应用，科学中药已经逐步取代了传统饮片的煎煮服用方法，成为台湾使用最多的一种剂型。1995 年 8 月 31 日，中国台湾卫生署以署药字第 84056272 号公告，将“中药标准方”改称为“中药基准方”，并发布第一批六味地黄丸等中药基准方 100 方。从业者若根据此一公告进行制造，则须于申请药政审批时提出中药基准方作为制造的处方依据。中国台湾中医药委员会于 1996 年 5 月 21 日，以卫署中字第 85027014 号公告四君子汤等 9 方，准予依中药基准方内容制造中药内服液剂。2000 年 6 月 29 日，中国台湾中医药委员会以卫署中字第 89037929 号公告，发布第二批圣愈汤等中药基准方 100 方。至此共有中药基准方 200 方，其处方组成、出典、效能、适应证、用量皆公告于台湾中医药委员会网站（http://www.ccmp.gov.tw/）。

中国台湾市售中药材大多依赖进口。为建立药材品质管制规格，促进药材品质的均一性、疗效确实性及保证民众用药安全，中国台湾卫生署于 2004 年出版了第一部植物药标准，并于 2005 年更名为《台湾传统药典》，含 200 种中药材专论。2013 年 1 月第 2 版出版，并将《台湾传统药典》更名为《台湾中药典》（Taiwan Herbal Pharmacopoeia，THP），出版机构为行政院卫生署中药典编修小组，2013 年 4 月起正式实施，凡制造、输入中国台湾的中药材必须满足上述标准。

2013 年 5 月 31 日中国台湾立法院通过了《卫生福利部组织法》，依据该部组织结构，其中设立的中医药司为一级单位，将中国台湾中医医疗推进到与西医平等发展的地位。

中国台湾关于科学中药监管的法律法规见表 1–2。

表 1–2　中国台湾关于科学中药监管的法律法规

时间	法律法规名称
1970 年	《药物药商管理法》
1973 年	《药物药商管理法施行细则》

续表

时间	法律法规名称
1979 年	《药品查验登记审查准则》
1984 年	《药物药商管理法》
1991 年	《优良药品临床试验规范》（GCP）
1991 年	《药品非临床优良实验室操作规范》（GLP）
1991 年	《优良药品制造标准》（GMP）
1991 年	《中医药委员会组织条例草案》
1995 年	第一批中药基准方 100 方
1996 年	准予依中药基准方内容制造中药内服液剂
1999 年	《优良药品确效作业基准》（CGMP）
2000 年	第二批中药基准方 100 方
2000 年	《药事法》
2000 年	《成药及固有成方制剂管理办法》
2004 年	《中华中药典》
2013 年	《台湾中药典》（THP）第 2 版
2013 年	《卫生福利部组织法》，设立中医药司

2. 中国大陆对中药饮片改革的探索

中国大陆从 20 世纪 50 年代起，改革中药汤剂和饮片的呼声从未间断。20 世纪 50 年代初期，原广州星群制药厂厂长、主任药师丘晨波教授在广州毕公巷把土生土长的原生药加工炮制成中药饮片，再将一味一味中药饮片制成水剂（或散剂、片剂），如把党参制成党参水剂，另外加入防腐剂。调配时则依据医生处方，把几种单味水剂混合在一起，配制成合剂，供患者随时服用。当时参加这一中药饮片剂型改革的还有北京同仁堂、天津达仁堂、武汉中联制药厂、江西国药厂等。产品不仅供应国内市场，而且出口东南亚，在国内外产生了较大影响，开饮片改革之先河。由于历史原因，此项改革被迫中辍。然而时隔 50 多年，直到今天，东南亚许多国家一直还在沿用这种水剂，汕头某药厂还在源源不断地为这些国家加工生产这种水剂。此种水剂，实际上就是今日单味中药浓缩颗粒的一种雏形，而今日中药配方颗粒则是 20 世纪 50 年代水剂的一种合理发展和科学延伸。

20 世纪 70 年代末到 80 年代初，上海较早实现了单味中药干浸膏产品对日本的出口，并运用从日本引进的整套水提取和制粒设备，采用动态水提、干法制粒新工艺，生产了六味地黄颗粒剂。中药汤剂剂型改革设想于 1984 年首次被提出，采用水煮提取法分别提取中药饮片，水提液进行浓缩烘干，制成干颗粒，按医师处方用量调配配伍使用，这一创新探索是现代新型中药配方颗粒的雏形。

1976 年国家中医药管理局成立后，围绕“人才培养、机构建设、学术提高、剂型改革”等一系列重大问题展开了战略讨论，其中专门对中药剂型的改革，也包括中药饮片剂型的改革下发了文件，并在有条件的省级中医院建立了“剂改基地”，为中医院的中医药临床使用提供了有力支撑。1987 年 3 月，国家卫生部、国家中医药管理局联合发布《关于加强中药剂型研制工作的意见》，要求对“常用中药饮片也要进行研究和改革，如制成粉状、颗粒状等，以利于药效的发挥和药材的节约”，该意见体现了国家主管部门对产业发展的前瞻性要求。同年，天津第一中药厂研制成功 12 种古方中药浸膏颗粒剂，其中葛根汤、大柴胡汤、人参汤、二陈汤、麻黄汤、当归四逆汤加吴茱萸生姜汤等浸膏颗粒剂通过日本厚生省检验审查，进入日本医药市场，并被列为国民健康保险用药。

20 世纪 70~90 年代，国内部分中药饮片厂（如邯郸市中药饮片厂、铜川市中药颗粒饮片厂、诸暨市第二中药饮片厂等）与高校、科研单位合作，开始了“中药新型饮片”（将原中药材净选除杂后干燥，然后用滤纸按不同规格包装，实行袋装、袋配、袋煎）、“中药袋泡剂”、“茶剂”和“单味中药有效部分的提取”等研究。以上研究已形成了规模产业，如邯郸市中药饮片厂颗粒型饮片年创产值 3000 多万元。但颗粒型饮片像普通饮片一样，仍需煎煮，药物挥发性成分容易丢失，且含淀粉多的药材易糊化，致药液浑浊，过滤困难，易霉变。

第二节　中药配方颗粒行业发展的 3 个阶段

中药配方颗粒是由单味中药饮片经水提、分离、浓缩、干燥、制粒而成的颗粒，在中医药理论指导下，按照中医临床处方调配后，供患者冲服使用。中药配方颗粒的质量监管纳入中药饮片管理范畴。中药配方颗粒具备汤剂的基本属性，具有不需要煎煮、直接冲服、携带保存方便、易于调剂等特点。

中药配方颗粒创制于 20 世纪 90 年代初，总体分为 3 个发展阶段：第一阶段中药饮片剂型改革试点阶段（1993—2001 年）；第二阶段中药配方颗粒试点阶段（2001—2021 年）；第三阶段中药配方颗粒试点结束，进入规范化监管阶段（2021 年 11 月 1 日至今）。

一、中药饮片剂型改革试点阶段

中药饮片剂型改革试点阶段是指从 1993 年至 2001 年。

1989 年 9 月，中国针灸学会在江阴举办“纪念承淡安先生诞辰九十周年暨国际针灸学术讨论会”，来自世界各地的 150 余名代表参会，其中与中国台湾地区的代表交流中，了解到台湾中医基本使用复方“科学中药”，加减单味“科学中药”，台湾有 30 多家“科学中药”生产企业，生产复方近 300 个，单味品种 200 多个，并全部纳入医保。这对于长期从事中医药临床、业务管理的专业人士，无疑打开了汤剂改革的一扇窗。经过 3 年多的学术交流、工艺设备等调研，与国家、省中医药、药监管理人员的沟通，与中医药、制剂、饮片、药检等多方面专家的共同探讨，“单味中药饮片剂型改革”的设想日趋成熟，与日本、中国台湾颗粒剂根本不同的是，他们是按照中成药制剂生产，我们是按照中药饮片汤剂的浓缩粉生产。

1992 年 7 月，“单味中药饮片剂型改革可行性报告论证会”在江阴召开，近 20 位江苏省中医药专家参会，对课题设计形成了初步框架，同年 11 月，《中药新饮片临床应用与研究》课题完成首稿撰写，并上报国家中医药管理局及江苏省中医药管理局。由于课题涉及面广、工作量大、技术难度高、经费投入多、政策性强，饮片剂改基地无法在医院、科研院校内进行，只有通过企业投资与科研机构、中医临床紧密合作的方式去试行。

1992 年 12 月，“江阴天江制药有限公司”正式成立，并向卫生部、江苏省药政局递交了第一份《关于生产科学中药浓缩剂的请示及设想说明报告》。1992 年 12 月，国家中医药管理局召集在京相关专家 20 多名，在中国中医研究院中药研究所讨论了江阴天江制药有限公司上报的课题内容，会议同时邀请了四川、广东、江苏、天津 4 个省或市的中医药管理局的领导参会，迫于课题量大，时间紧迫，希望由 4 个省或市设立“饮片改革基地”。1992 年 12 月广东中南药厂（后改名为广东一方制药有限公司）成立。

1. 国家中医药管理局及各省级部门批准中药饮片改革试点单位

1993 年 3 月 31 日国家中医药管理局发文“国中医药医城〔1993〕18 号”文，将江阴天江制药有限公司列为“全国中药饮片改革试点单位”。1993 年 11 月 1 日国家中医药管理局发文“国中医药医城〔1993〕54 号”文，将广东中南药厂列为“国家中医药管理局医政司中药饮片改革基地”（图 1–2），承担中药饮片改革试点研发生产任务。

1994年4月21日，国家中医药管理局下发的“国中医药医城〔1994〕19号”《关于扩大使用中药精制颗粒剂的通知》中决定，江阴天江制药有限公司生产的中药精制颗粒剂可以在辽宁、吉林、黑龙江、江苏、浙江、安徽、福建、江西、山东和上海共10个省或市扩大使用，有利于广泛听取不同地区的意见和建议，观察和总结临床疗效，为产品进一步进入临床实践迈开了至关重要的一步。

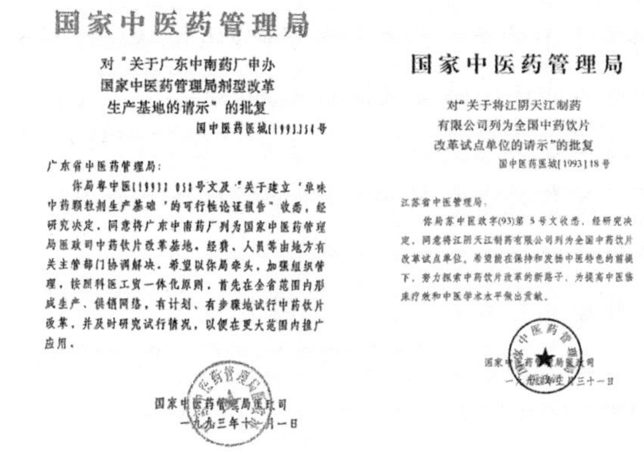

国家中医药管理局

对“关于广东中南药厂申办国家中医药管理局剂型改革生产基地的请示”的批复

国中医药医城[1993]34号

广东省中医药管理局：

你局粤中医[1993] 051号文及“关于建立‘单味中药颗粒剂生产基础’的可行性论证报告”收悉，经研究决定，同意将广东中南药厂列为国家中医药管理局医政司中药饮片改革基地，经费、人员等由地方有关主管部门协调解决。希望以你局牵头，加强组织管理，按照科医工贸一体化原则，首先在全省范围内形成生产、供销网络，有计划、有步骤地试行中药饮片改革，并及时研究试行情况，以便在更大范围内推广应用。

国家中医药管理局医政司

一九九三年十一月一日

国家中医药管理局

对“关于将江阴天江制药有限公司列为全国中药饮片改革试点单位的请示”的批复

国中医药医城[1993]18号

江苏省中医管理局：

你局苏中医政字(93)第5号文收悉，经研究决定，同意将江阴天江制药有限公司列为全国中药饮片改革试点单位。希望能在保持和发扬中医特色的前提下，努力探索中药饮片改革的新路子，为提高中医临床疗效和中医学术水平做出贡献。

国家中医药管理局医政司

一九九三年十二月三十一日

图1–2 国家中医药管理局中药饮片剂型改革基地立项批文

1997年10月21日，广东省中医药管理局发文，“同意将中药饮片浓缩颗粒在我省部分医疗机构逐步推广使用”（粤中医1997–083号）。

1997年11月8~10日广东一方制药厂和广东省中医研究所（后改名为广东省中医药工程技术研究院）协助国家中医药管理局和中国中医药学会在广州召开“全国单味中药饮片浓缩颗粒研讨会”。会议认为，单味中药饮片浓缩颗粒顺应快节奏社会人们看中医、用中药的需要，可以更好地发挥中药饮片的优势，是一个重大改革和变革。同年广东省中医药局同意将单味中药饮片浓缩颗粒在广东部分医疗机构逐步推广使用，要求在临床使用过程中积极开展科研协作，注意系统收集临床资料，不断总结经验，提高产品质量，促进中药饮片改革工作。

1998年1月7日国家中医药管理局下发《关于“建立单味中药饮片浓缩颗粒临床科研协作网请示”的批复》国中医药科科函〔1998〕1号，同意由广东一方制药厂牵头，与全国大型医院等建立单味中药饮片浓缩颗粒临床科研协作网，文件见图1–3。

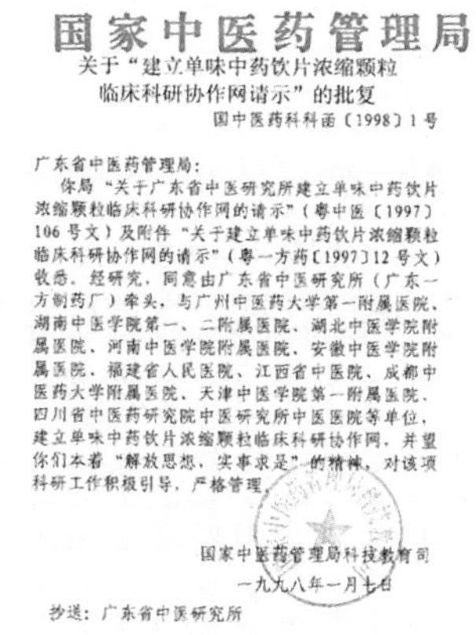

国家中医药管理局

关于“建立单味中药饮片浓缩颗粒临床科研协作网请示”的批复

国中医药科科函〔1998〕1号

广东省中医药管理局：

你局“关于广东省中医研究所建立单味中药饮片浓缩颗粒临床科研协作网的请示”（粤中医〔1997〕106号文）及附件“关于建立单味中药饮片浓缩颗粒临床科研协作网的请示”（粤一方药〔1997〕12号文）收悉。经研究，同意由广东省中医研究所（广东一方制药厂）牵头，与广州中医药大学第一附属医院、湖南中医学院第一、二附属医院、湖北中医学院附属医院、河南中医学院附属医院、安徽中医学院附属医院、福建省人民医院、江西省中医院、成都中医药大学附属医院、天津中医学院第一附属医院、四川省中医药研究院中医研究所中医医院等单位，建立单味中药饮片浓缩颗粒临床科研协作网，并望你们本着“解放思想，实事求是”的精神，对该项科研工作积极引导，严格管理。

国家中医药管理局科技教育司

一九九八年一月七日

抄送：广东省中医研究所

图1–3 国家中医药管理局国中医药科科函〔1998〕1号文件

1999 年 5 月广东省卫生厅和广东省中医药局联合下发《关于在全省扩大应用单味中药饮片浓缩颗粒的通知》（粤卫〔1999〕76 号），决定在全省医疗机构扩大应用单味中药饮片浓缩颗粒。

四川是中药道地药材的主要产地，而具有得天独厚的中药原材料采购优势的四川绿色药业科技发展股份有限公司于 1997 年开始对单味中药饮片浓缩颗粒进行研究。

北京康仁堂药业有限公司于 1998 年在北京市中医管理局立项，进行常用中药提取分离工艺及质量标准研究，1999 年 5 月获北京市卫生局批准建立中药颗粒饮片实验基地（京卫药字〔1999〕218 号），2000 年获北京市卫生局、北京市药品监督管理局批准生产单味浓缩颗粒［（2000）京卫药审字第 156 号］。批件见图 1–4。

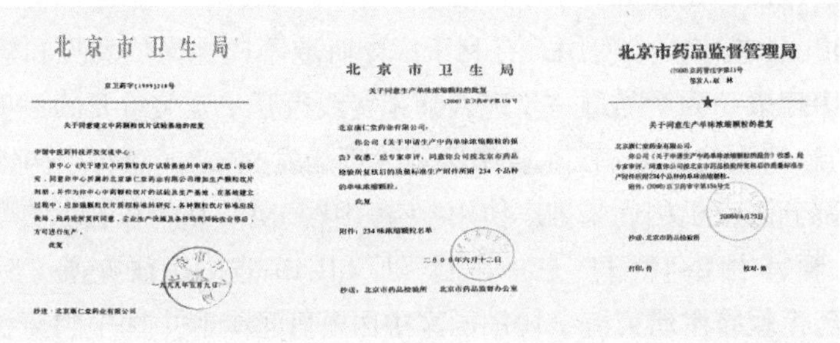
北京市卫生局

北京市卫生局

北京市药品监督管理局

图 1–4　北京康仁堂药业有限公司的批件

在中国香港，培力（香港）集团投资 5000 万港币，于 1998 年成立了主要生产颗粒剂的培力药业有限公司（PuraPharm Corporation），其凭借地域优势，陆续在中国大陆南宁、中国台湾、新加坡、泰国、菲律宾、美国及加拿大等国家和地区开设了分公司。

深圳南方制药厂（即现在的华润三九医药股份有限公司），从 1999 年开始立项，启动单味中药饮片浓缩颗粒的生产项目。

2. 国家各部委开展单味中药饮片浓缩颗粒的课题研究

1993 年 3 月，江阴天江制药有限公司申报的“单味中药剂型改革”项目被国家科学技术委员会列入国家级星火计划项目（项目编号：9303600003）。

1993 年 7 月江苏省中医药管理局召开江阴天江制药有限公司申报的《中药新饮片制备与临床运用研究》课题研讨会，课题书从工艺、质量标准、临床、药效、管理、等量性等六大方面进行设计，省内著名中医药专家 20 多人参加了研讨，并形成了专家论证意见，充分肯定了课题研究的可行性、紧迫性、必要性，并建议卫生行政部门大力支持，保证课题的顺利实施。江阴天江制药有限公司与南京中医药大学、中国药科大学、江苏省食品药品检验所等合作，开展中药制备工艺研究，以标准煎剂作为参照，工艺上保留汤剂的四气五味，并最大限度地保留汤剂成分，尽可能不加及少加赋形剂，质量标准研究以鉴别真伪为主，临床研究与江苏省中医院、南京市中医院等合作，按新药研究设计开展 7 个经典方单煎和共煎对比研究，1995 年通过江苏省中医药管理局组织专家验收。这些基础研究资料的提供，为国家中医药管理局将单味中药浓缩颗粒研究列入局重大重点课题做了铺垫。

单味中药浓缩颗粒分煎是否与中药饮片共煎有效性安全性一致，是中药配方颗粒发展过程中最受关注的一个问题。1996 年 9 月国家中医药管理局批准重大重点课题“单味中药浓缩颗粒等量性与等效性研究”“单味中药浓缩颗粒的制备与临床应用研究”，两个项目分别由广东一方制药厂和江阴天江制药有限公司承担。1998 年 10 月 12~13 日国家中医药管理局对广东一方制药厂承担的“单味中药浓缩颗粒等量性与等效性研究”、江阴天江制药有限公司承担的“单味中药浓缩颗粒的制备与临床应用研究”项目进行了中期评估，并下发了《国家中医药管理局关于印发〈单味中药浓缩颗粒研究工作评估会会议纪要〉的通知》（国家中医药科函〔1994〕34 号）（图 1–5）。1999 年 12 月 27~29 日，国家中医药管理局在北京组织召开了这两个项目的终期验收会，通过了验收并结题，专家们一致认为，本项目完成了 410 味中药浓缩颗粒生产工艺、质量标准、稳定性、等效剂量等研究，完成了 20 个经典方分煎与合煎等效性对比研究，证实了单味中药浓缩颗粒与中药饮片疗效基本一致，饮片改革取得成功，为中药饮片的现代化、标准化、产业化初步奠定了基础；并建议尽快制定“单味中药浓缩颗粒”的审批办法、管理条例及技术要求，转入法治化管理轨道。

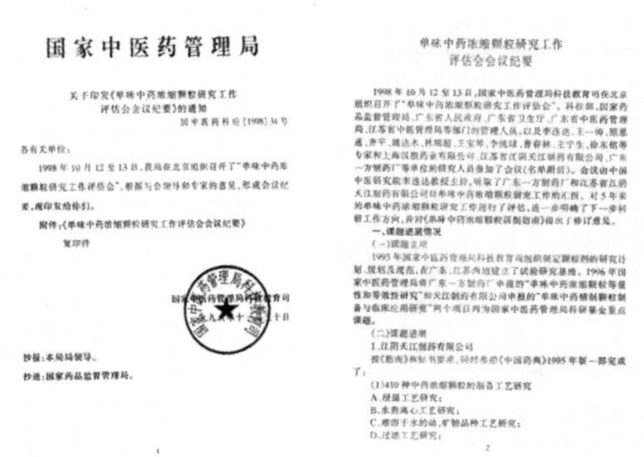

国家中医药管理局

关于印发《单味中药浓缩颗粒研究工作评估会会议纪要》的通知

国中医药科函〔1998〕34号

各有关单位：

1998年10月12至13日，我局在北京组织召开了"单味中药浓缩颗粒研究工作评估会"，根据与会领导和专家的意见，形成会议纪要，现印发给你们。

附件：《单味中药浓缩颗粒研究工作评估会会议纪要》

复印件

国家中医药管理局科技教育司

一九九八年十[illegible]十日

抄报：本局局领导。

抄送：国家药品监督管理局。

单味中药浓缩颗粒研究工作评估会会议纪要

1998年10月12至13日，国家中医药管理局科技教育司在北京组织召开了"单味中药浓缩颗粒研究工作评估会"。科技部、国家药品监督管理局、广东省人民政府、广东省卫生厅、广东省中医药管理局、江苏省中医管理局等部门的管理人员，以及李连达、王一涛、[illegible]、乔平、[illegible]、林瑞超、王宝琴、[illegible]、曹春林、王宁生、徐东铭等专家和上海[illegible]药业有限公司、江苏省江阴天江制药有限公司、广东一方制药厂等单位的研究人员参加了会议（名单附后）。会议由中国中医研究院李连达教授主持，听取了广东一方制药厂和江苏省江阴天江制药有限公司对单味中药浓缩颗粒研究工作的汇报，对5年来的单味中药浓缩颗粒研究工作进行了评估，进一步明确了下一步科研工作方向，并对《单味中药浓缩颗粒[illegible]指南》提出了修订意见。

一、课题进展情况

（一）课题立项

1993年国家中医药管理局科技教育司组织制定颗粒剂的研究计划、规划及规范，在广东、江苏两地建立了试验研究基地。1996年国家中医药管理局将广东一方制药厂申报的"单味中药浓缩颗粒等量性和等效性研究"和天江制药有限公司申报的"单味中药精制颗粒制备与临床应用研究"两个项目列为国家中医药管理局科研基金重点课题。

（二）课题进展

1.江阴天江制药有限公司

按《指南》和标书要求，同时参照《中国药典》1995年版一部完成了：

（1）410种中药浓缩颗粒的制备工艺研究

A.提取工艺研究；

B.水煮离心工艺研究；

C.难溶于水的动、矿物品种工艺研究；

D.过滤工艺研究；

图 1–5　单味中药浓缩颗粒研究工作评估会会议纪要

1994 年，国家科学技术委员会批准了江阴天江制药有限公司开展“国家级火炬计划项目”–“中药饮片浓缩颗粒剂”（项目编号：9423202016）研究。

1994 年 6 月，广东省科学技术委员会批准广东一方制药厂承担的单味中药饮片浓缩颗粒项目列为 1994 年度广东省火炬计划项目（粤科字〔1994〕59 号）。1995 年 5 月广东一方制药厂承担的单味中药浓缩颗粒项目获批列入国家级火炬计划重点项目（粤科字〔1995〕32 号），其项目编号：95D1417800455，批准文号：国科发计字〔1995〕147 号。广东一方制药厂和广东省中医研究所围绕制备工艺、质量标准、临床等效性等开展了系统研究。

2001 年，北京康仁堂药业有限公司的单味中药浓缩颗粒工艺和质量标准研究项目在北京市科学技术委员会立项，并通过专家鉴定，专家认为制剂工艺技术，产品质量控制水平在国内处于领先地位，单味中药浓缩颗粒质量标准专属性、可靠性强。

单味中药浓缩颗粒得到了国家、各省中医药管理局的高度重视和国家各部委的大力支持，以及院校科研所的通力合作，树立了企业为主体的产学研联合体创新发展的典范。同时这些课题的实施，也使得中药饮片剂型改革试点企业对单味中药浓缩颗粒的制备工艺、质量标准、临床疗效等方面进行了系统研究，为中药配方颗粒试点奠定了坚实的基础。

3. 在中药饮片剂型改革试点阶段的药监管理

1994 年 1 月，卫生部委托江苏省卫生厅药政局，在江阴召集专家就中药饮片精制颗粒的合法性进行了研讨，会上一致认为：中药饮片剂型改革势在必行；鉴于中药饮片精制颗粒的特殊性，允许先进行临床研究后完善质量标准；同意江阴天江制药有限公司按照企业标准验收，发放《药品生产企业合格证》和《药品生产企业许可证》。会议为单味中药饮片浓缩颗粒生产企业的合法性给予了政策上的保障。1994 年 7 月江阴天江制药有限公司获得了《药品生产企业合格证》和《药品生产企业许可证》。1996 年 10 月广东一方制药厂获得了《药品生产企业合格证》和《药品生产企业许可证》。

二、中药配方颗粒试点阶段

中药配方颗粒试点阶段是指从 2001—2021 年，管理部门从国家中医药管理局转移至国家药品监督管理局，继续实施试点管理。

1. 确立“中药配方颗粒”名称

2001 年 4 月，国家药品监督管理局在杭州第一次召开关于单味中药浓缩颗粒的会议，听取了国家中医药管理局“关于中药饮片改革试点工作”总结报告，对试点成果表示认可，同时还确定单味中药浓缩颗粒的管理工作，由国家药品监督管理局接手，实施同步管理，加大国家行业管理部门的政策支撑力度。更为重要的是，在此次会议上，首次确定“中药配方颗粒”这一规范名称，此次会议在中药配方颗粒的发展史上具有里程碑意义，标志着国家药监部门探索中药配方颗粒监管模式的开始。

自中药饮片剂型改革以来，产品名称达 10 多个，如“中药新饮片”“单味中药精制饮片”“单味中药浓缩颗粒”“免煎饮片”“免煎颗粒”“免煎汤剂”等，孔子言：“名不正，则言不顺；言不顺，则事不成。”因此在这次会议上，国家药典委员会专家提出确立“中药配方颗粒”为单味中药浓缩颗粒的统一名称问题，与会专家针对上述名称进行激烈争论，经大会反复推敲，最终命名为“中药配方颗粒”，其要旨是：单味中药饮片经水提取浓缩而制成的颗粒，因其不能单独使用，只供中医临床配制处方用，所以名称前应该加上“配方”二字，与一般颗粒剂区别开来。

2. 颁布《中药配方颗粒管理暂行规定》并确定国家级试点企业

2001 年 7 月 5 日国家药品监督管理局颁发了国药监注〔2001〕325 号文件《中药配方颗粒管理暂行规定》，同时发布了附件《中药配方颗粒质量标准研究的技术要求》，明确了将中药配方颗粒纳入中药饮片管理范围，并提出生产企业将制定质量标准“由所在省药品检验所进行质量标准复核合格后，在备案的临床医院开展试点研究”，开始了长达 20 年的中药配方颗粒试点工作。

国家药品监督管理局于 2001 年颁发了国药监注〔2001〕490 号文件《关于同意广东一方制药厂、江苏江阴天江制药厂为中药配方颗粒试点生产企业》，首次批准了广东一方制药厂、江苏江阴天江制药厂两家生产企业作为“中药配方颗粒试点生产企业”。国家药品监督管理局于 2002 年颁发了国药监注〔2002〕211 号文件《关于增加中药配方颗粒试点生产企业的通知》，批准了北京康仁堂药业有限公司、三九医药股份有限公司、四川绿色药业科技发展股份有限公司为中药配方颗粒试点生产企业。国家食品药品监督管理局于 2004 年颁发了国食药监注〔2004〕579 号文件《关于增加中药配方颗粒试点生产企业的通知》，批准了培力（南宁）药业有限公司为中药配方颗粒试点生产企业，至此形成了六家国家中药配方颗粒试点企业局面，其后国家药品监督管理局未再批准其他生产企业为国家中药配方颗粒试点生产单位。国家药品监督管理局的批文见图 1–6 至图 1–8。

国家药品监督管理局文件

国药监注〔2001〕490号

关于同意广东一方制药厂、江苏江阴天江制药厂为中药配方颗粒试点生产企业的通知

广东、江苏省药品监督管理局：

根据我局《关于印发〈中药配方颗粒管理暂行规定〉的通知》（国药监注〔2001〕325号）要求，你省上报的广东一方制药厂、江苏江阴天江制药厂"中药配方颗粒"试点生产企业，经我局组织专家审评，基本符合要求。请你省通知上述生产企业，提供每个品种三批样品送当地省级药品检验所进行质量标准复核工作。检验合格的品种允许在原已试用的临床单位使用，并只能供中药临床配方调剂。销往本辖区以外的"中药配方颗粒"品种，要经所在地药品监督管理局同意，并接受其监督管理。

根据新修订《药品管理法》的有关规定，"中药配方颗粒"今后将纳入中药饮片实施批准文号管理范畴，请你们认真做好准备工作，并按我局药品注册管理的有关规定执行。

特此通知

主题词：中药 企业 试点 通知

抄送：国家中医药管理局，广东省药品检验所，江苏省药品检验所，驻局监察局，本局安全监管司、市场监督司、办公室，局领导，存档(2)。

国家药品监督管理局办公室 2001年11月19日印发

共印25份

图 1–6 国家药品监督管理局批准广东一方制药厂和江苏江阴天江制药厂的文件

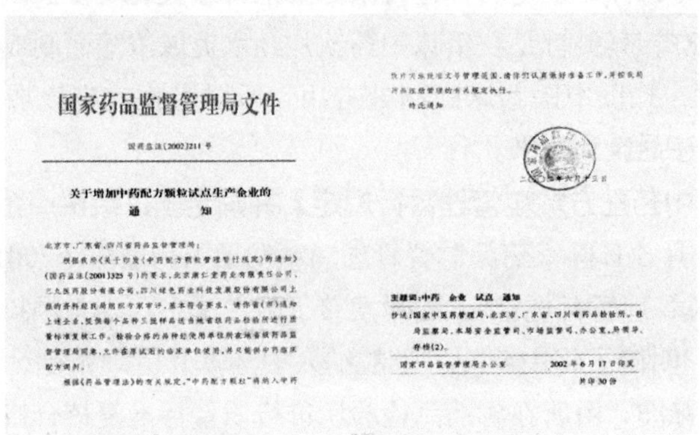

国家药品监督管理局文件

国药监注〔2002〕211号

关于增加中药配方颗粒试点生产企业的通知

北京市、广东省、四川省药品监督管理局：

根据我局《关于印发〈中药配方颗粒管理暂行规定〉的通知》（国药监注〔2001〕325号）的要求，北京康仁堂药业有限责任公司、三九医药股份有限公司、四川绿色药业科技发展股份有限公司上报的资料经我局组织专家审评，基本符合要求。请你省（市）通知上述企业，提供每个品种三批样品送当地省级药品检验所进行质量标准复核工作。检验合格的品种经使用单位所在地省级药品监督管理局同意，允许在原试用的临床单位使用，并只能供中药临床配方调剂。

根据《药品管理法》的有关规定，"中药配方颗粒"将纳入中药饮片实施批准文号管理范围，请你们认真做好准备工作，并按我局药品注册管理的有关规定执行。

特此通知

主题词：中药 企业 试点 通知

抄送：国家中医药管理局，北京市、广东省、四川省药品检验所，驻局监察局，本局安全监管司、市场监督司、办公室，局领导，存档(2)。

国家药品监督管理局办公室 2002年6月17日印发

共印30份

图 1–7 国家药品监督管理局批准北京康仁堂药业有限公司、三九股份有限公司和四川绿色药业科技发展股份有限公司的文件

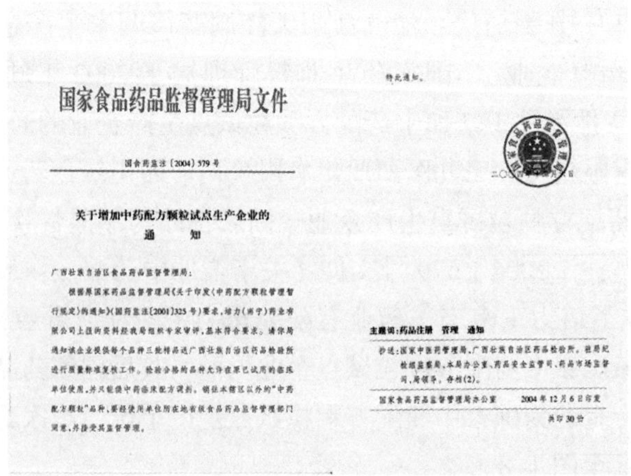

国家食品药品监督管理局文件

国食药监注〔2004〕579号

关于增加中药配方颗粒试点生产企业的通知

广西壮族自治区食品药品监督管理局：

根据原国家药品监督管理局《关于印发〈中药配方颗粒管理暂行规定〉的通知》（国药监注〔2001〕325号）要求，培力（南宁）药业有限公司上报的资料经我局组织专家审评，基本符合要求。请你局通知该企业提供每个品种三批样品送广西壮族自治区药品检验所进行质量标准复核工作。检验合格的品种允许在原已试用的临床单位使用，并只能供中药临床配方调剂。销往本辖区以外的"中药配方颗粒"品种，要经使用单位所在地省级食品药品监督管理部门同意，并接受其监督管理。

特此通知。

主题词：药品注册 管理 通知

抄送：国家中医药管理局，广西壮族自治区药品检验所，驻局纪检组监察局，本局办公室、药品安全监管司、药品市场监督司，局领导，存档(2)。

国家食品药品监督管理局办公室 2004年12月6日印发

共印30份

图 1–8 国家食品药品监督管理局批准培力（南宁）药业有限公司的文件

在2003年抗击传染性非典型肺炎（SARS，简称“非典”）疫情攻坚战中，中药配方颗粒作为国家发生重大疫情时的一种中药应急剂型，在完善、充实国家公共卫生事件预警和应急机制中起到了一定作用。2003年4月21日国家食品药品监督管理局、国家发展和改革委员会、卫生部、国家工商行政管理总局联合发布国食药监办（2003）20号文件《关于加强非典型肺炎药品监督和管理工作的紧急通知》，文件明确规定，可以使用中药配方颗粒进行调剂用于预防，“若用中药配方颗粒进行调配的，应使用国家食品药品监督管理局确定的配方颗粒试点生产单位生产的配方颗粒。”国家食品药品监督管理局批准同意中药配方颗粒试点企业江阴天江药业有限公司和广东一方制药厂生产的中药配方颗粒用于调剂预防“非典”方［药监注便函（2003）37号文、药监注便函（2003）42号文］。

2009年11月，国家食品药品监督管理局召开“中药配方颗粒监督管理研讨会”，要求原六家国家试点生产企业进行标准统一工作，为试点生产放开做准备，原六家国家试点生产企业按此要求，积极开展行业统一标准工作。

3. 发布《中药配方颗粒管理办法（征求意见稿）》

2015年12月，国家食品药品监督管理总局发布了《中药配方颗粒管理办法（征求意见稿）》（2015年第283号），对中药配方颗粒生产企业资质、生产监管、标准制定、备案管理、监督管理以及使用管理等方面作出了详细规定，监管有望从审批制转为备案制，自此，浙江、辽宁、广东、安徽、河北、北京、山东、黑龙江、湖北、江西、云南、贵州、天津、吉林、甘肃、重庆、福建、河南、湖南、内蒙古、广西、江苏、山西、四川等省份先后出台文件，以科研专项、试点研究、临床试点、技改专项等多种名义批准省内中药配方颗粒试点企业，在省内开展中药配方颗粒科研专项生产试点及医疗机构临床使用，很多生产企业也看到中药配方颗粒蓬勃发展的趋势和广阔的临床应用前景，纷纷加入中药配方颗粒行业。截至2020年底，累计70家生产企业被相关省、自治区、直辖市批准为科研专项 / 试点生产企业，分布于全国19个省份，具体省级中药配方颗粒科研专项 / 试点企业名单见表1–3。

表1–3　省级中药配方颗粒科研专项 / 试点企业名单

省（自治区、直辖市）	批准时间	省级科研专项/试点
吉林	2011年8月	吉林敖东药业集团股份有限公司
河北	2014年1月	神威药业集团有限公司（石家庄）
	2019年1月	石家庄以岭药业股份有限公司
浙江	2015年9月	浙江景岳堂药业有限公司、浙江惠松制药有限公司、浙江贝尼菲特药业有限公司、浙江佐力药业股份有限公司

续表

省（自治区、直辖市）	批准时间	省级科研专项/试点
江西	2016年9月	江西百神药业股份有限公司、江西天施康中药股份有限公司、江西青春康源制药有限公司
	2020年10月	江西新绿色药业科技发展有限公司、江中药业股份有限公司、江西一方天江药业有限公司、江西欧氏药业有限责任公司、江西纳弗堂制药有限公司
四川	2016年10月	四川三强现代中药有限公司
黑龙江	2016年11月	黑龙江珍宝岛药业股份有限公司、黑龙江国药双兰星制药有限公司
河南	2017年1月	仲景宛西制药股份有限公司、河南润弘本草制药有限公司、上海凯宝新谊（新乡）药业有限公司、河南辅仁堂制药有限公司、保和堂（焦作）制药有限公司、河南天鸿医药集团有限公司
安徽	2017年6月	安徽济人药业有限公司、安徽九洲方圆制药有限公司、华佗国药股份有限公司、安徽协和成制药有限公司、安徽广印堂中药股份有限公司
广东	2017年7月	康美药业股份有限公司、广州香雪药业股份有限公司、广州白云山制药股份有限公司
湖北	2017年9月	李时珍医药集团有限公司、国药集团中联药业有限公司、马应龙药业集团股份有限公司、劲牌生物医药有限公司、湖北香连药业有限责任公司、湖北恒安芙林药业股份有限公司
甘肃	2018年2月	兰州佛慈制药股份有限公司、甘肃中天金丹药业有限公司、甘肃扶正药业科技股份有限公司
辽宁	2018年10月	天士力东北现代中药资源有限公司、辽宁上药好护士药业（集团）有限公司
云南	2018年12月	云南鸿翔中药科技有限公司、云南通用善美制药有限责任公司、昆明中药厂有限公司、云南神威施普瑞药业有限公司、云南天江一方药业有限公司
内蒙古	2019年1月	内蒙古普康药业有限公司、包头中药有限责任公司、内蒙古蒙药股份有限公司、内蒙古京新药业有限公司、祈蒙股份有限公司
贵州	2019年3月	国药集团同济堂（贵州）制药有限公司、贵阳新天药业股份有限公司
	2020年2月	贵州益佰制药股份有限公司
山东	2019年11月	山东宏济堂制药集团股份有限公司、山东一方制药有限公司、青州尧王制药有限公司
广西	2019年12月	广西慧宝源医药科技有限公司、广西一方天江制药有限公司
	2020年6月	广西万通制药有限公司、广西强寿药业集团有限公司
	2020年12月	广西大力神制药股份有限公司、紫云轩中药科技有限公司、广西昌弘制药有限公司、广西昆泽药业有限公司
天津	2020年3月	天士力医药集团股份有限公司
上海	2020年7月	上海万仕诚药业有限公司、上海雷允上药业有限公司

在《中药配方颗粒管理办法(征求意见稿)》中提到:“中药配方颗粒是对传统中药饮片的补充。”2019 年 6 月 9 家中药配方颗粒生产企业[广东一方制药有限公司、江阴天江药业有限公司、北京康仁堂药业有限公司、华润三九医药股份有限公司、四川新绿色药业科技发展有限公司、培力(南宁)药业有限公司、神威药业集团有限公司、浙江景岳堂药业有限公司、石家庄以岭药业股份有限公司]联名向国家卫生健康委员会、国家医疗保障局、国家中医药管理局、国家市场监督管理总局和国家药品监督管理局等相关部委提交了《关于中药配方颗粒继续按中药饮片管理的申请报告》,建议中药配方颗粒明确定位为中药饮片,应继续按照中药饮片进行管理,推动中药配方颗粒行业高质量发展。

2016 年 8 月国家药典委员会发布《中药配方颗粒质量控制与标准制定技术要求(征求意见稿)》,该文件基本确定了中药配方颗粒国家标准研究具体思路。2021 年 1 月《中药配方颗粒质量控制及标准制定技术要求》正式发布,该技术要求对中药配方颗粒质量标准制定作出了顶层设计,不仅引入了“标准汤剂”的概念,使中药配方颗粒工艺制定的合理性和质量控制有了可衡量的量化依据,还提出了特征/指纹图谱质量控制技术的应用,提倡采用道地药材,强化药材源头控制,强化了整体质量控制理念。自 2016 年 8 月开始,中药配方颗粒试点生产企业开始了中药配方颗粒的国标研究工作,2021 年 4 月国家药品监督管理局(简称国家药监局)颁布了第一批中药配方颗粒国家标准,共 160 个品种,为结束中药配方颗粒试点奠定了坚实的基础。

4. 发布《关于结束中药配方颗粒试点工作的公告》

2021 年 2 月 10 日国家药监局、国家中医药局、国家卫生健康委、国家医疗保障局四部委联合发布《关于结束中药配方颗粒试点工作的公告》(2021 年第 22 号)(简称《公告》),《公告》自 2021 年 11 月 1 日起实施。

《公告》的发布,对中药配方颗粒行业影响巨大,结束了中药配方颗粒长达 20 年的试点工作,使中药配方颗粒进入我国药品规范化监管。

三、中药配方颗粒规范化监管阶段

中药配方颗粒规范化监管阶段是指从 2021 年 11 月 1 日至今。

按照《公告》要求,国家药监局和各省级药品监管部门陆续发布了中药配方颗粒国家标准和中药配方颗粒省级标准,全国各地中药配方颗粒生产企业纷纷进行生产备案和跨省销售备案,大部分省级医保部门下发文件将中药配方颗粒纳入医保，多地实施了中药配方颗粒挂网采购，部分省进行了中药配方颗粒省际联盟集采，中药配方颗粒行业进入了高标准、严监管、竞争激烈的高质量发展阶段。

第三节　中药配方颗粒行业发展成就

经过 30 多年的发展，中药配方颗粒行业在国家政策的指引和支持下，中药配方颗粒行业得到了快速发展，建立了中药配方颗粒生产、质控、临床应用及国际化的一系列技术规范，行业规模及生产企业数量均保持持续增长态势，助力了中医药发展。

一、主要科技创新成果

2002 年 10 月 10 日国家科学技术部、国家计划委员会、国家经济贸易委员会、卫生部药品监督管理局、知识产权局、中医药局、中国科学院等七部门联合发布《中药现代化发展纲要（2002—2010 年）》（国办发〔2002〕61 号），中药配方颗粒首次被纳入中药现代化发展的战略目标，在文件中明确指出："中药现代化发展的战略目标之一是制订和完善现代中药标准和规范。到 2010 年，建立和完善 500 种常用中药饮片（包括相应配方颗粒）的现代质量标准；加强符合中药特点的科学、量化的中药质量控制技术研究，提高中药饮片（包括配方颗粒）的质量控制水平。"这表明了国家对中药配方颗粒的高度重视，也极大地激发了中药配方颗粒企业的创新创造活力。

2016 年 2 月 26 日，国务院颁布了《中医药发展战略规划纲要（2016—2030 年）》（国发〔2016〕15 号）（简称《纲要》）。《纲要》明确了未来 15 年我国中医药发展方向和工作重点，是新时期推进我国中医药事业发展的纲领性文件。《纲要》的颁布是党中央、国务院领导高度重视中医药事业发展的具体体现，是把中医药列为国家战略的具体体现，是党中央、国务院希望在医改中充分发挥中医药作用的具体体现，对中国中医药事业发展具有重要意义。在《纲要》中，再次将中药配方颗粒作为中医药国家战略的重要组成部分，提出"重点强化中药炮制、中药鉴定、中药制剂、中药配方颗粒以及道地药材的标准制定与质量管理”。由此可见，中药配方颗粒作为中医药国家战略的重要组成部分，一直受到国家的高度重视，中药配方颗粒的行业地位和发展必要性获得国家认可，对行业发展具有重大而深远的意义。

因此，中药配方颗粒从中药饮片剂型改革试点阶段开始至今，一直得到国家各部委的高度重视和政策的大力支持。

1. 中药配方颗粒企业承担完成的国家部级和省级课题及项目

从 1993—2024 年中药配方颗粒企业承担完成的国家部级课题及项目 63 项，具体内容见表 1–4。

表 1–4　1993—2024 年中药配方颗粒企业承担完成的国家、部级课题及项目汇总

序号	承担企业	国家、部级课题及项目	时间
1	江阴天江药业有限公司	国家科学技术委员会国家级星火计划项目“单味中药饮片剂型改革”（项目编号：9303600003）	1993 年
2	江阴天江药业有限公司	国家科学技术委员会国家级火炬计划项目“中药饮片浓缩颗粒剂”（项目编号：9423202016）	1994 年
3	广东一方制药有限公司	国家发展和改革委员会火炬计划项目“单味中药浓缩颗粒开发、生产与应用产业化推进”（项目编号：95D1417800455）	1995 年
4	江阴天江药业有限公司	国家中医药管理局科研基金项目“单味中药精制颗粒制备与临床应用研究”（项目编号：95A3312）	1995 年
5	广东一方制药有限公司、江阴天江药业有限公司	国家中医药管理局科研项目“单味中药浓缩颗粒的制备与临床运用等量性与等效性研究”（项目编号：国中医药科〔1996〕38 号）	1996 年
6	广东一方制药有限公司	国家高技术产业化推进项目“单味中药浓缩颗粒产业化推进”（项目编号：计高技〔1999〕1699 号）	1999 年
7	培力（南宁）药业有限公司	国家中医药管理局科研项目“中药浓缩颗粒的工艺和质量标准以及临床疗效研究”（国中医药科〔2000〕22 号）	2000 年
8	广东一方制药有限公司	国家科技支撑计划项目“中药配方颗粒生产技术等四项关键技术研究”（项目编号：2001BA701A23）	2001 年
9	广东一方制药有限公司	国家发展和改革委员会重点项目“年产 100 吨中药配方颗粒高技术产业化示范项目”（项目编号：计高技〔2001〕2262 号）	2001 年
10	北京康仁堂药业有限公司	国家中医药管理局创新中药与中药现代化项目“经方麻杏石甘汤、四逆散及石膏等 5 味配方颗粒质量标准规范化示范研究”（项目编号：2001BA701A37）	2001 年
11	北京康仁堂药业有限公司	国家科学技术部“科技兴贸计划”“中药配方颗粒工艺及质量标准研究”（项目编号：2001EE880201）	2001 年
12	四川新绿色药业科技发展有限公司	国家第三批攻关计划“理中汤、四物汤及白芷等 6 味配方颗粒质量标准研究”（项目编号：2001BA701A40）	2001 年
13	江阴天江药业有限公司、广东一方制药有限公司	国家中医药管理局中医药重大科技专项“100 种中药配方颗粒的专属性检测方法和质量标准示范性研究”（项目编号：国中医药科 2001ZDZX03）	2002 年

续表

序号	承担企业	国家、部级课题及项目	时间
14	江阴天江药业有限公司	国家发改委项目“中药配方颗粒高技术产业化示范工程”（项目编号：计高技〔2002〕1831号）	2002年
15	广东一方制药有限公司	国家中医药管理局中医药科技重大项目“100种中药配方颗粒的专属性检测方法和质量标准示范研究”（项目编号：国中医药科函〔2002〕16号）	2002年
16	培力（南宁）药业有限公司	国家中医药管理局科研项目“传统中药复方配方颗粒应用基础研究”（项目编号：国中医药科〔2002〕59号）	2002年
17	北京康仁堂药业有限公司	国家发展计划委员会项目“北京首创大地生物药业有限公司中药配方颗粒高技术产业示范工程”（项目编号：计高计〔2002〕215号）	2002年
18	江阴天江药业有限公司	国家科技部科技型中小企业创新基金项目“单味中药饮片浓缩颗粒”（项目验收编号：030186）	2003年
19	广东一方制药有限公司	国家“十五”重大科技专项创新药物和中药现代化课题“二陈汤、逍遥散及广佛手等7味配方颗粒质量标准的示范研究”（项目编号：国科农社函〔2003〕56号）	2003年
20	江阴天江药业有限公司	国家科技部“十五”重大科技专项“三拗汤、葛根芩连汤及水蛭等7味配方颗粒质量标准的示范性研究”（项目编号：2001BA701A39）	2003年
21	培力（南宁）药业有限公司	国家“十五”重大科技专项“创新药物和中药现代化”课题“补阳还五汤、酸枣仁汤及山楂等3味配方颗粒的质量标准研究”（项目编号：2001BA701A39）	2003年
22	华润三九医药股份有限公司	国家重大基础研究发展计划（973）课题“缺血性中风病证结合诊断标准与疗效评价体系研究”（项目编号：2003CB517102）	2003年
23	江阴天江药业有限公司	国家科技部科技型中小企业创新基金项目“300T中药配方颗粒标准化生产”（项目编号：03C26113200578）	2004年
24	江阴天江药业有限公司	国家科技部科技兴贸行动计划“中药配方颗粒国际市场开发研究”（项目编号：2004EE990043）	2004年
25	培力（南宁）药业有限公司	国家第三批应用技术研究与开发项目“补阳还五汤、酸枣仁汤及山楂等2味配方颗粒的质量标准研究”（项目编号：桂科条字〔2004〕51号）	2004年
26	培力（南宁）药业有限公司	国家应用技术研究与开发项目“补阳还五汤、酸枣仁汤及山楂等4味配方颗粒的质量标准研究”（项目编号：桂财教〔2005〕73号）	2005年
27	北京康仁堂药业有限公司	中国中医药科技开发交流中心项目“首创大地中药配方颗粒质量控制及草药房管理现代化系统”列入中医药科技开发交流中心科技成果推广（项目编号：国中科〔2005〕36号）	2005年
28	江阴天江药业有限公司	国家科技部火炬计划项目“300吨/年中药配方颗粒”（项目编号：2006GH020318）	2006年
29	广东一方制药有限公司	国家科技支撑计划项目“中药配方颗粒共性关键制剂技术及其产业化研究”（项目编号：2006BAI06A1406）	2006年

续表

序号	承担企业	国家、部级课题及项目	时间
30	江阴天江药业有限公司、广东一方制药有限公司	国家科技部“十一五”科技支撑计划“中药研发与上市前技术评价标准研究”子课题“制定中药配方颗粒研究的技术要求建议书”（项目编号：2006BAI21B10）	2006年
31	广东一方制药有限公司	国家商务部、财务部优化高新技术产品进出口结构资金项目“中药配方颗粒关键工艺和质量控制技术研究开发”（项目编号：财企〔2007〕301号）	2007年
32	华润三九医药股份有限公司	国家“十五”重大科技专项“创新药物和中药现代化”课题“白芍、薄荷、苦参中药配方颗粒质量标准规范化示范研究”（项目编号：2001BA701A42）	2007年
33	华润三九医药股份有限公司	国家科技支撑计划“黄连解毒汤抑菌作用的物质基础研究”（项目编号：2008BAI51B02）	2008年
34	四川新绿色药业科技发展有限公司	国家科技部重大课题“灾区药材恢复与重建技术集成与示范”（项目编号：2009BAI84B00）	2009年
35	北京康仁堂药业有限公司	工信部中药材扶持项目“鲜地黄等6种鲜药配方颗粒产业化示范研究”（项目编号：工信部消费〔2009〕580号）	2009年
36	江阴天江药业有限公司	国家发改委重点产业振兴和技术改造项目“年产3000吨中药配方颗粒产业化技术改造项目”（项目编号：苏发改工业发〔2010〕1006号）	2010年
37	安徽济人药业有限公司	国家科学技术部“国家火炬计划项目”“皖产道地中药配方颗粒研究”（项目编号：2010GH021052）	2010年
38	北京康仁堂药业有限公司	中国中医药科技开发交流中心科技成果推广项目“中药配方颗粒质量控制及草药房管理现代化系统”（项目编号：国中科〔2010〕2号）	2010年
39	四川新绿色药业科技发展有限公司	国家科技部项目“西南区域附子、灯盏花等大宗中药材质量标准提高及其综合利用研究”（项目编号：2011BAI13B05）	2011年
40	华润三九医药股份有限公司	国家“十二五”重大科技专项“中西医结合治疗慢加急性肝衰竭临床研究”（项目编号：2012ZX10005-005）	2012年
41	江阴天江药业有限公司	工业和信息化部中药材扶持资金项目“桔梗规范化与规模化生产基地建设”（项目编号：工信部消费〔2012〕369号）	2012年
42	神威药业集团有限公司	国家中医药管理局中医药科学技术研究专项“中药配方颗粒制备工艺及质量标准的研究”课题（项目编号：国中医药科技发〔2013〕30号）	2013年
43	华润三九医药股份有限公司	国家重大科技专项重大新药创制“经典名方标准颗粒研究”（项目编号：2013ZX09508105）	2013年
44	华润三九医药股份有限公司	国家发展和改革委员会、财政委员会“深圳市战略新兴产业区域聚集发展专项”项目“中药资源及配方技术研发和产业化”（项目编号：深发改〔2014〕656号）	2013年
45	华润三九医药股份有限公司	工信部“中药材生产基地建设项目鸡血藤规范化种植（GAP）技术研究及产业化基地建设”（项目编号：工信部规〔2015〕282号）	2014年

续表

序号	承担企业	国家、部级课题及项目	时间
46	北京康仁堂药业有限公司	国家中医药管理局科技司“中医药科学技术研究专项”“苓桂术甘汤治疗代谢综合征的配方颗粒与传统饮片随机对照盲态评价临床研究”（项目编号：国中医药科 2016ZX10）	2015 年
47	广东一方制药有限公司	国家科技部项目“银蓝调脂胶囊作用机理及临床和产业化关键技术研究”（项目编号：2016ZX09101076）	2016 年
48	四川新绿色药业科技发展有限公司	国家发展和改革委员会、国家中医药管理局新兴产业重大工程项目：“川芎等 3 种中药饮片标准化建设项目”（项目编号：ZYBZHYSC42）	2016 年
49	北京康仁堂药业有限公司	国家中医药管理局中药标准化项目“何首乌等 2 中中药饮片标准化建设建设”（项目编号：ZYBZHYBJ07）	2016 年
50	华润三九医药股份有限公司	国家重点研发计划课题项目“茯苓生态种植和规范化基地建设标准体系的构建”（项目编号：2017YFC1703001）	2017 年
51	四川新绿色药业科技发展有限公司	国家科技部专项子课题“大数据驱动的中医智能辅助诊断服务系统”（项目编号：02017YFB10002300）	2017 年
52	华润三九医药股份有限公司	国家工信部综合标准化与新模式应用课题“中药配方颗粒智能制造新模式应用”（项目编号：工信厅装函〔2017〕468 号）	2017 年
53	广东一方制药有限公司	国家中药保审委保健食品原料研究“苦丁茶、薏苡仁、五味子、桑叶原料和产品研究”（项目编号：ZBW2018BJ03）	2018 年
54	广东一方制药有限公司	国家科技部“经典名方桃核承气汤复方颗粒研究开发”（项目编号：2018ZX09721005007009）	2018 年
55	江阴天江药业有限公司	国家科技部国家科技重大专项项目重大新药创制“经典名方半夏白术天麻汤复方颗粒研究开发”（项目编号：2018ZX09721005002005）	2018 年
56	江阴天江药业有限公司	国家科技部国家科技重大专项项目重大新药创制“中药提取物先进制药与信息化融合技术示范研究”（项目编号：2018ZX09201011004004）	2018 年
57	江阴天江药业有限公司	国家工信部智能制造新模式应用项目“中药配方颗粒跨区域全产业智能制造新模式应用”（项目编号：苏财工贸〔2018〕315 号）	2018 年
58	北京康仁堂药业有限公司	中华人民共和国科学技术部项目“基于‘道术结合’思路与多元融合方法的名老中医经验传承创新研究”（项目编号：2018YFC1704100）	2018 年
59	广东一方制药有限公司	国家工信部“中药材供应保障公共服务平台”（项目编号：20190090212）	2019 年
60	华润三九医药股份有限公司	国家重点研发计划“中医药现代化研究”重点专项“13 个经典名方标准颗粒制备与标准研究”（项目编号：2019YFC1711400）	2019 年
61	江阴天江药业有限公司	国家工信部中央财政应急物资保障体系建设项目“年产 6000 吨中药配方颗粒技改扩能项目”（项目编号：澄财工贸〔2020〕23 号）	2020 年

续表

序号	承担企业	国家、部级课题及项目	时间
62	广东一方制药有限公司、江阴天江药业有限公司	国家工信部2022年产业技术基础公共服务平台“中药全产业链质量技术服务平台项目”（项目编号：2022230221）	2022年
63	华润三九医药股份有限公司	国家重点研发计划课题项目“中药饮片炒炙智能识别与生产控制技术研究”（项目编码：2023YFC3504200）	2023年

完成省级课题及项目124项，具体内容见附录1。这些项目的实施为中药配方颗粒行业发展打下了良好的基础。

2. 中药配方颗粒企业获得的国家及各省部级以上科技奖励

从1993—2024年中药配方颗粒企业荣获了国家及各省部以上科技奖励55项，其中最重要的奖项是2011年中药配方颗粒项目获得国家科技进步二等奖，2011年广东省中医研究所、江阴天江药业有限公司和广东一方制药有限公司联合申报的“中药配方颗粒产业化关键技术研究与应用”研究成果荣获国家科技进步二等奖，该项目通过对中药配方颗粒产业化关键技术的研究与应用，完成了对植物药、动物药、矿物药共计723种单味中药的提取、浓缩、喷雾干燥和制粒工艺研究，较好地解决了制备工艺和质量控制方面的技术难题，是对中药配方颗粒的重要肯定。这些科技奖励表明了国家对中药配方颗粒创新的激励。具体获奖情况见表1–5。

表1–5 1993—2024年中药配方颗粒企业获得省部级以上科技奖励项目汇总表

序号	获奖时间	项目名称	获奖证书号	获奖类别及等级	获奖企业
1	1997年	单味中药浓缩颗粒的研制与开发	粤中医97–2–01	广东省中医药科技进步二等奖	广东一方制药有限公司
2	2001年	单味中药浓缩颗粒的制备与临床应用研究	/	江苏省科学技术奖二等奖	江阴天江药业有限公司
3	2005年	高血压血管活性物质与中医辨证施治相关关系的临床研究	粤府证〔2005〕2541号	广东省科学技术奖三等奖	广东一方制药有限公司
4	2009年	二陈汤、逍遥散及广佛手等7味配方颗粒质量标准的示范性研究	粤府证〔2009〕591号	广东省科学技术奖二等奖	广东一方制药有限公司
5	2010年	中药配方颗粒产业化关键技术研究与应用	粤府证〔2010〕371号	广东省科学技术奖一等奖	广东一方制药有限公司
6	2011年	50种中药配方颗粒的专属检测方法和质量标准示范研究	粤府证〔2011〕212号	广东省科学技术奖二等奖	广东一方制药有限公司

续表

序号	获奖时间	项目名称	获奖证书号	获奖类别及等级	获奖企业
7	2011年	中药配方颗粒关键技术研究与产业化	2010-3-19-01	江苏省科技进步三等奖	江阴天江药业有限公司
8	2011年	中药配方颗粒的创制与产业化应用	201001-06 ZY-31	中华中医药学会科技进步一等奖	江阴天江药业有限公司
9	2011年	中药配方颗粒产业化关键技术研究与应用	2011-J-234-2-11-D03	国家科学技术进步二等奖	江阴天江药业有限公司、广东一方制药有限公司
10	2013年	中药配方颗粒标准化与新产品开发示范研究	2013-J-3-057-01	广西科学技术奖三等奖	培力（南宁）药业有限公司
11	2014年	中药配方颗粒研究的技术指导原则	粤府证〔2014〕0442号	广东省科学技术奖二等奖	广东一方制药有限公司
12	2015年	中药配方颗粒研究的技术指导原则	201903-01	中华中医药学会科学技术奖三等奖	广东一方制药有限公司
13	2015年	5·12特大地震灾区药材资源恢复重建与综合开发利用研究及示范	2015-J-1-24-D04	四川省科技进步一等奖	四川新绿色药业科技发展有限公司
14	2015年	基于汤剂传承的中药配方颗粒生产工艺和质量控制关键技术研究及产业化	2015-特-D1	安徽省中医药学会科技进步特等奖	安徽济人药业有限公司
15	2016年	壮药配方颗粒生产工艺及质量标准的开发	2016-J-3-062-01	广西科学技术奖三等奖	培力（南宁）药业有限公司
16	2017年	中药生产过程控制可靠性工程理论与关键技术应用	2017中-1-001	北京市科学技术奖一等奖	北京康仁堂药业有限公司
17	2018年	现代分析技术在中药配方颗粒质量控制中的研究与应用	粤府证〔2018〕0356号	广东省科学技术奖二等奖	广东一方制药有限公司
18	2018年	还原经典入药特征的中药配方颗粒质量控制体系建立及应用	2018-J-3-059-01	广西科学技术奖三等奖	培力（南宁）药业有限公司
19	2018年	中药制造测量控制关键技术与仪器产业化应用	CIS/KJ-2019-2-30-D4	中国仪器仪表学会科学技术奖二等奖	北京康仁堂药业有限公司
20	2019年	现代分析技术在中药配方颗粒质量控制中的研究与应用	20199063	中华中医药学会科学技术奖三等奖	广东一方制药有限公司
21	2019年	中药配方颗粒产业化关键技术创新平台	202003-30	中国产学研合作创新成果奖一等奖	广东一方制药有限公司

续表

序号	获奖时间	项目名称	获奖证书号	获奖类别及等级	获奖企业
22	2019年	中药配方颗粒制备与自动发药系统	2015–J–2–59–D01	四川省科技进步二等奖	四川新绿色药业科技发展有限公司
23	2019年	中药配方颗粒质量控制与标准研究和产业化	2019JB1019–D2	河北省科学技术进步奖一等奖	神威药业集团有限公司
24	2019年	基于传统汤剂的中药配方颗粒整体质量控制体系建立及应用	证书号：015	中国药学会科学技术奖三等奖	培力（南宁）药业有限公司
25	2020年	智能生产模式及集成检测体系在中药配方颗粒中的创新应用	粤府证〔2020〕1738号	广东省科学技术奖二等奖	广东一方制药有限公司
26	2020年	中药配方颗粒多工位智能调配系统的研究开发与应用	能源化学工发〔2020〕13号	中国质量协会质量技术奖优秀奖	广东一方制药有限公司
27	2020年	智能生产模式及集成检测体系在中药配方颗粒中的创新应用	ZJ2020–3–041	中华中医药学会科学技术奖三等奖	广东一方制药有限公司
28	2020年	一种中药颗粒计量装置（专利号：ZL201810170174.0	/	第七届广东专利奖银奖	广东一方制药有限公司
29	2020年	中药配方颗粒多工位智能药房调配系统的研究开发和应用	20206114	中国中医药研究促进会科技进步奖二等奖	广东一方制药有限公司
30	2020年	智能生产模式及集成检测体系在中药配方颗粒中的创新应用	KJ–2020–2–31	中国中医药研究促进会科技进步奖一等奖	广东一方制药有限公司
31	2020年	中药配方颗粒多工位智能药房调配系统	能源化学工发〔2020〕13号	全国能源地质系统优秀职工技术创新成果奖二等奖	广东一方制药有限公司
32	2020年	中药核酸检测技术体系的构建和应用	20200971C	中国中西医结合学会科学技术奖一等奖	华润三九医药股份有限公司
33	2020年	慢性乙型肝炎及相关肝硬化、肝癌中医防治体系构建与应用	粤府证〔2021〕2248号	广东省科技进步二等奖	华润三九医药股份有限公司
34	2020年	四物制剂质量提升关键技术及产业化应用	2020–286–D04	国家教育部科学技术进步二等奖	四川新绿色药业科技发展有限公司

续表

序号	获奖时间	项目名称	获奖证书号	获奖类别及等级	获奖企业
35	2020 年	川芎配方颗粒及其制备方法（专利号：ZL201010279865.8）	/	四川省专利奖三等奖	四川新绿色药业科技发展有限公司
36	2020 年	ISO 18668—1:2016《中医药 中药编码系统 第 1 部分：中药编码规则》等 9 项标准	2020-60-1-06-D10	中国标准创新贡献奖一等奖	广东一方制药有限公司
37	2020 年	一种中药处方全自动配药系统（专利号：ZL201610500966.0）	/	中国专利优秀奖	广东一方制药有限公司
38	2020 年	中药配方颗粒全产业链关键技术示范及成果转化	/	中国中医药研究促进会科学进步一等奖	四川新绿色药业科技发展有限公司
39	2021 年	健脾化瘀解毒法防治慢性萎缩性胃炎的基础与临床应用创新平台	2021-MZYY-182	中国产学研合作促进会科学技术奖二等奖	广东一方制药有限公司
40	2021 年	五味子药材 / 饮片品质形成及质量控制标准体系构建与应用	2020-263-D07	教育部科学技术进步奖二等奖	江阴天江药业有限公司
41	2021 年	重楼资源调查及其规范化种植关键技术研究与应用推广	GD2018-3-12	中国民族医药协会科学技术进步奖一等奖	广东一方制药有限公司
42	2021 年	现代化免煎中药配方颗粒自动调配系统	GHM20219173	粤港澳大湾区高价值专利培育布局大赛优秀奖	广东一方制药有限公司
43	2021 年	全自动发药机及其发药方法（专利号：ZL201310235288.6）	/	四川省专利奖三等奖	四川新绿色药业科技发展有限公司
44	2022 年	流动应急智能中药房（专利号：ZL202020188209.6）	/	四川省专利奖三等奖	四川新绿色药业科技发展有限公司
45	2022 年	药品的自动分装与计量装置（专利号：ZL03135523.4）	/	中国专利奖优秀奖	四川新绿色药业科技发展有限公司
46	2022 年	岭南名优中药全链条精准分析与质量控制关键技术及产业化	粤府证〔2022〕1936 号	广东省科学技术奖二等奖	广东一方制药有限公司

续表

序号	获奖时间	项目名称	获奖证书号	获奖类别及等级	获奖企业
47	2022年	中药配方颗粒国家标准体系建立与关键技术创新应用	粤府证〔2022〕1959号–1693号	广东省科学技术奖一等奖	广东一方制药有限公司、江阴天江药业有限公司、国药集团同济堂制药有限公司
48	2022年	大黄生熟异治科学内涵的阐释及应用	2022–02–01–zx	江苏省中医药学会科技进步二等奖	江阴天江药业有限公司
49	2022年	中药配方颗粒智能化制造及质量控制研究	202202–13	中华中医药学会科学技术奖二等奖	神威药业集团有限公司、云南神威施普瑞药业有限公司
50	2022年	中药配方颗粒国家标准及全过程质控体系关键技术创新研究与应用	202202–08	中华中医药学会科学技术奖二等奖	江阴天江药业有限公司、广东一方制药有限公司、国药集团同济堂制药有限公司
51	2023年	高血压中西医防治理论体系与方药创新	20230921A	中国中西医结合学会科学技术奖一等奖	江阴天江药业有限公司
52	2023年	著名中医药专家学术传承研究模式与转化应用	202302–02	中华中医药学会科学技术奖二等奖	北京康仁堂药业有限公司
53	2023年	中药制造测量学的理论创建、标准制定及关键技术应用	2023–1–014–D04	中国分析测试协会科学技术奖CAIA奖一等奖	北京康仁堂药业有限公司
54	2023年	基于多层次网络分析的中药药效成分群辨识与质量控制体系构建及其应用	20226293	2022年中国产学研合作创新成果奖–优秀奖	广东一方制药有限公司
55	2024年	中药制造测量学关键技术与标准及软件装备应用	国科奖社证字第0191号，证书号20236228	中国产学研合作促进会产学研合作创新成果二等奖	北京康仁堂药业有限公司

二、中药配方颗粒行业已成规模

在国家各部门和各级政府政策的大力支持下，中药配方颗粒行业从无到有，目前已成规模。据广州标点医药信息股份有限公司检索，2016年至2023年中药配方颗粒总体市场销售额（以企业出厂价计算）分别为：92.04亿元、110.37亿元、142.74亿元、178.58亿元、192.12亿元、244.45亿元、161.49亿元和175.01亿元，从2016年到2021年这6年，年复合增长率是17.68%，

2022 年中药配方颗粒市场受国标切换、试点放开等因素影响，行业市场销售额下滑，2023 年已有所恢复。具体数据见表 1–6~ 表 1–13。

表 1–6　2023 年中药配方颗粒市场销售额及主要企业市场份额情况

排名	企业名称	销售额（亿元）	市场份额（%）
1	广东一方制药有限公司	52.86	30.20
2	江阴天江药业有限公司	36.50	20.86
3	红日药业（以北京康仁堂药业有限公司为主）	29.23	16.70
4	四川新绿色药业科技发展有限公司	18.85	10.77
5	华润三九医药股份有限公司	15.76	9.00
6	神威药业集团有限公司	12.02	6.87
7	江西百神药业股份有限公司	2.77	1.58
	其他合计	7.03	4.02
	总计	175.01	100

注：以 2023 年销售额和市场份额大小排序。

表 1–7　2022 年中药配方颗粒市场销售额及主要企业市场份额情况

排名	企业名称	销售额（亿元）	市场份额（%）
1	广东一方制药有限公司	43.74	27.09
2	江阴天江药业有限公司	30.56	18.92
3	北京康仁堂药业有限公司	25.9	16.04
4	四川新绿色药业科技发展有限公司	21.13	13.08
5	华润三九医药股份有限公司	18.88	11.69
6	神威药业集团有限公司	11.03	6.83
7	江西百神药业股份有限公司	3.27	2.02
8	培力（南宁）药业有限公司	1.18	0.73
	其他合计	5.8	3.59
	总计	161.49	100

注：以 2022 年销售额和市场份额大小排序。

表 1–8　2021 年中药配方颗粒市场销售额及主要企业市场份额情况

排名	企业名称	销售额（亿元）	市场份额（%）
1	广东一方制药有限公司	75.13	30.73
2	江阴天江药业有限公司	57.21	23.40
3	北京康仁堂药业有限公司	42.35	17.32
4	华润三九医药股份有限公司	29.37	12.01

续表

排名	企业名称	销售额（亿元）	市场份额（%）
5	四川新绿色药业科技发展有限公司	24.01	9.82
6	神威药业集团有限公司	6.93	2.83
7	江西百神药业股份有限公司	3.60	1.47
8	培力（南宁）药业有限公司	3.53	1.44
	其他合计	2.32	0.95
	总计	244.45	100

注：以 2021 年销售额和市场份额大小排序。

表 1-9　2020 年中药配方颗粒市场销售额及主要企业市场份额情况

排名	企业名称	销售额（亿元）	市场份额（%）
1	广东一方制药有限公司	58.48	30.44
2	江阴天江药业有限公司	41.65	21.68
3	北京康仁堂药业有限公司	29.91	15.57
4	华润三九医药股份有限公司	25.54	13.29
5	四川新绿色药业科技发展有限公司	22.87	11.90
6	神威药业集团有限公司	5.56	2.89
7	培力（南宁）药业有限公司	3.78	1.97
8	江西百神药业股份有限公司	2.73	1.42
	其他合计	1.6	0.83
	总计	192.12	100

注：以 2020 年销售额和市场份额大小排序。

表 1-10　2019 年中药配方颗粒市场销售额及主要企业市场份额情况

排名	企业名称	销售额（亿元）	市场份额（%）
1	广东一方制药有限公司	56.9	31.86
2	江阴天江药业有限公司	35.37	19.81
3	北京康仁堂药业有限公司	27.94	15.65
4	华润三九医药股份有限公司	24.74	13.85
5	四川新绿色药业科技发展有限公司	21.69	12.15
6	神威药业集团有限公司	5.02	2.81
7	培力（南宁）药业有限公司	4.01	2.24
	其他合计	2.91	1.63
	总计	178.58	100

注：以 2019 年销售额和市场份额大小排序。

表 1–11　2018 年中药配方颗粒市场销售额及主要企业市场份额情况

排名	企业名称	销售额（亿元）	市场份额（%）
1	广东一方制药有限公司	42.51	29.78
2	江阴天江药业有限公司	29.00	20.32
3	北京康仁堂药业有限公司	21.62	15.15
4	四川新绿色药业科技发展有限公司	19.78	13.86
5	华润三九医药股份有限公司	18.88	13.22
6	培力（南宁）药业有限公司	4.60	3.22
7	神威药业集团有限公司	3.14	2.20
	其他合计	3.22	2.26
	总计	142.74	100

注：以 2018 年销售额和市场份额大小排序。

表 1–12　2017 年中药配方颗粒市场销售额及主要企业市场份额情况

排名	企业名称	销售额（亿元）	市场份额（%）
1	广东一方制药有限公司	33.21	30.09
2	江阴天江药业有限公司	21.78	19.73
3	四川新绿色药业科技发展有限公司	18.32	16.60
4	北京康仁堂药业有限公司	17.54	15.89
5	华润三九医药股份有限公司	13.00	11.78
6	培力（南宁）药业有限公司	4.02	3.64
7	神威药业集团有限公司	1.30	1.18
	其他合计	1.20	1.09
	总计	110.37	100

注：以 2017 年销售额和市场份额大小排序。

表 1–13　2016 年中药配方颗粒市场销售额及主要企业市场份额情况

排名	企业名称	销售额（亿元）	市场份额（%）
1	广东一方制药有限公司	25.75	27.98
2	四川新绿色药业科技发展有限公司	18.77	20.39
3	江阴天江药业有限公司	17.84	19.38
4	北京康仁堂药业有限公司	14.03	15.24
5	华润三九医药股份有限公司	10.70	11.63
6	培力（南宁）药业有限公司	4.40	4.78
	其他合计	0.55	0.60
	总计	92.04	100

注：以 2016 年销售额和市场份额大小排序。

三、创建了中药全产业链的质量控制体系

1993—2024年中药配方颗粒生产企业在长期的生产实践中，根据中药配方颗粒生产质量特点，探索出了一套适合中药配方颗粒特点的现代生产质量技术体系，自1993年至今，15家企业共获得授权专利588项，主要集中在中药配方颗粒的生产工艺技术、质量控制技术和终端调配设备，包括提取生产设备、在线监控设备、智能调配系统、红外光谱、特征（指纹）图谱、聚合酶链式反应、动物特征多肽等。2018年开始研究中药配方颗粒国家标准至今，获得授权专利数量逐年增加，近5年获得授权的专利占总授权专利数量的一半以上，表明中药配方颗粒行业的创新能力正在不断提升。其中北京康仁堂发明专利“中药配方颗粒混合过程终点在线监控方法”，于2023年荣获第二十四届中国专利奖优秀奖，具体内容见附录2。

1993—2024年中药配方颗粒生产企业共出版专著28本，具体内容见表1–14。这些专利的获得和专著的出版极大地提高了中药创新能力。

表1–14 1993—2024年中药配方颗粒企业出版的专著汇总表

序号	著作	出版企业
1	《中药浓缩颗粒的临床应用与研究》（人民卫生出版社，1998）	江阴天江药业有限公司
2	《中药配方颗粒薄层色谱彩色图集》（江苏科学技术出版社，2004）	江阴天江药业有限公司
3	《中药配方颗粒临床应用集萃》（中国中医药出版社，2008）	江阴天江药业有限公司
4	《中药配方颗粒质量分析》（广东科技出版社，2011）	广东一方制药有限公司
5	《用一方配良方》（广东科技出版社，2011）	广东一方制药有限公司
6	《中药配方颗粒研究》（广东科技出版社，2011）	广东一方制药有限公司
7	《中药配方颗粒薄层色谱彩色图集（第二辑）》（江苏科学技术出版社，2011）	江阴天江药业有限公司
8	《国药天江》（江苏科学技术出版社，2013）	江阴天江药业有限公司
9	《中药合理应用指导手册》（化学工业出版社，2015）	北京康仁堂药业有限公司
10	《全国中药炮制经验规范集成》（北京科学技术出版社，2017）	北京康仁堂药业有限公司
11	《中药配方颗粒质量研究》（科学出版社，2017）	神威药业集团有限公司
12	《吴门医派中药炮制技艺》（北京科学技术出版社，2018）	北京康仁堂药业有限公司
13	《河北省中药材标准》（河北科学技术出版社，2018）	神威药业集团有限公司
14	《中药配方颗粒标准汤剂与质量标准研究（第一册）》（人民卫生出版社，2019）	广东一方制药有限公司

续表

序号	著作	出版企业
15	《实用配方颗粒临床调剂外治学》（人民卫生出版社，2019）	江阴天江药业有限公司
16	《经典名方开发指引》（科学出版社，2020）	广东一方制药有限公司等
17	《制药设备与工艺》（化学工业出版社，2020）	北京康仁堂药业有限公司
18	《良药配方关爱健康 带您认识中药配方颗粒》（广东科技出版社，2021）	广东一方制药有限公司
19	《中药配方颗粒液相色谱图集（上册）》（中国医药科技出版社，2021）	广东一方制药有限公司、江阴天江药业有限公司、华润三九医药股份有限公司、北京康仁堂药业有限公司、四川新绿色药业科技发展有限公司等
20	《桂林中药资源典》（广东科技出版社，2021）	广东一方制药有限公司
21	《中药配方颗粒质量标准及调配系统研究》（中国医药科技出版社，2021）	四川新绿色药业科技发展有限公司
22	《中药配方颗粒液相色谱图集》（中国医药科技出版社，2021）	北京康仁堂药业有限公司
23	《中药配方颗粒临证手册》（中国中医药出版社，2021）	江阴天江药业有限公司
24	《中药配方颗粒标准汤剂与质量标准研究（第二册）》（人民卫生出版社，2023）	广东一方制药有限公司
25	《中药产业技术概览》（科学出版社，2023）	广东一方制药有限公司
26	《北京市中药饮片炮制规范》（化学工业出版社，2024）	北京康仁堂药业有限公司等
27	《陕西传统中药炮制特色技艺》（陕西科学技术出版社，2024）	北京康仁堂药业有限公司等
28	《中药配方颗粒临床应用（第一册）》（中国医药科技出版社，2024）	四川新绿色药业科技发展有限公司

四、创新了中药临床调剂方式

中药配方颗粒早期一般选择小袋包装，用药时只需将不同的袋装中药配方颗粒一同服用即可。为了进一步方便医院调剂和患者用药，中药配方颗粒试点企业开发了中药配方颗粒调剂设备，当前多数医院采用了中药配方颗粒调剂设备，即将每味中药的颗粒按原处方的比例先行调剂装到一个袋中后再封装，这样医生处方剂量更灵活、医院调剂更快捷、患者用药更方便。

中药配方颗粒调剂设备以传统中医药的用药理念和调剂方式为指导，以中药配方颗粒调剂设备为核心，利用自动化控制、物联网、大数据、云服务等现代化信息技术手段，实现药品调剂自动化、药房管理智能化、客户服务数字化，形成了精准、高效、智能、安全的现代化中药房运营管理体系。

中药配方颗粒调剂设备由处方管理信息系统、药库、取药瓶机械手、颗粒分装计量平台和自动包装机等组成。利用这个设备，医生可以在电脑端输入处方，系统自动将这个处方传到划价收费系统及中药调剂系统中，在调剂时由调剂设备自动按照处方将不同种类和剂量的中药配方颗粒投入调剂专用盒或袋中并密封，调剂设备极大程度方便了患者服药，也提高了医院的调剂效率和准确度。此外，目前也有企业与医疗机构合作，采用智能配送中心模式直接对接终端客户，通过计算机系统链接接受医生开的处方，按照处方进行药品调剂，在药品配置完成后发起送药上门服务，直接到达终端客户。在运营方式方面，部分企业还积极探索“云药房”模式，与互联网平台开展合作，实现线上线下一体化，打造连接各类医疗机构、医生、企业、调剂配送中心和患者的服务平台。如四川新绿色药业科技发展有限公司自主研发“流动应急智能中药房”，实现了中医药在应急医疗领域中的历史性突破，2013 年 4 月首次参与到一线抗震救灾工作中，2016 年 7 月河北邯郸洪灾、2017 年 7 月湖南洪灾、2017 年 8 月陕西洪灾、2019 年 6 月宜宾长宁地震等自然灾害中，均参与救援，并发挥了重要作用，尤其在 2020 年新型冠状病毒感染（简称新冠）疫情中，驰援了湖北（武汉）、北京、上海、天津、河南、吉林、新疆、河北、江苏、海南等 28 个省（市），得到地方政府和相关部门的高度评价。“智能中药房”与中药配方颗粒随中医抗疫医疗队一起走出国门，支援了柬埔寨、缅甸、冈比亚、巴西、荷兰、西班牙、巴拿马等国家的疫情防控工作。2021 年 1 月 27 日，25 件抗疫实物被中国国家博物馆收藏。

五、开启了国家药品标准制定新模式

2016 年 8 月 5 日，国家药典委员会发布了《中药配方颗粒质量控制与标准制定技术要求（征求意见稿）》，明确了中药配方颗粒质量控制和标准制定要求，这一文件对中药配方颗粒标准乃至中药标准都产生了深远影响，按照此要求制定出的中药配方颗粒国家标准将成为中药标准的标杆。此文件发布后，中药配方颗粒试点企业立即开始中药配方颗粒国标研究，这也开启了我国国家药品标准制定新模式，即以企业为主导的国家药品标准制定模式，企业成为创新主体，因为在此前我国药品质量标准均以药检院所、研究机构为主导完成。为此国家药监局于 2022 年 9 月 6 日发布了《国家药监局关于鼓励企业和社会第三方参与中药标准制定修订工作有关事项的公告》（2022 年第 70 号），向全社会推广这项成功经验。

截至2024年6月20日，国家药监局共发布了296个中药配方颗粒国标，由11家企业完成，具体企业及研究数量见表1–15。

表1–15　296个中药配方颗粒国标完成企业及数量表

企业名称	296个中药配方颗粒国标研究数量（个）
广东一方制药有限公司	79
江阴天江药业有限公司	78
华润三九现代中药制药有限公司	42
四川新绿色药业科技发展有限公司	39
北京康仁堂药业有限公司	38
培力（南宁）药业有限公司	12
神威药业集团有限公司	3
北京盈科瑞创新医药股份有限公司	2
长白山制药股份有限公司	1
安徽九洲方圆制药有限公司	1
天士力医药集团股份有限公司	1
合计	296

六、助力中医药走向世界

中药配方颗粒生产企业十分重视国际化工作。

在国际认证等方面，TGA为澳大利亚联邦药品管理局，为医疗产品进行严谨的评核、监察及审批，以确保供应澳洲的药物、医疗仪器与设备的标准均处于合格水平。TGA评核标准规范整个生产流程中的所有环节，包括原材料采购控制，生产设施设计、生产工序以至制成品的质量检测，其评审标准获全球46个官方机构广泛认可，被视为国际上最严格的标准认证之一。澳大利亚是西方国家中第一个制定中医药管理法规的国家，也是英联邦成员国，通过TGA的GMP认证，可有效提升产品的国际知名度。共有4家中药配方颗粒企业获得了TGA认证（表1–16）。

表1–16　4家中药配方颗粒企业通过澳大利亚TGA的GMP认证时间汇总表

企业名称	首次通过TGA认证时间	最近一次通过TGA认证时间
广东一方制药有限公司	1999年3月	2022年8月
培力（南宁）药业有限公司	2010年10月	2023年11月
北京康仁堂药业有限公司	2022年3月	/
江阴天江药业有限公司	2022年5月	/

培力（南宁）药业有限公司于2009年根据现行ICH Q7 GMP指引首次获得美国药典委员会（USP）认证。美国药典委员会每年进行一次现场审核，作为USP核实及认证过程中不可缺少的一部分，证明培力（南宁）药业有限公司的质量控制已达到国际严格的USP标准，产品优质，安全可靠。

广东一方制药有限公司的产品在美国按照膳食补充剂销售，所以美国食品药品管理局（FDA）检查员分别于2000年10月15日、2013年8月26~31日和2019年6月27~28日来到广东一方制药有限公司按照美国膳食补充剂规定进行全生产过程检查，均顺利通过了检查。

安徽济人药业股份有限公司与德国汉堡大学合作，按照欧盟传统药物管理政策法规，研究符合欧盟标准的中药配方颗粒生产工艺和质量标准，经2年多的联合攻关，2019年，“药信”128种中药配方颗粒通过德国Phytochem GbRmbH实验室标准复核、检测认证，产品的铅、镉、砷、汞等重金属限量、168种农药残留量、黄曲霉毒素、微生物和辐照残留等控制指标均达到《欧盟药典》和ISO植物药标准要求，成为唯一获准以药品身份进入欧盟市场的中药配方颗粒。2023年5月，公司顺利通过欧盟药品质量受权人（qualified person，QP）认证，正式获得QP签发的符合性报告，此报告证明公司与配套的质量管理体系符合欧盟药品生产质量管理规范（GMP）标准，有能力为欧洲市场提供高品质中药配方颗粒。

在国际标准方面，2011年4月16日世界中医药学会联合会第二届第八次理事会与第七次监事会在云南昆明开幕，会上来自世界20多个国家的世界中联理事和代表讨论并通过了300个中药配方颗粒国际标准，这些标准主要是由原六家中药配方颗粒试点企业起草完成的，但由于各种原因，标准没有加以实施。2016年《中药编码系统》1~4部分先后被国际标准化组织（ISO）通过并发布，广东一方制药有限公司作为“中医药企业标准联盟发起单位”为该标准第4部分《中药配方颗粒的编码》《Traditional chinese medicine-Coding system for chinese medicines-part4：Codes for granule forms of individual medicinals for prescriptions》（ISO 18668-4）的主要起草单位，已将该编码应用于产品中。2017年由国家药典委员会牵头，组织江阴天江药业有限公司与上海雷允上药业有限公司完成了《中医药－中药颗粒剂生产工艺和质量控制通用要求》《Traditional chinese medicine —General requirements for manufacturing procedures and quality assurance for granules》（ISO 23419：2021），已通过ISO/TC249发布，该项目对中药配方颗粒和复方颗粒生产工艺和质量控制的方法和理念拟定了相关准则，有利于促进我国中药材、中药饮片、中药配方颗粒的进出口贸易，将在优化国际交易环境、维护市场秩序以及落实国家“一带一路”战略等方面发挥积极作用。江阴天江药业有限公司也积极参与美国药典质量标准研究，2022年黄连配方颗粒标准已被纳入美国药典HMC部。

在国际合作基地项目方面，2022年及2023年，江阴天江药业有限公司两次成功中标国家中医药管理局“中药配方颗粒产业发展国际合作基地”项目。江阴天江药业有限公司不仅是唯一一家获批中医药国际合作专项基地类项目的中药配方颗粒企业，更是全部4类项目中唯一中标的中药生产企业。

江阴天江药业有限公司积极弘扬中医药文化，推进中医药国际交流合作，帮助海外中医药从业者提升专业知识，更好地满足华侨华人对中医药治病诊疗的需求。2023年6月，江阴天江药业有限公司承办的“国际中医药专科专病研讨会”，同时在中国（包括中国香港和澳门）、美国、澳大利亚、新加坡、马来西亚等7个国家和地区线上直播，获得包括美联社、雅虎财经美国、BEZINGA、HTV10.TV、Buffalonews、加拿大数字期刊等共计260家境外媒体报道，并被Google收录，获世界媒体为中医药学术交流发声。

近几年，新媒体、电商为代表的新平台促进了中国文化在海外的传播，也带动了国际市场对中医药的需求。据中国医药保健品进出口商会数据显示，2016—2020年中药配方颗粒在出口量及出口额方面总体平稳，其年出口数量为600~800吨，出口金额在2700万美元，在中国香港和美国、澳大利亚、新加坡等市场表现较好。在中药类产品中，中药配方颗粒不仅能免除复杂的煎煮过程、方便冲服和贮存，还能满足中医药临床配伍和随证加减的要求，中药配方颗粒承担了中药制剂出口的主力军作用。在新冠疫情期间，中药配方颗粒由于体积小、包装好，易贮存等优势，对预防、治疗新冠疫情起到重要作用，受到国外市场的欢迎。据中国医药保健品进出口商会数据显示，全国众多中药配方颗粒生产企业中，国家药品监督管理局批准的六家试点企业在出口量和出口额方面占据约65%市场份额。

随着国内中药配方颗粒国家标准的完善，监管法规的不断完善和产品品质的不断提升，必将推动中医药国际化、参与国际市场竞争作出贡献。

第二章

中药配方颗粒监管政策

中医药作为我国独特的卫生资源、潜力巨大的经济资源、具有原创优势的科技资源、优秀的文化资源和重要的生态资源，在经济社会发展中发挥着重要作用。党和政府一直高度重视中医药的发展。中药配方颗粒是中医药国家战略的重要组成部分，一直受到国家的高度重视。

第一节　中药配方颗粒国家监管政策

中药配方颗粒行业是受国家监管政策影响较大的领域，政策决定行业发展方向。党中央对中医药发展的高度重视，从发展之初到至今，国家发布的多个重要政策极大地推动了中药配方颗粒行业的发展，使中药配方颗粒经历了从中药饮片剂型改革试点到中药配方颗粒试点再到现在的全面放开。中药配方颗粒发展进程相关国家政策法规见表 2–1。

表 2–1　中药配方颗粒发展进程相关政策法规

成文时间	发文部门	文件名称	内容概要
1996 年 6 月 5 日	国家中医药管理局	《单味中药浓缩颗粒研制指南》（国中医药科函〔1996〕78 号）	指导单味中药浓缩颗粒研发
2001 年 7 月 5 日	国家药品监督管理局	《中药配方颗粒管理暂行规定》（国药监注〔2001〕325 号）	确定“中药配方颗粒”这一名称，并且规定将其纳入中药饮片管理（该文件于 2021 年 11 月废止）
2001 年 11 月 19 日	国家药品监督管理局	《关于同意广东一方制药厂、江苏江阴天江制药厂为中药配方颗粒试点生产企业的通知》（国食药监注〔2001〕490 号）	首批 2 家中药配方颗粒试点生产企业
2002 年 6 月 17 日	国家药品监督管理局	《关于增加中药配方颗粒试点生产企业的通知》（国食药监注〔2002〕211 号）	增加 3 家中药配方颗粒试点生产企业
2003 年 10 月 30 日	国家食品药品监督管理局	《中药配方颗粒注册管理办法（试行）》	规范中药配方颗粒的生产和使用
2004 年 12 月 6 日	国家食品药品监督管理局	《关于增加中药配方颗粒试点生产企业的通知》（国食药监注〔2004〕579 号）	增加 1 家中药配方颗粒试点生产企业
2006 年 12 月 14 日	国家食品药品监督管理局	《关于中药配方颗粒在未经批准单位经营使用予以行政处罚问题的批复》（国食药监市〔2006〕630 号）	未经批准不能生产和使用中药配方颗粒，药品经营企业（药店）不允许销售中药配方颗粒

续表

成文时间	发文部门	文件名称	内容概要
2006年12月21日	国家食品药品监督管理局	《关于医疗机构使用中药配方颗粒有关问题的批复》(国食药监市〔2006〕640号)	要求使用中药配方颗粒的医院向其所在省局备案
2013年6月26日	国家食品药品监督管理总局	《关于严格中药饮片炮制规范及中药配方颗粒试点研究管理等有关事宜的通知》(食药监办药化管〔2013〕28号)	国家食药总局禁止各省级批准中药配方颗粒生产试点企业
2015年12月24日	国家食品药品监督管理总局	关于征求《中药配方颗粒管理办法(征求意见稿)》意见的公告(2015年第283号)	各省级政府开始批准省级中药配方颗粒研究和生产试点企业
2016年8月5日	国家药典委员会	《中药配方颗粒质量控制与标准制定技术要求(征求意见稿)》	征求中药配方颗粒国标制定要求，企业开始制定国标
2019年11月7日	国家药品监督管理局	《中药配方颗粒质量控制与标准制定技术要求(征求意见稿)》	国家药监局再次征求中药配方颗粒国标制定要求
2021年1月26日	国家药品监督管理局	关于发布《中药配方颗粒质量控制与标准制定技术要求》的通告(2021年第16号)	明确中药配方颗粒国标省标制定技术要求
2021年2月10日	国家药品监督管理局、国家中医药管理局、国家卫生健康委员会、国家医疗保障局	《关于结束中药配方颗粒试点工作的公告》(国家药监局公告2021年第22号)	明确结束中药配方颗粒试点工作，以及结束试点后的监管要求
2021年10月29日	国家药品监督管理局	《国家药监局关于启用中药配方颗粒备案模块的公告》(2021年第130号)	规定2021年11月1日起正式启用中药配方颗粒备案模块
2021年10月29日	国家药品监督管理局综合司	《国家药监局综合司关于中药配方颗粒备案工作有关事项的通知》(药监综药注〔2021〕94号)	规定备案要求及原企标产品的使用
2021年11月12日	国家卫生健康委办公厅、国家中医药管理局办公室	《关于规范医疗机构中药配方颗粒临床使用的通知》(国中医药办医政函〔2021〕290号)	促进医疗机构中药配方颗粒临床合理规范使用
2021年12月14日	国家医疗保障局、国家中医药管理局	《关于医保支持中医药传承创新发展的指导意见》(医保函〔2021〕229号)	明确中药配方颗粒纳入医保
2023年9月27日	国家市场监督管理总局	《药品经营和使用质量监督管理办法》(总局令第84号)	规定药品经营企业不得经营中药配方颗粒

一、《单味中药浓缩颗粒研制指南》（讨论稿）

国家中医药管理局于1996年下发了《单味中药浓缩颗粒研制指南》（讨论稿）（国中医药科函〔1996〕78号），用于指导单味中药浓缩颗粒的研制。主要内容包括制备工艺和质量控制、等量性研究、临床等效性研究与分煎、合煎的药效实验比较四部分组成，系统考虑了制备工艺与传统汤剂的一致性，明确了质量控制标准的要求，提出了饮片标准煎剂具体要求，以标准煎剂的煎出量来换算“每1g颗粒相当于中药饮片”的用量指导临床使用，并提出20个方的“临床等效性”和“分煎、合煎”研究的具体内容，该文件从研发到生产再到临床使用提出了详细的技术指导，为中药饮片的剂型改革走向成功迈出了关键一步。

制备工艺要求“通过提取、分离、浓缩、干燥、制粒工艺的研究，确定最佳工艺参数，使之获得保证疗效、便于服用、方便保存携带、易于调剂及单剂量小的单味中药浓缩颗粒，并能中试生产”，要求原料应是法定药材经过加工炮制的饮片，制备工艺不做统一要求。但原则上根据汤剂制备特点，以水为溶媒加热提取药效物质，尽量采用先进技术装备，提高浓缩颗粒的质量和疗效。贵重、珍稀药材可直接粉碎成细粉备用，含挥发油成分的药材，先提挥发油，再按一般药材处理，制粒时将挥发油采用稳定措施后加入。质量控制要求参照《中国药典》和《中药新药稳定性试验要求》中关于中药材和颗粒剂的要求，进行颗粒性状、鉴别、检查（水分、灰分、酸不溶性成分、粒度、卫生学）、溶化性、浸出物、含量测定等项目检测，以及功能主治、用法用量、注意、贮藏的说明，对每种浓缩颗粒建立质量标准。

等量性研究要求建立“饮片标准煎剂”的制备工艺，并通过浸出物、通用和特异的薄层层析、有效部位、有效成分的含量测定，与浓缩颗粒进行等量性对比实验，得出饮片剂量与其浓缩颗粒剂量间稳定的换算比例，便于临床使用。文件规定了饮片标准煎剂的制备方法：①原料，取拟研制成浓缩颗粒的同批法定药材经加工炮制的饮片10g。②加水量，一般为药材量的10~15倍，分两次加入。根茎类药材加10倍量水，全草、花叶类药材吸水量较大，加15倍量水。③煎制，第一煎加水量6倍（或10倍），浸泡20分钟，煎沸后改文火慢煎。一般饮片煎煮30分钟，需先煎者煎煮45分钟，需后下者煎煮15分钟；第二煎加水量4倍（或5倍），煎法同上。④过滤，煎液趁热过滤，自然滴尽。⑤得量，总液量（50±5）ml，不足或超过可添加蒸馏水或适当浓缩，作为供试液备用。

临床等效性研究要求选择常用基本方或有效经验方 20 个，用传统饮片配方与浓缩颗粒配方，按《中药新药临床研究指导原则》的要求，进行临床疗效观察对比，每方各观察 50 例，共 100 例，总计 2000 例，以论证浓缩颗粒的等效性。

分煎、合煎的药效实验比较要求选择 20 个常用基本方，进行传统饮片配方合煎、分煎主要药效学的等效性对比实验，明确差异的有无、大小、所涉药味等，必要时进行化学、药理、临床全面的研究，分析利弊，提出解决措施，为浓缩颗粒的应用推广提供科学依据。

二、《中药配方颗粒管理暂行规定》

为加强中药配方颗粒的监督管理，确保人民用药安全有效，国家药品监督管理局于 2001 年 7 月 5 日发布了《中药配方颗粒管理暂行规定》（国药监注〔2001〕325 号）。“根据《药品管理法》的有关规定，为推进中药饮片实施批准文号管理，规范中药配方颗粒的试点研究，中药配方颗粒将从 2001 年 12 月 1 日起纳入中药饮片管理范畴，实行批准文号管理。在未启动实施批准文号管理前仍属科学研究阶段，该阶段采取选择试点企业研究、生产，试点临床医院使用。试点生产企业、品种、临床医院的选择将在全国范围内进行。试点结束后，中药配方颗粒的申报及生产管理将另行规定”。该文件确定了“中药配方颗粒”这一名称，规定将其纳入中药饮片管理，开始了中药配方颗粒长达 20 年的试点工作，该文件于 2021 年 11 月 1 日废止。

三、《中药配方颗粒注册管理办法（试行）》

为规范中药配方颗粒的生产和使用，加强监督管理，国家食品药品监督管理局于 2003 年 10 月 30 日发布了《中药配方颗粒注册管理办法（试行）》。文件针对中药配方颗粒使用的现状及问题，按“以监督为中心，监、帮、促相结合”的工作方针，采取了一系列的监管措施，对中药配方颗粒科研、生产、临床应用等环节进行了规范。

四、《中药配方颗粒管理办法（征求意见稿）》

2015 年 12 月 24 日，国家食品药品监督管理总局发布了《总局关于征求〈中药配方颗粒管理办法（征求意见稿）〉意见的公告》（2015 年第 283 号），各省级药监部门开始陆续批准各自的中药配方颗粒省级科研试点企业，为国家中药配方颗粒备案管理做准备。《中药配方颗粒管理办法（征求意见稿）》主要要点如下。

（1）拟放开中药配方颗粒的试点生产限制，实行备案管理。“凡是获得生产许可的生产企业，应当按照《中药配方颗粒备案管理实施细则》的要求，向所在地省级食品药品监督管理部门提交中药配方颗粒的备案资料”。在备案制背景下，监管部门对中药配方颗粒生产的上、中、下 3 个环节都有严苛要求，必须具备全产业链能力。在上游中药材资源方面，生产企业要具备完全溯源能力；在中游生产方面，企业应已获得颗粒剂生产范围，具有中药饮片炮制、提取、浓缩、干燥、制粒等完整生产能力，符合《药品生产质量管理规范》（GMP）要求；在下游配送方面，企业对医疗机构终端需具备直接配送能力。

（2）由国家药典委员会牵头组织制定中药配方颗粒国家标准，由企业主导，在标准中标注起草单位名称。“国家药典委员会组织中药配方颗粒统一药品标准（简称统一标准）的制定和修订。开展中药配方颗粒药品标准科研工作的研究机构、生产企业均可按要求向国家药典委员会单独或联合提供研究数据及药品标准。对于多企业生产的同一品种，其药品标准的制定和修订应在科学合理的基础上进行统一，坚持就高不就低的原则。成熟一批公布一批。本着鼓励企业参与标准起草和明确责任主体的精神，在经审定后的中药配方颗粒药品标准中标注起草单位的名称”。

本征求意见稿释放出中药配方颗粒试点即将结束的信号，致使全国各省纷纷批准本省级中药配方颗粒试点企业，造成短期竞争加剧，由于中药配方颗粒市场远未饱和，市场放开后吸引更多的企业共同做大中药配方颗粒市场这块蛋糕，最终使行业内的优秀企业获益。

五、《中药配方颗粒质量控制与标准制定技术要求（征求意见稿）》

2016 年 8 月 5 日，国家药典委员会发布了《中药配方颗粒质量控制与标准制定技术要求（征求意见稿）》，明确了中药配方颗粒质量控制和标准制定要求，并首次提出了标准汤剂的概念。文件主要内容如下。

（1）明确了中药配方颗粒概念　只能是水提取，“中药配方颗粒是由单味中药饮片经水加热提取、分离、浓缩、干燥、制粒而成的颗粒，在中医药理论指导下，按照中医临床处方调配后，供患者冲服使用”。

（2）明确了研究用样品　道地产地或主产区要全覆盖，“所用中药材产地应覆盖品种生产拟采用中药材的道地产地或主产区，每个中药材产地的样品不少于 3 批，并对样品批次数量从产地环境条件、质量水平等方面的代表性进行合理评价，至少应收集 15 批以上中药材样品，经相关专业技术人员鉴定合格后，制成中药饮片和标准汤剂”。

（3）提出了标准汤剂的概念　明确了标准汤剂的制法为“研究表征标准汤剂，需由不少于 15 批有代表性的原料，遵循中医药理论，分别按照临床汤剂煎煮方法规范化煎煮，固液分离，经适当浓缩制得或经适宜方法干燥制得”。

（4）明确了标准汤剂三大指标和应用　三大指标是：出膏率、有效（或指标）成分的含量及含量转移率和特征图谱 / 指纹图谱。应用范围包括：“中药配方颗粒所有药学研究，包括工艺参数确定、质控方法和指标选择、限度制定等，均应以标准汤剂的上述 3 个参数为依据进行对比研究。”

（5）提出了生产工艺要求和量值传递要求　“通过中药材质量考察、中药饮片炮制、标准汤剂、制备工艺等研究，明确关键质量属性。以出膏率、含量及含量转移率、特征图谱或指纹图谱、浸出物等的值为表征，详细说明生产全过程的量值传递情况，设定可接受的变异范围及理由，从原料到中间体到成品生产全过程的量值传递应具相关性、可行性和合理性”。

（6）提出了中药配方颗粒标准制定的要求　“中药配方颗粒的标准内容主要包括名称、来源、制法、性状、鉴别、检查、浸出物、特征图谱或指纹图谱、含量测定、规格、贮藏等。应提供相应的中药配方颗粒标准与起草说明”。

（7）提出了稳定性和标准复核的要求　提出复核实验室应为“通过省级相关部门的资质认定或国家实验室认可”。

六、《中药配方颗粒质量控制与标准制定技术要求》

2021 年 1 月 26 日《国家药监局关于发布〈中药配方颗粒质量控制与标准制定技术要求〉的通告》（2021 年第 16 号），正式发布了中药配方颗粒国标省标的制定技术要求。与《中药配方颗粒质量控制与标准制定技术要求（征求意见稿）》的要求基本一致，对中药标准将产生深远影响。

七、《关于结束中药配方颗粒试点工作的公告》

2021 年 2 月 10 日，国家药监局、国家中医药局、国家卫健委、国家医保局联合发布《公告》（国家药监局公告 2021 年第 22 号）：为加强中药配方颗粒的管理，规范中药配方颗粒的生产，引导产业健康发展，更好满足中医临床需求，经研究决定结束中药配方颗粒试点工作。《公告》自 2021 年 11 月 1 日起实施，标志中药配方颗粒试点结束，也意味着中药配方颗粒疗效、使用方便和调配灵活等多重优势得到了相关部门和市场的认可，同时政策的放开代表了牌照壁垒的取消，降低了行业的前端进入门槛，加强了后端监管，逐步完善市场化竞争机制，推动行业的整体有序发展，中药配方颗粒行业进入规范化监督管理阶段。

《公告》明确提出“中药配方颗粒是由单味中药饮片经水提、分离、浓缩、干燥、制粒而成的颗粒，在中医药理论指导下，按照中医临床处方调配后，供患者冲服使用。中药配方颗粒的质量监管纳入中药饮片管理范畴”。在国家药监局 2 月 10 日发布的通知《加强管理，规范生产中药配方颗粒试点工作结束》一文中，明确提出“中药配方颗粒在我国的试点工作源于 1993 年。经过 20 余年研究和 20 年试点生产、使用，中药配方颗粒在中医临床中供中医生和患者选择使用，发挥了一定的积极作用”，充分肯定了中药配方颗粒试点研究生产的成果。

《公告》对中药配方颗粒试点阶段的经验成果全面加以应用，明确提出了中药配方颗粒监管思路的顶层设计，从中药配方颗粒的定义、生产企业准入条件、生产过程管理、全产业链溯源管理、标准制定、备案管理、监督管理、使用管理等方面作出全面而系统的规定，肯定并进一步推动中药配方颗粒国家标准的研究制定。

《公告》强化了属地监管责任。中药配方颗粒品种实施备案管理，不实施批准文号管理，在上市前由生产企业报所在地省级药品监督管理部门备案。《公告》对中药配方颗粒的药品标准提出明确要求。中药配方颗粒应当按照备案的生产工艺进行生产，并符合国家药品标准。国家药品标准没有规定的，应当符合省级药品监督管理部门制定的标准。中药配方颗粒国家药品标准颁布实施后，省级药品监督管理部门制定的相应标准即行废止。

《公告》明确了对生产企业要求：“生产中药配方颗粒的中药生产企业应当

取得《药品生产许可证》，并同时具有中药饮片和颗粒剂生产范围。”在原料控制管理方面，文件要求：“中药配方颗粒生产企业应当具备中药炮制、提取、分离、浓缩、干燥、制粒等完整的生产能力。生产企业应当自行炮制用于中药配方颗粒生产的中药饮片。中药配方颗粒生产企业应当履行药品全生命周期的主体责任和相关义务，实施生产全过程管理，建立追溯体系。生产中药配方颗粒所需中药材，能人工种植养殖的，应当优先使用来源于符合中药材生产质量管理规范要求的中药材种植养殖基地的中药材。提倡使用道地药材。”在生产备案管理方面，文件要求：“中药配方颗粒应当按照备案的生产工艺进行生产，并符合国家药品标准。国家药品标准没有规定的，应当符合省级药品监督管理部门制定的标准。中药配方颗粒国家药品标准颁布实施后，省级药品监督管理部门制定的相应标准即行废止。不具有国家药品标准或省级药品监督管理部门制定标准的中药配方颗粒不得上市销售。”

《公告》明确了中药配方颗粒临床使用、销售范围、采购方法和经营方式：“省级药品监督管理部门会同省级中医药主管部门应当结合国家及地方产业政策的有关规定以及临床实际需求制定相应的管理细则，坚持中药饮片的主体地位，确保辖区内中药配方颗粒的平稳有序发展及合理规范使用。”销售范围：“中药配方颗粒不得在医疗机构以外销售。从试点期间的二级及其以上中医院，扩大为能够提供中医药服务的各级医疗机构，使用范围更广。”采购方法：“医疗机构使用的中药配方颗粒应当通过省级药品集中采购平台阳光采购、网上交易。”经营方式：“由生产企业直接配送，或者由生产企业委托具备贮存、运输条件的药品经营企业配送。”实施一票制管理。

对于中药配方颗粒是否纳入医保，在此之前国家层面上没有明确规定，《公告》明确了中药配方颗粒可纳入医保：“中药饮片品种已纳入医保支付范围的，各省级医保部门可综合考虑临床需要、基金支付能力和价格等因素，经专家评审后将与中药饮片对应的中药配方颗粒纳入支付范围，并参照乙类管理。”再加上阳光采购，使市场采购更加透明。一系列利好政策的出台，利于市场扩容，吸引更多企业相继入局，中药配方颗粒市场将有望进一步扩容，行业迎来广阔发展空间。

八、《关于规范医疗机构中药配方颗粒临床使用的通知》

2021 年 11 月 12 日，国家卫生健康委员会和国家中医药管理局联合发布了《关于规范医疗机构中药配方颗粒临床使用的通知》(国中医药办医政函

〔2021〕290号），进一步明确要规范医疗机构中药配方颗粒使用，保障医疗安全，提高临床疗效。文件规定如下。

（1）按照"属地化"管理原则，加强管理和监督。进一步细化中药配方颗粒临床合理规范使用措施，确保中药饮片的主体地位。

（2）规范医疗机构中药配方颗粒使用；"经审批或备案能够提供中医药服务的医疗机构方可使用中药配方颗粒。医疗机构中，能开具中药饮片处方的医师和乡村医生方可开具中药配方颗粒处方。公立医疗机构使用中药配方颗粒，不得承包、出租药房，不得向营利性企业托管药房。"中药配方颗粒的销售范围由原二级及以上中医医院（综合医院）扩大为经审批或备案后能够提供中医药服务的医疗机构，扩大了销售范围，扩大了向下基层服务的范围。

（3）医生在开具中药配方颗粒处方前应当告知患者。医生开具中药处方时，原则上不得混用中药饮片与中药配方颗粒。

（4）医疗机构应当按照中药药事管理有关规定开展中药配方颗粒的采购、验收、保管、调剂等工作，保障临床疗效和用药安全。

（5）建立中药配方颗粒临床应用常规监测和预警体系，定期或不定期对中药配方颗粒临床应用情况进行监测。

该通知的出台，旨在促进医疗机构中药配方颗粒临床合理规范使用，保障医疗安全，提高临床疗效。临床用药趋于规范，对企业的合规管理能力和临床推广能力提出了较高的要求，有助于推动行业进行优胜劣汰，提高行业的整体发展水平。

九、《关于医保支持中医药传承创新发展的指导意见》

2021年12月14日，国家医疗保障局和国家中医药管理局联合发布了《关于医保支持中医药传承创新发展的指导意见》（医保函〔2021〕229号），文件规定："公立医疗机构从正规渠道采购中药饮片，严格按照实际购进价格顺加不超25%销售。非饮片的中药严格按照实际购进价格'零差率'销售。鼓励公立医疗机构将中药配方颗粒纳入省级医药集中采购平台挂网交易。"

在当前各级医院收入受限和医保资金结余紧张的情况下，不超过25%的加成比例对于医疗机构有较大的吸引力。按照现行管理办法，中药配方颗粒纳入中药饮片管理，则意味着中药配方颗粒拥有不取消药品加成、不计入公立医院药占比等政策红利，有望凭借加成的优势在医院渠道继续保持快速增长趋势。中药配方颗粒挂网采购，将有利于价格更加透明，交易更加公平，有利于行业健康有序发展。

十、《国家医疗保障局办公室关于印发医保中药配方颗粒统一编码规则和方法的通知》

为加快推进统一的医保信息业务编码标准，形成全国“通用语言”，根据《国家医疗保障局关于印发医疗保障标准化工作指导意见的通知》（医保发〔2019〕39 号）有关要求，2022 年 8 月 31 日国家医疗保障局发布了《国家医疗保障局办公室关于印发医保中药配方颗粒统一编码规则和方法的通知》（医保办函〔2022〕40 号），统一中药配方颗粒编码，一方面可以令监管可追溯，促进产业的规范化生产，另一方面也是在为中药配方颗粒纳入医保集采做准备。中药配方颗粒医保编码对中药配方颗粒国标省标产品进行了编码。

医保中药配方颗粒统一编码在现有中药饮片编码规则的基础上，借鉴西药、中成药编码规则制定，分为 7 个部分，共 20 位，通过大写英文字母和阿拉伯数字按特定顺序排列表示。其中，第 1 部分是中药配方颗粒识别码，第 2 部分是中药配方颗粒标准分类码，第 3 部分是功效分类码，第 4 部分是中药配方颗粒名称码，第 5 部分是道地药材识别码，第 6 部分是中药配方颗粒规格包装码，第 7 部分是中药配方颗粒企业码。具体见图 2–1。

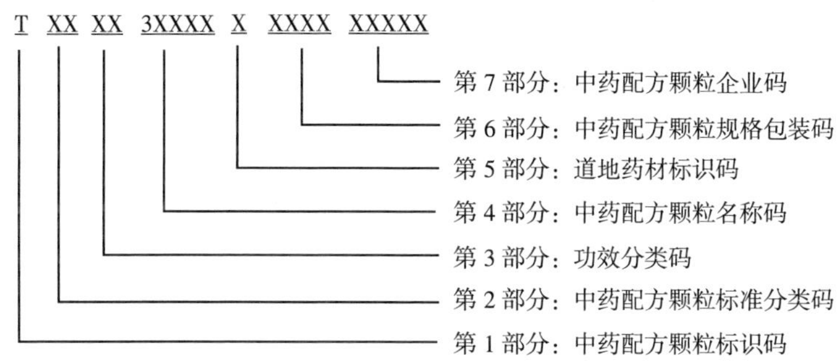

图 2–1 中药配方颗粒编码结构

十一、中药配方颗粒医保编码信息维护

1.《关于开展中药配方颗粒产品信息维护的通知》

为加强医疗保障标准化建设，加快形成全国统一的医疗保障信息业务编码标准，根据《国家医疗保障局关于印发医疗保障标准化工作指导意见的通知》

（医保发〔2019〕39号）有关要求，国家医疗保障局决定组织开展中药配方颗粒产品信息维护工作。2022年8月30日国家医疗保障局发布《关于开展中药配方颗粒产品信息维护的通知》，要求中药配方颗粒生产企业，对获得药品监督管理部门上市/跨省销售备案号的中药配方颗粒进行医保编码信息录入和维护，相关信息经审核通过后将纳入国家医保信息业务编码标准数据库，供各地医疗保障部门使用。

2.《关于发布医保药品分类与代码数据库中药配方颗粒信息的通知》

2022年11月15日国家医疗保障局发布了《关于发布医保药品分类与代码数据库中药配方颗粒信息的通知》，为加快推进统一的医保信息业务编码标准，形成全国“通用语言”，根据《国家医疗保障局办公室关于印发医保中药配方颗粒编码规则和方法的通知》（医保办函〔2022〕40号）有关要求，国家医疗保障局对中药配方颗粒维护信息进行了审核，现予以发布。中药配方颗粒信息实行“动态维护，实时发布”。

第二节　各省、自治区、直辖市中药配方颗粒监管政策法规

《公告》发布后，各省级药监等部门纷纷出台了各省级中药配方颗粒管理办法以及中药配方颗粒质量控制与标准制定技术要求，具体内容见表2-2 。

表2-2　各省级中药配方颗粒监管政策法规

序号	成文时间	发文单位	各省级中药配方颗粒管理政策法规
1	2021年4月25日	安徽省药品监督管理局	安徽省药品监督管理局关于发布《安徽省中药配方颗粒质量控制与标准制定技术要求（试行）》《安徽省中药配方颗粒标准制定工作程序及申报资料要求（试行）》的通告
2	2021年10月27日	安徽省药品监督管理局、安徽省中医药管理局、安徽省卫生健康委员会、安徽省医疗保障局安徽省科学技术厅、安徽省经济和信息化厅	安徽省药品监督管理局等六部门关于印发安徽省中药配方颗粒管理办法（试行）的通知（皖药监中化〔2021〕29号）

续表

序号	成文时间	发文单位	各省级中药配方颗粒管理政策法规
3	2021年7月5日	北京市药品监督管理局	北京市药品监督管理局关于发布《北京市中药配方颗粒标准制定工作程序和申报要求（试行）》的通告（通告〔2021〕1号）
4	2021年10月29日	北京市药品监督管理局、北京市中医管理局、北京市卫生健康委员会、北京市医疗保障局	北京市药品监督管理局、北京市中医管理局、北京市卫生健康委员会、北京市医疗保障局关于印发北京市中药配方颗粒管理实施细则（试行）的通知（京药监发〔2021〕250）
5	2021年10月14日	福建省药品监督管理局	福建省药品监督管理局关于发布《福建省中药配方颗粒标准制定工作程序及申报资料要求（试行）》的通告（福建省药品监督管理局通告2021年第7号）
6	2021年11月25	福建省药品监督管理局、福建省卫生健康委员会、福建省医疗保障局	福建省药品监督管理局、福建省卫生健康委员会、福建省医疗保障局关于印发福建省中药配方颗粒管理实施细则（试行）的通知（闽药监药注〔2021〕38号）
7	2021年10月20日	甘肃省药品监督管理局	甘肃省药品监督管理局关于发布《甘肃省中药配方颗粒质量控制与标准制定技术要求（试行）》及《甘肃省中药配方颗粒标准制定工作程序及申报资料要求（试行）》的通告（2021年第8号）
8	2021年11月30日	甘肃省药品监督管理局、甘肃省卫生健康委员会、甘肃省医疗保障局、甘肃省中医药管理局	甘肃省药品监督管理局、甘肃省卫生健康委员会、甘肃省医疗保障局、甘肃省中医药管理局关于印发《甘肃省中药配方颗粒管理实施细则（试行）》的通知（甘药监发〔2021〕168号）
9	2021年11月4	广东省药品监督管理局、广东省中医药局、广东省卫生健康委员会、广东省医疗保障局	广东省药品监督管理局、广东省中医药局、广东省卫生健康委员会、广东省医疗保障局、关于印发《广东省中药配方颗粒管理细则》的通知（粤药监规许〔2021〕6号）
10	2021年6月4日	广西壮族自治区药品监督管理局	广西壮族自治区药品监督管理局关于印发《广西中药配方颗粒质量标准制定工作程序及申报资料要求（试行）的通知》
11	2021年11月16日	广西壮族自治区药品监督管理局、广西壮族自治区中医药管理局、广西壮族自治区卫生健康委员会、广西壮族自治区医疗保障局	自治区药监局、自治区中医药局、自治区卫生健康委、自治区医保局关于印发广西壮族自治区、中药配方颗粒管理细则的通知（桂药监规〔2021〕2号）

续表

序号	成文时间	发文单位	各省级中药配方颗粒管理政策法规
12	2021年10月29日	贵州省药品监督管理局、贵州省卫生健康委员会、贵州省中医药管理局、贵州省医疗保障局	省药品监管局等四部门关于发布《贵州省中药配方颗粒管理细则（试行）》的公告（黔药监发〔2021〕19号）
13	2021年6月4日	海南省药品监督管理局	海南省药品监督管理局关于发布《海南省中药配方颗粒质量控制与标准制定技术要求（试行）》的通告》
14	2021年7月27日	海南省药品监督管理局、海南省中医药管理局、海南省卫生健康委员会、海南省医疗保障局	关于印发海南省中药配方颗粒管理实施细则（试行）的通知（琼药监注产〔2021〕363号）
15	2021年10月15日	河北省药品监督管理局	关于印发河北省中药配方颗粒管理实施细则（试行）的通知（冀药监规〔2021〕1号）
16	2021年6月1日	河南省药品监督管理局	关于公开征求《河南省中药配方颗粒质量控制与标准制定技术要求》及《河南省中药配方颗粒标准制定工作程序及申报资料要求》意见建议的通知
17	2021年12月2日	河南省药品监督管理局	河南省药品监督管理局、河南省卫生健康委员会关于印发河南省中药配方颗粒管理实施细则（试行）的通知（豫药监药注〔2021〕189号）
18	2021年11月4日	黑龙江省药品监督管理局、黑龙江省中医药管理局、黑龙江省卫生健康委员会、黑龙江省医疗保障局	黑龙江省药品监督管理局、黑龙江省中医药管理局、黑龙江省卫生健康委员会、黑龙江省医疗保障局关于印发《黑龙江省中药配方颗粒管理实施细则（试行）》的通知（黑药监规〔2021〕4号）
19	2021年01月30	黑龙江省药品监督管理局	黑龙江省药品监督管理局关于发布《黑龙江省中药配方颗粒标准制定工作程序（试行）》的通告（通告2022年第4号）
20	2021年4月16日	湖北省药品监督管理局	关于公开征求《湖北省中药配方颗粒质量控制与标准制定技术要求（试行）》、《湖北省中药配方颗粒质量标准制定工作程序及申报资料要求（试行）》（征求意见稿）意见的通知
21	2021年10月29日	吉林省药品监督管理局	关于发布《吉林省中药配方颗粒管理实施细则（试行）》的公告（2021年第13号）
22	2021年9月30日	江苏省药品监督管理局、江苏省卫生健康委员会、江苏省中医药管理局、江苏省医疗保障局	关于发布《江苏省中药配方颗粒管理细则》的公告

续表

序号	成文时间	发文单位	各省级中药配方颗粒管理政策法规
23	2021 年 10 月 29 日	江西省药品监督管理局、江西省卫生健康委员会、江西省中医药管理局、江西省医疗保障局、江西省科学技术厅、江西省工业和信息化厅	关于印发《江西省中药配方颗粒管理细则（试行）》的通知（赣药监规〔2021〕7 号）
24	2021 年 12 月 15 日	辽宁省药品监督管理局、辽宁省卫生健康委员会、辽宁省医疗保障局、辽宁省工业和信息化厅	辽宁省药品监督管理局、辽宁省卫生健康委员会、辽宁省医疗保障局、辽宁省工业和信息化厅关于印发《辽宁省中药配方颗粒管理实施细则》的通知（辽药监注〔2021〕67 号）
25	2021 年 11 月 26 日	内蒙古自治区药品监督管理局	关于印发《内蒙古自治区中药配方颗粒管理实施细则（试行）》的通知（内药监发〔2021〕66 号）
26	2021 年 12 月 21 日	内蒙古自治区药品监督管理局	内蒙古自治区药品监督管理局关于发布《内蒙古自治区中药配方颗粒标准制定工作程序及申报资料要求（试行）》的通告（内药监通告〔2021〕10 号）
27	2021 年 6 月 21 日	宁夏回族自治区药品监督管理局	宁夏药品监督管理局关于发布《宁夏中药配方颗粒标准制定工作程序及申报资料要求（试行）》的通告 (2021 年 52 号)
28	2021 年 10 月 21 日	宁夏回族自治区药品监督管理局	关于印发宁夏回族自治区中药配方颗粒管理细则（试行）的通知（宁药监规发〔2021〕3 号）
29	2021 年 12 月 22 日	青海省药品监督管理局	关于发布《青海省中药配方颗粒质量标准管理和标准制定工作程序及申报资料要求（试行）》的通告（2021 年第 21 号）
30	2021 年 10 月 28 日	山东省药品监督管理局、山东省卫生健康委员会、山东省医疗保障局	山东省药品监督管理局、山东省卫生健康委员会、山东省医疗保障局关于印发山东省中药配方颗粒管理细则的通知（鲁药监规〔2021〕9 号）
31	2022 月 5 月 6 日	山东省药品监督管理局	关于开展山东省中药配方颗粒直接挂网申报的通知
32	2021 年 4 月 27 日	山西省药品监督管理局	发布《山西省中药配方颗粒质量标准申报资料要求》
33	2021 年 11 月 29 日	山西省药品监督管理局山西省卫生健康委员会山西省医疗保障局	山西省药品监督管理局山西省卫生健康委员会山西省医疗保障局关于印发《中药配方颗粒管理实施细则》的通知
34	2021 年 6 月 1 日	陕西省药品监督管理局	陕西省药品监督管理局关于印发《陕西省中药配方颗粒标准增补工作程序及申报资料要求》的公告（2021 年第 32 号）

续表

序号	成文时间	发文单位	各省级中药配方颗粒管理政策法规
35	2021年7月1日	陕西省药品监督管理局	《关于印发陕西省中药配方颗粒管理细则（试行）的通知》(陕药监发〔2021〕11号)
36	2021年4月28日	四川省药品监督管理局	四川省中药配方颗粒质量标准制定工作程序及申报资料要求(试行)(2021年第5号)
37	2021年10月27日	四川省药品监督管理局、四川省卫生健康委员会、四川省医疗保障局、四川省经济和信息化厅、四川省中医药管理局	四川省药品监督管理局、四川省卫生健康委员会、四川省医疗保障局、四川省经济和信息化厅、四川省中医药管理局、关于印发《四川省中药配方颗粒管理实施细则》的通知(川药监发〔2021〕95号)
38	2021年12月16日	天津市药品监督管理局	天津市药品监督管理局关于发布《天津市中药配方颗粒质量控制与标准制定技术要求（试行）》《天津市中药配方颗粒质量标准制定工作程序和申报资料要求（试行）》的通知
39	2021年12月20日	天津市药品监督管理局、天津市卫生健康委员会、天津市医疗保障局	市药监局、市卫生健康委、市医保局关于印发《天津市中药配方颗粒管理细则》的通知
40	2021年11月29日	西藏自治区药品监督管理局	关于印发《西藏自治区中药配方颗粒管理实施细则（试行）》的通知(藏药监〔2021〕90号)
41	2021年11月1日	新疆维吾尔自治区药品监督管理局	新疆维吾尔自治区药品监督管理局关于发布《中药配方颗粒质量标准制定工作程序及申报资料要求（试行）》的通告（2021年第38号）
42	2021年11月2日	新疆维吾尔自治区药品监督管理局、新疆维吾尔自治区卫生健康委员会、新疆维吾尔自治区医疗保障局	关于印发《新疆维吾尔自治区中药配方颗粒管理实施细则（试行）》的通知（新药监规〔2021〕9号）
43	2021年3月19日	云南省药品监督管理局	云南省药品监督管理局关于下发《云南省中药配方颗粒质量标准制定工作程序及申报资料要求（试行）》的通知（云药监注〔2021〕9号）
44	2021年10月27日	云南省药品监督管理局、云南省工业和信息化厅、云南省卫生健康委员会、云南省医疗保障局	关于印发《云南省中药配方颗粒管理细则（试行）》的通知（云药监注〔2021〕37号）
45	2021年10月29日	浙江省药品监督管理局、浙江省中医药管理局、浙江省卫生健康委员会、浙江省医疗保障局	浙江省药品监督管理局、浙江省中医药管理局浙江省卫生健康委员会、浙江省医疗保障局关于印发浙江省中药配方颗粒管理细则的通知（浙药监规〔2021〕2号）

续表

序号	成文时间	发文单位	各省级中药配方颗粒管理政策法规
46	2021 年 7 月 19 日	重庆市药品监督管理局	发《重庆市中药配方颗粒质量控制与标准制定技术要求（试行）》和《重庆市中药配方颗粒质量标准制定工作程序（试行）》的通告（渝药监通告〔2021〕5 号）
47	2021 年 10 月 27 日	重庆市药品监督管理局、重庆市卫生健康委员会、重庆市中医管理局、重庆市医疗保障局	关于印发《重庆市中药配方颗粒管理实施细则（试行）》的通知（渝药监〔2021〕44 号）

第三节　各省、自治区、直辖市中药配方颗粒的医保、挂网采购及集采监管政策法规

一、各省、自治区、直辖市中药配方颗粒的医保、挂网采购监管政策法规

在《公告》实施前，中药配方颗粒医保方面无国家层面的文件规定，各地医保政策进度不一。2009 年 4 月 1 日，北京市将中药配方颗粒纳入《北京市基本医疗保险和工伤保险药品目录》（2009 年）的报销范围，其报销范围品种、使用管理等按中药饮片的有关管理规定执行。2009 年 2 月 20 日，北京市劳动和社会保障局发布将中药门诊煎药费等纳入基本医疗保险报销范围的通知，中药门诊煎药费也可以报销。2011 年 4 月 1 日，深圳新医保药品目录实施，此次调整中，深圳将中药配方颗粒纳入中药饮片管理，按规定实现医保记账。2018 年 4 月云南省发布《云南省人民政府关于推进中药饮片产业发展的若干意见》（云政发〔2018〕19 号），积极支持云南省级标准收载的中药配方颗粒纳入国家和省级医保药品目录。2019 年 11 月河北省发布《关于将部分中药配方颗粒纳入河北省基本医疗保险支付范围》（冀医保字〔2019〕53 号），将神威药业、广东一方制药、江阴天江药业、石家庄以岭药业和石药集团 5 家企业生产的 573 种中药配方颗粒纳入医保支付范围。湖北省医疗保障局、湖北省经济和信息化厅、湖北省卫生健康委员会、湖北省药品监督管理局四部门联合发文《关于将省内试点企业生产的中药配方颗

粒纳入基本医疗支付范围的通知》，自2020年7月1日起，准予已经认定的省内试点企业生产的中药配方颗粒纳入省内医保，在全省二级以上定点医疗机构使用，试行期限2年。2020年9月16日山东省医疗保障局、山东省工业和信息化厅、山东省财政厅、山东省卫生健康委员会和山东省药品监督管理局联合发文《关于加强医疗保障支持中医药发展的若干措施》（鲁医保发〔2020〕58号），将省内确定的中药配方颗粒试点企业生产的中药配方颗粒按相关要求纳入医保基金支付范围。

《公告》实施后，根据《公告》要求，“中药饮片品种已纳入医保支付范围的，各省级医保部门可综合考虑临床需要、基金支付能力和价格等因素，经专家评审后将与中药饮片对应的中药配方颗粒纳入支付范围，并参照乙类管理”。《公告》发布以来，各省、自治区、直辖市相继发布医保相关通知，截至2024年4月26日，全国有26个省、自治区、直辖市已发布政策，将中药配方颗粒纳入医保，分别是北京、云南、河北、江西、湖北、山东、贵州、内蒙古、吉林、浙江、四川、天津、广西、湖南、福建、甘肃、广东、江苏、安徽、海南、山西、新疆、辽宁、青海、黑龙江、西藏，尚有5个省、直辖市未将中药配方颗粒纳入医保，分别是陕西、宁夏、重庆、河南、上海。有19个省、自治区、直辖市已实施中药配方颗粒挂网采购，使交易更加公开透明，分别是上海、北京、福建、内蒙古、云南、甘肃、河北、山东、安徽、辽宁、陕西、天津、广东、江苏、吉林、青海、黑龙江、西藏、浙江。中药配方颗粒逐渐被纳入医保，并且还有加成政策，吸引众多药企纷纷布局中药配方颗粒，市场竞争越来越激烈，中药配方颗粒行业迎来广阔发展前景。

2021年12月20日天津市药品监督管理局、天津市卫生健康委员会和天津市医疗保障局联合发文《市药监局　市卫生健康委　市医保局关于印发〈天津市中药配方颗粒管理细则〉的通知》，规定：“市医保局综合考虑临床需要、基金支付能力和价格等因素，经专家评审后将与已纳入医保支付范围的中药饮片所对应的中药配方颗粒纳入支付范围，确定支付政策。未在天津市药监部门备案的中药配方颗粒，医保基金不予支付。”2022年6月1日，天津市医疗保障局下发了《市医保局 市卫健委 市药监局关于医保支持中医药传承创新发展的措施》（津医保局发〔2022〕42号），规定：“公立医疗机构从正规渠道采购中药饮片（含散装中药饮片、小包装中药饮片、中药配方颗粒），严格按照实际购进价格顺加不超25%销售，非饮片的中药严格按照实际购进价格‘零差率’销售。”

2022年3月14日，福建省医疗保障局官网发布了《福建省医疗保障局关于做好中药配方颗粒医保管理的通知》(闽医保〔2022〕31 号),文件规定:“在福建省医保定点公立医疗机构使用的中药配方颗粒应当通过福建省药械联合限价阳光采购平台(简称省级平台)采购、网上交易。”“在福建省完成上市销售备案、跨省销售备案的中药配方颗粒,以及原在福建省试点销售的中药配方颗粒生产企业在 2021 年 11 月 1 日前按原执行标准生产的中药配方颗粒,可按不超过本品现行全国省级最低挂网价申请在省级平台挂网并实行价格联动。”符合规定的中药配方颗粒“按照销售价格的 70% 纳入福建省基本医保基金支付范围,参照执行对应中药饮片的限定支付范围规定。”“公立医疗机构按规定采购的中药配方颗粒暂按照实际购进价格顺加不超过 15% 销售。”

2022 年 4 月 1 日福建省医疗保障局发布了基本医疗保险中药配方颗粒目录(第一批),将包括丹参、艾叶、大青叶等 295 个中药配方颗粒纳入医保支付目录。福建省全面放开中药配方颗粒医保准入政策,对其他省市具有示范意义。

2022 年 10 月 7 日河北省医疗保障局下发了《河北省医疗保障局关于做好中药配方颗粒挂网采购和医保支付工作的通知》(冀医保规〔2022〕7 号),规定:“定点医疗机构按规定在省药采平台采购的符合国家或省质量标准的中药配方颗粒,且与已纳入医保基金支付范围的中药饮片相对应的品种,纳入河北省医保支付范围,按照乙类管理,个人先行自付比例全省统一确定为 5%。定点医疗机构以最低挂网价格购进,可顺加 15% 销售。纳入医保支付范围的中药配方颗粒,按同一名称管理,不区分生产企业。”

具体各省、自治区、直辖市中药配方颗粒的医保及挂网采购监管政策法规见表 2–3。

表 2–3 各省、自治区、直辖市中药配方颗粒医保及挂网采购监管政策法规

序号	成文时间	发文单位	医保及阳光挂网采购等文件	医保准入	挂网采购
1	2009 年 2 月 20 日	北京市劳动和社会保障局	《北京市基本医疗保险和工伤保险药品目录》,北京市劳动和社会保障局关于将中药门诊煎药费等纳入基本医疗保险报销范围的通知(京劳社医发〔2009〕38 号)	将中药配方颗粒纳入医保	是
2	2011 年 3 月 2 日	深圳市医疗保障局	《新医保药品目录实施》	将中药配方颗粒纳入医保	/
3	2018 年 4 月 11 日	云南省人民政府	《云南省人民政府关于推进中药饮片产业发展的若干意见》(云政发〔2018〕19 号)	将中药配方颗粒纳入医保	/

续表

序号	成文时间	发文单位	医保及阳光挂网采购等文件	医保准入	挂网采购
4	2019年11月20日	河北省医疗保障局	《关于将部分中药配方颗粒纳入河北省基本医疗保险支付范围》（冀医保字〔2019〕53号）	将神威药业、广东一方制药、江阴天江药业、石家庄以岭药业、石药集团等5家企业生产的573种中药配方颗粒纳入医保支付范围	/
5	2019年12月17日	云南省医疗保障局	《支持云南省生物医药健康产业中医药事业发展和优化营商环境若干措施》（文号云医保〔2019〕163号）	将中药配方颗粒纳入医保	是
6	2020年1月22日	江西省医疗保障局、江西省人力资源和社会保障厅	江西省医疗保障局 江西省人力资源和社会保障厅关于印发《江西省过渡期保留药品目录》的通知	将中药配方颗粒纳入医保	发布方案
7	2020年7月1日	湖北省医疗保障局、湖北省经济和信息化厅、湖北省卫生健康委员会、湖北省药品监督管理局	《关于将省内试点企业生产的中药配方颗粒纳入基本医疗支付范围的通知》	省内试点企业生产的中药配方颗粒纳入省内医保，在全省二级以上定点医疗机构使用	/
8	2020年9月16日	山东省医疗保障局、山东省工业和信息化厅、山东省财政厅、山东省卫生健康委员会、山东省药品监督管理局	《关于加强医疗保障支持中医药发展的若干措施》（鲁医保发〔2020〕58号）	将我省确定的中药配方颗粒试点企业生产的中药配方颗粒按相关要求纳入医保基金支付范围	/
9	2021年4月14日	贵州省医疗保障局	《省医疗保障局关于第一、第二批中药配方颗粒医保支付试点工作的补充通知》（黔医保发〔2021〕25号）	将中药配方颗粒纳入医保	否
10	2021年9月14日	云南省人民政府办公厅	《云南省人民政府办公厅印发关于加快中医药特色发展若干措施的通知》（云政办发〔2021〕40号）	将中药配方颗粒纳入医保	是
11	2021年9月30日	内蒙古自治区医疗保障局	《关于将中药配方颗粒纳入自治区医保基金支付范围的通知》（内医保办发〔2021〕28号）	将中药配方颗粒纳入医保	是

续表

序号	成文时间	发文单位	医保及阳光挂网采购等文件	医保准入	挂网采购
12	2021年10月27日	重庆市药品监督管理局、重庆市卫生健康委员会、重庆市中医管理局、重庆市医疗保障局	关于印发《重庆市中药配方颗粒管理实施细则（试行）》的通知（渝药监〔2021〕44号）	中药配方颗粒不纳入医保	是
13	2021年10月28日	上海市药品监督管理局、上海市中医药管理局、上海市卫生健康委员会、上海市医疗保障局	上海市药品监督管理局 上海市中医药管理局 上海市卫生健康委员会 上海市医疗保障局关于中药配方颗粒管理工作有关事宜的通告	中药配方颗粒不纳入医保	是
14	2021年10月29日	吉林省药品监督管理局	关于发布《吉林省中药配方颗粒管理实施细则（试行）》的公告（2021年第13号）	将中药配方颗粒纳入医保	是
15	2021年11月8日	浙江省医疗保障局	《浙江省医疗保障局关于支持中医药传承创新发展的实施意见》（浙医保发〔2021〕60号）	将中药配方颗粒纳入医保	是
16	2021年12月20日	四川省医疗保障局、四川省人力资源和社会保障厅	关于执行《国家基本医疗保险、工伤保险和生育保险药品目录（2021年）》有关问题的通知（川医保规〔2021〕21号）	将中药配方颗粒纳入医保	否
17	2021年12月20日	天津市药品监督管理局、天津市卫生健康委员会和天津市医疗保障局	《市药监局 市卫生健康委 市医保局关于印发〈天津市中药配方颗粒管理细则〉的通知》（津药监规〔2021〕10号）	将中药配方颗粒纳入医保	是
18	2021年12月22日	广西壮族自治区医疗保障局、广西壮族自治区人力资源和社会保障厅	《自治区医保局 自治区人力资源社会保障厅关于中药配方颗粒纳入基本医疗保险、工伤保险和生育保险支付范围的通知》（桂医保发〔2021〕59号）	将中药配方颗粒纳入医保	否
19	2021年12月22日	新疆自治区医疗保障局	关于执行《国家基本医疗保险、工伤保险和生育保险药品目录（2021年）》的通知（新医保〔2021〕125号）	将中药配方颗粒纳入医保	否
20	2021年12月30日	湖南省医疗保障局	关于印发《湖南省实施〈基本医疗保险用药管理暂行办法〉细则》的通知（湘医保发〔2022〕1号）	将中药配方颗粒纳入医保	否

续表

序号	成文时间	发文单位	医保及阳光挂网采购等文件	医保准入	挂网采购
21	2022年1月13日	浙江省医疗保障局	浙江省医疗保障局办公室关于进一步做好《关于支持中医药传承创新发展的实施意见》执行工作的通知（浙医保办发〔2022〕2号）	将中药配方颗粒纳入医保	是
22	2022年3月9日	福建省医疗保障局	《福建省医疗保障局关于做好中药配方颗粒医保管理的通知》（闽医保〔2022〕31号）	将中药配方颗粒纳入医保	是
23	2022年3月18日	安徽省医疗保障局 安徽省人力资源和社会保障厅 安徽省药品监督管理局	《安徽省医疗保障局 安徽省人力资源和社会保障厅 安徽省药品监督管理局关于做好中药配方颗粒基本医疗保险、工伤保险和生育保险基金支付工作的通知》（皖医保秘〔2022〕15号）	将中药配方颗粒纳入医保	是
24	2022年4月7日	福建省医疗保障基金中心	《福建省医疗保障基金中心关于做好中药配方颗粒结算有关问题的通知》（闽医保中心文〔2022〕24号）	将中药配方颗粒纳入医保	是
25	2022年4月7日	甘肃省医疗保障局、甘肃省卫生健康委员会	《甘肃省医疗保障局 甘肃省卫生健康委员会关于医保支持中医药传承创新发展的实施意见》（甘医保发〔2022〕31号）	将中药配方颗粒纳入医保	是
26	2022年4月10日	广东省医疗保障局	广东省医疗保障局 广东省人力资源和社会保障厅关于印发《广东省基本医疗保险、工伤保险和生育保险药品目录（2022年版）》的通知	将中药配方颗粒纳入医保	是
27	2022年4月21日	湖北省医疗保障局	省医疗保障局关于印发《湖北省基本医疗保险中药饮片、中药配方颗粒管理暂行办法》的通知（鄂医保发〔2022〕25号）	将中药配方颗粒纳入医保	否
28	2022年5月31日	江苏省医疗保障局	关于医保支持中医药传承创新发展的实施意见（苏医保发〔2022〕36号）	将中药配方颗粒纳入医保	否
29	2022年6月8日	天津市医疗保障局	市医保局 市卫健委 市药监局关于医保支持中医药传承创新发展的措施（津医保局发〔2022〕42号）	将中药配方颗粒纳入医保	是

续表

序号	成文时间	发文单位	医保及阳光挂网采购等文件	医保准入	挂网采购
30	2022年6月20日	海南省医疗保障局、海南省人力资源和社会保障厅	海南省医疗保障局 海南省人力资源和社会保障厅关于印发《海南省中药饮片和民族药基本医疗保险支付管理暂行办法》的通知（琼医保规〔2022〕1号）	将中药配方颗粒纳入医保	否
31	2022年6月24日	山东省人民政府办公厅	关于印发《山东省国家中医药综合改革示范区建设医保支持政策专项行动方案》的通知（鲁政办字〔2022〕67号）	将中药配方颗粒纳入医保	是
32	2022年7月1日	安徽省医疗保障局	《安徽省医疗保障局 安徽省人力资源和社会保障厅 安徽省药品监督管理局关于将部分中药配方颗粒纳入我省基本医疗保险、工伤保险和生育保险基金支付范围的通知》（皖医保秘〔2022〕58号）	将中药配方颗粒纳入医保	是
33	2022年8月4日	海南省医疗保障局	《关于印发医保支持中医药传承创新发展若干措施的通知》（琼医保〔2022〕199号）	将中药配方颗粒纳入医保	否
34	2022年8月26日	山西省医疗保障局、山西省财政厅、国家税务总局山西省税务局	《关于做好2022年城乡居民基本医疗保障工作的通知》（晋医保发〔2022〕11号）	将中药配方颗粒纳入医保	否
35	2022年10月7日	河北省医疗保障局	《河北省医疗保障局关于做好中药配方颗粒挂网采购和医保支付工作的通知》（冀医保规〔2022〕7号）	将中药配方颗粒纳入医保	是
36	2022年10月12日	辽宁省医疗保障局	关于印发《辽宁省中药配方颗粒阳光挂网采购工作实施方案》的通知（辽医保发〔2022〕18号）	中药配方颗粒不纳入医保	是
37	2022年11月4日	山东省医疗保障局、山东省卫生健康委员会、山东省药品监督管理局	《关于进一步做好中药配方颗粒医保支付工作的通知》（鲁医保发〔2022〕32号）	将中药配方颗粒纳入医保	是
38	2022年12月5日	陕西省医疗保障局、陕西省药品监督管理局	陕西省医疗保障局、陕西省药品监督管理局《关于开展中药配方颗粒阳光挂网采购的通知》（陕医保函〔2022〕214号）	中药配方颗粒不纳入医保	是

续表

序号	成文时间	发文单位	医保及阳光挂网采购等文件	医保准入	挂网采购
39	2022年12月24日	贵州省医疗保障局、贵州省中医药管理局	《省医保局 省中医药局关于医保支持中医药传承创新发展的实施意见》（黔医保函〔2022〕22号）	将中药配方颗粒纳入医保	是
40	2022年12月31日	吉林省医疗保障局、吉林省人力资源和社会保障厅	《关于印发吉林省基本医疗保险、工伤保险和生育保险中药配方颗粒目录的通知》（吉医保联〔2022〕39号）	将中药配方颗粒纳入医保	是
41	2023年1月12日	云南省医疗保障局、云南省人力资源和社会保障厅	《云南省医疗保障局 云南省人力资源和社会保障厅 关于将艾绒等308种中药饮片、809种医疗机构制剂纳入云南省基本医疗保险、工伤保险和生育保险药品目录的通知》（云医保〔2023〕7号）	将中药配方颗粒纳入医保	是
42	2023年2月28日	辽宁省医疗保障局	《关于印发国家基本医疗保险、工伤保险和生育 保险药品目录（2022年）的通知》	将中药配方颗粒纳入医保	是
43	2023年3月6日	辽宁省医疗保障局	《关于医疗保障支持中医药传承创新发展的指导意见》	将中药配方颗粒纳入医保	是
44	2023年4月19日	江西省医疗保障局、江西省人力资源和社会保障厅	《关于更新中药配方颗粒医保（工伤）支付管理目录的通知》（赣医保字〔2023〕10号）	将中药配方颗粒纳入医保	是
45	2023年8月8日	青海省医疗保障局、省人力资源和社会保障厅	《关于将中药配方颗粒纳入基本医疗保险、工伤保险和生育保险支付范围的通知》（青医保局发〔2023〕52号）	将中药配方颗粒纳入医保	是
46	2023年9月4日	西藏自治区医疗保障局办公室	《关于将中药配方颗粒纳入我区医保基金支付范围的通知》（藏医保办〔2023〕32号）	将中药配方颗粒纳入医保	是
47	2023年9月25日	江苏省医疗保障局	《江苏省基本医疗保险中药配方颗粒管理暂行办法》（苏医保规〔2023〕2号）	将中药配方颗粒纳入医保	是
48	2023年12月21日	浙江省医疗保障局	《浙江省医疗保障局印发关于浙江省医疗保障领域推进政务服务增值化改革实施方案的通知》（浙医保发〔2023〕31号）	将中药配方颗粒纳入医保	否
49	2023年12月25日	广东省医疗保障局、广东省人力资源和社会保障厅	广东省医疗保障局 广东省人力资源和社会保障厅关于印发《广东省基本医疗保险、工伤保险和生育保险药品目录（2024年版）》的通知	将中药配方颗粒纳入医保	是

续表

序号	成文时间	发文单位	医保及阳光挂网采购等文件	医保准入	挂网采购
50	2023 年 12 月 29 日	四川省医疗保障局、四川省人力资源和社会保障厅	四川省医疗保障局 四川省人力资源和社会保障厅关于执行《国家基本医疗保险、工伤保险和生育保险药品目录（2023 年）》有关问题的通知（川医保规〔2023〕9 号）	将中药配方颗粒纳入医保	否
51	2023 年 12 月 29 日	新疆维吾尔自治区医疗保障局	关于执行《国家基本医疗保险、工伤保险和生育保险药品目录（2023 年）》的通知（新医保发〔2023〕69 号）	将中药配方颗粒纳入医保	是
52	2023 年 12 月 29 日	黑龙江省医疗保障局	关于印发《黑龙江省基本医疗保险、工伤保险和生育保险中药饮片、中药配方颗粒和民族药管理暂行办法》的通知（黑医保规〔2023〕3 号）	将中药配方颗粒纳入医保	是
53	2024 年 1 月 11 日	湖北省医疗保障局	关于印发《湖北省基本医疗保险中药饮片、中药配方颗粒目录(2024 年)》的通知（鄂医保发〔2024〕2 号）	将中药配方颗粒纳入医保	否

二、中药配方颗粒省际联盟集中采购政策

（一）2023 年 9 月山东省发起中药配方颗粒省际联盟集中采购

1.《中药配方颗粒采购联盟集中采购公告》

2023 年 9 月 6 日山东省公共资源交易中心发布了《中药配方颗粒采购联盟集中采购公告》，联盟集采囊括山东、山西、内蒙古、辽宁、吉林、黑龙江、安徽、江西、海南、云南、西藏、陕西、青海、新疆、新疆生产建设兵团等 15 个省级单位组成省际联盟。将对 200 个具有中药配方颗粒国家药品标准的品种进行集采，涉及金银花、北柴胡、炒酸枣仁、黄芪、党参、当归等常用品种。文件明确，各品种采购周期为 2 年，自中选后实际执行日起计算。按照规则，降幅达到 40% 即可获得拟中选资格；报价降幅在 40% 以上的企业低于 10 家，即使降幅达不到 40% 仍有机会拟中选。

2.《关于公布省际联盟中药配方颗粒集中带量采购中选结果的通知》

2023 年 11 月 13 日山东省公共资源交易中心发布了《关于公布省际联盟中药配方颗粒集中带量采购中选结果的通知》，中选结果显示：200 个中药配

方颗粒品种共有59家企业拟中选，平均降价50.77%。

（二）甘肃省中药配方颗粒集采跟进山东联盟集采

1.《开展甘肃省第五批药品集中带量采购（中药配方颗粒专项）工作》

甘肃省这次集采品种及价格基本上就是跟进了山东省联盟集采，品种也是具有中药配方颗粒国家药品标准的200个中药配方颗粒品种，申报价格“在全国范围内省级及以上集采中选产品，申报价格不得高于全国最低价（含集采中选价及甘肃省2023年实际采购价）”。

2.《关于甘肃省第五批药品集中带量采购（中药配方颗粒专项）申报结果的公示》

本批共申报10545个产品，经形式审核，10386个产品符合申报要求，其中9946个产品申报价格不高于集采最低中选价及本省最低采购价；440个产品为省级集采非中选产品，待公布同品种平均中选价。159个产品不符合申报要求，其中6个产品应为省级集采未中选，企业选择了中选；13个产品高于集采中选价；140个产品申报价高于本省最低采购价。

（三）天津市医疗保障局开展京津冀“3+N”联盟中药配方颗粒带量联动采购

1.《关于开展京津冀“3+N”联盟中药配方颗粒带量联动采购有关工作的通知》

2024年3月20日京津冀医药联合采购平台发布《关于开展京津冀“3+N”联盟中药配方颗粒带量联动采购有关工作的通知》，将具有中药配方颗粒国家药品标准的200个中药配方颗粒品种纳入带量联动范围，开展药品联合采购。联盟地区有采购相应药品需求的公立医疗机构（含军队医疗机构）均要求参加。

京津冀“3+N”联盟，“3”指京津冀三地，“N”指其他部分可能参与联采的省份。本次京津冀“3+N”联盟中药配方颗粒带量联动采购由天津市医疗保障局牵头，以北京、天津、河北为主，覆盖江苏、浙江、河南、湖北、湖南、广东、重庆、贵州、四川等地。

2.《关于公布京津冀“3+N”联盟中药配方颗粒带量联动中选结果的通知》

2024年3月29日京津冀医药联合采购平台发布《关于公布京津冀“3+N”联盟中药配方颗粒带量联动中选结果的通知》，本次京津冀“3+N”联盟中药配方颗粒集采共有46个企业中选，其中200个品种均中选的企业有12个。相较于 2023 年 11 月山东省牵头的省际联盟中药配方颗粒集采中选结果来看，本次集采中选企业减少 15 个，200 个品种均中选的企业增加 7 家。

此次“3+N”集采采购周期为 1 年。采购方式为带量联动、双向选择，即依据采购主体使用需求，参照市场总体价格水平、综合质量等因素，联动我国各省、自治区、直辖市带量采购价格，通过购销双方相互选择，确定中选产品，实行带量联动采购。

此外，京津冀三地研究建立了中药配方颗粒价格联动共享机制，共同推动挂网药品价格管理。在京津冀药品、医用耗材联合采购领导小组的指导下，三地采购机构规范各地中药配方颗粒挂网数据格式，每 6 个月推送一次价格数据，进行查询比价，对出现的价格异常情况进一步加强核查处置。

（四）江苏省医疗保障局跟进京津冀“3+N”联盟中药配方颗粒集中带量采购

2024 年 4 月 22 日江苏省医疗保障局发文《关于做好中药配方颗粒联盟带量采购中选结果落地执行工作的通知》（苏医保函〔2024〕67 号），此次集采按照京津冀“3+N”联盟中药配方颗粒集中带量采购（江苏）实施，此次集采中选结果自 2024 年 7 月 1 日起全省统一执行。

第三章

中药配方颗粒质量标准研究

中药配方颗粒发展历程是一部中药配方颗粒质量标准研究过程，中药配方颗粒质量标准研究过程可以分为 3 个阶段：第 1 个阶段（1993—2009 年），制定企业标准阶段；第 2 个阶段（2009—2016 年），制定行业统一标准阶段；第 3 个阶段（2016 年至今），制定国标省标阶段。

第一节　中药配方颗粒企业标准研究阶段

中药配方颗粒企业标准研究阶段主要是指 1993 年至 2009 年。

自 1993 年，国家中医药管理局批准江阴天江药业有限公司、广东一方制药有限公司两家企业为中药饮片改革试点单位后，两家公司分别从制备工艺、质量标准、药效学、临床疗效对比研究等方面进行系统研究。

自国家药监局批准了六家中药配方颗粒试点企业后，原六家国家试点企业致力于研究制定各自企业质量标准、建立完善质量控制体系、研发改进制备技术、持续提升产品质量以及开展临床安全性和有效性评价等系统研究。原六家国家试点企业研究建立企业内控标准的配方颗粒品种 600 余味，逐渐建立了中药配方颗粒全过程质量控制体系，陆续实施了一系列规模化规范化产业项目。

第二节　中药配方颗粒行业统一标准研究阶段

中药配方颗粒行业统一标准研究阶段主要是指从 2009 年至 2016 年。

一、原六家国家试点企业联合制定中药配方颗粒行业统一标准

2005 年 5 月，国家食品药品监督管理局召开了“中药配方颗粒法规管理座谈会”，形成纪要，决定成立中药配方颗粒领导小组，协调各部委相关政策法规管理问题；试点企业生产的经省所复核符合企业标准的产品可以扩大销售

范围；出台补充管理规定，培植试点企业做大做强，防止一哄而起。2008 年，国家食品药品监督管理局对各试点企业展开调研，2009 年 3 月召开各省药监局注册处长、试点企业负责人会议，通报了中药配方颗粒试点工作中存在的问题，提出了加强过程管理，加快企业质量标准复核，明确国家药典委员会负责拟订出质量标准起草说明及技术要求。

2009 年 11 月，国家食品药品监督管理局召开“中药配方颗粒监督管理研讨会”，要求原六家国家试点企业进行行业标准统一工作，为试点生产放开做准备，原六家国家试点企业按照国家食品药品监督管理局的要求，积极开展行业统一标准工作，2010 年 4 月，原六家国家试点企业签订了《中药配方颗粒质量标准统一研究合作协议》，计划从 2009 年 12 月 1 日起，在 3 年内研究制定 366 个常用中药配方颗粒的统一质量标准。2012 年 9 月国家药典委员会起草了《中药配方颗粒质量标准研究制定技术要求（征求意见稿）》（国药典中发〔2012〕477 号）。

2012 年中国中药协会向国家食品药品监督管理局提交《关于中药配方颗粒企业内控质量标准统一工作的报告》（图 3-1），建议国家食品药品监督管理局组织专家对原六家国家试点企业提交的 6 个中药配方颗粒标准进行论证审定。

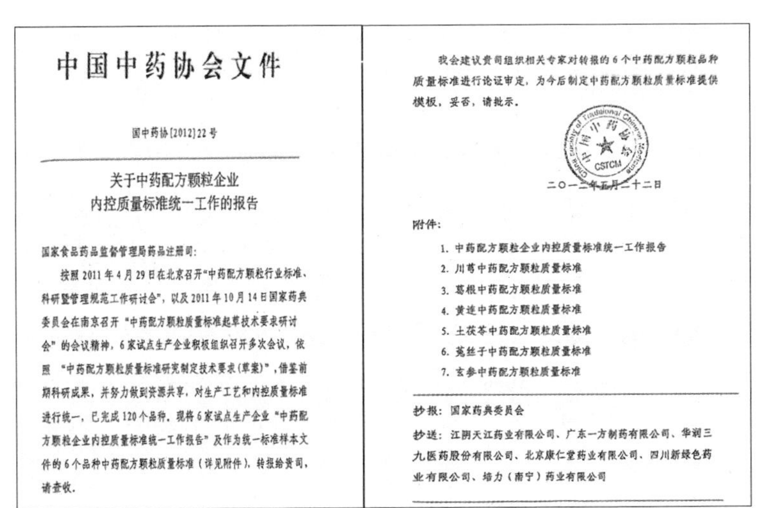

中国中药协会文件

国中药协〔2012〕22 号

关于中药配方颗粒企业
内控质量标准统一工作的报告

国家食品药品监督管理局药品注册司：

按照 2011 年 4 月 29 日在北京召开“中药配方颗粒行业标准、科研暨管理规范工作研讨会”，以及 2011 年 10 月 14 日国家药典委员会在南京召开“中药配方颗粒质量标准起草技术要求研讨会”的会议精神，6 家试点生产企业积极组织召开多次会议，依照“中药配方颗粒质量标准研究制定技术要求(草案)”，借鉴前期科研成果，并努力做到资源共享，对生产工艺和内控质量标准进行统一，已完成 120 个品种，现将 6 家试点生产企业“中药配方颗粒企业内控质量标准统一工作报告”及作为统一标准样本文件的 6 个品种中药配方颗粒质量标准（详见附件），转报给贵司，请查收。

我会建议贵司组织相关专家对转报的 6 个中药配方颗粒品种质量标准进行论证审定，为今后制定中药配方颗粒质量标准提供模板，妥否，请批示。

二〇一二年五月二十二日

附件：

1. 中药配方颗粒企业内控质量标准统一工作报告
2. 川芎中药配方颗粒质量标准
3. 葛根中药配方颗粒质量标准
4. 黄连中药配方颗粒质量标准
5. 土茯苓中药配方颗粒质量标准
6. 菟丝子中药配方颗粒质量标准
7. 玄参中药配方颗粒质量标准

抄报：国家药典委员会

抄送：江阴天江药业有限公司、广东一方制药有限公司、华润三九医药股份有限公司、北京康仁堂药业有限公司、四川新绿色药业有限公司、培力（南宁）药业有限公司

图 3-1　中国中药协会向国家食品药品监督管理局申请原六家国家试点企业统一标准报告

原六家国家试点企业自 2009 年 12 月 ~2015 年 12 月，经过 6 年时间，19 次技术讨论，统一了 658 个中药配方颗粒质量标准，并规定了关键工艺参数出膏率范围和制成总量。

二、省级药监部门牵头颁布各自中药配方颗粒省级标准

期间，原六家国家试点生产企业与各省级药监部门共同研究中药配方颗粒省级标准，广东省、天津市和广西壮族自治区等省级药监局颁布了各自中药配方颗粒省级标准。

2009 年 3 月，华润三九医药股份有限公司在广东省食品药品检验所的指导和技术支持下，在国内率先开展 10 个中药配方颗粒省级标准示范性研究。2010 年 9 月，广东省食品药品监督管理局和广东省食品药品检验所在完成的 10 个中药配方颗粒标准示范性研究基础上，起草并正式颁布了《广东省中药配方颗粒质量标准研究规范（试行）》，这是全国第一个关于中药配方颗粒标准研究的技术指导原则，规范和引导广东省中药配方颗粒试点企业的质量标准研究工作。华润三九医药股份有限公司和广东一方制药有限公司两家试点企业依据《广东省中药配方颗粒质量标准研究规范（试行）》，在广东省食品药品监督管理局和广东省食品药品检验所的支持和指导下，积极开展中药配方颗粒省级标准研究制定和统一工作，广东省食品药品监督管理局分别于 2012 年和 2014 年正式发布了《广东省中药配方颗粒标准》第一、二册，合计 203 个品种。这是全国首个中药配方颗粒生产、使用、检验和监督管理法定技术标准，为监管及试点研究提供有力的技术支撑，也为中药配方颗粒国家标准的出台提供参考。

2011 年起，天津市食品药品监督管理局组织原六家国家试点生产企业开展了中药配方颗粒质量标准评价与复核工作，天津市药品检验所承担“天津市中药配方颗粒质量标准研究”项目，对原六家试点生产企业提供的 3239 批配方颗粒样品开展专项研究，2012 年 10 月发布了《天津市中药配方颗粒质量标准（暂行）》第一册，随后又发布了第二 ~ 六册，合计 303 个品种。

2016 年培力（南宁）药业有限公司作为主要标准起草方，广西壮族自治区食品药品监督管理局发布了《广西壮族自治区中药配方颗粒质量（第一卷）》。

2010—2016 年各省级中药配方颗粒标准汇总见表 3-1。而中药配方颗粒省级标准终究只能在个别省份作为监管依据，无法在全国范围内广泛推广。

表 3-1 2010—2016 年各省级中药配方颗粒标准汇总表

颁布单位	颁布时间	实施时间	标准名称
广东省食品药品监督管理局	2010 年 6 月	2010 年 9 月 1 日	《广东省中药配方颗粒标准研究规范（试行）》
	2012 年 11 月	2013 年 1 月 1 日	《广东省中药配方颗粒标准》（第一册）
	2014 年 10 月	2015 年 11 月 3 日	《广东省中药配方颗粒标准》（第二册）
天津市食品药品监督管理局	2012 年 10 月	2012 年 12 月 1 日	《天津市中药配方颗粒质量标准（暂行）》（第一册）
	2014 年 1 月	2014 年 2 月 1 日	《天津市中药配方颗粒质量标准（暂行）》（第二册）
	2014 年 5 月	2014 年 6 月 1 日	《天津市中药配方颗粒质量标准（暂行）》（第三册）
	2014 年 11 月	2014 年 12 月 1 日	《天津市中药配方颗粒质量标准（暂行）》（第四册）
	2015 年 7 月	2015 年 8 月 1 日	《天津市中药配方颗粒质量标准（暂行）》（第五册）
	2015 年 11 月	2015 年 12 月 1 日	《天津市中药配方颗粒质量标准（暂行）》（第六册）
广西壮族自治区食品药品监督管理局	2016 年 5 月	2016 年 5 月 1 日	《广西壮族自治区中药配方颗粒质量（第一卷）》

三、国家食品药品监督管理局探索由省级药检所牵头制定中药配方颗粒标准模式

国家食品药品监督管理局积极探索中药配方颗粒标准统一模式，以科研立项形式，组成由相关省级药检所为主体、试点企业参与的组织形式。2010 年 9 月，国家食品药品监督管理局和国家药典委员会牵头开展了“中药配方颗粒质量标准研究课题”，以省级药检所为标准起草复核单位，依托原六家国家试点生产企业，选择 12 个品种按照技术要求，开展新一轮的中药配方颗粒标准示范性研究。2013 年 11 月，国家药典委员会在江苏召开项目中期汇报会，研究进度情况表明，该示范性研究工作进展缓慢。事实证明，以省级药检所为标准起草主体的标准研究形式，也未取得标准统一工作的理想成效。

总结前期两种标准起草的经验和存在的问题，2014 年 4 月，国家药典委员会再次组织起草单位和原六家国家试点企业召开了“中药配方颗粒质量标准研究制定技术要求研讨会”，药典委收集反馈意见，形成了《中药配方颗粒质量标准研究制定技术要求（草案）》。2015 年，国家食品药品监督管理总局注

册司经过新一轮的调研，提出了新的监管思路，并于2015年底出台了《中药配方颗粒管理办法（征求意见稿）》的公告（2015年第283号），明确了由国家药典委组织中药配方颗粒统一药品标准的制定和修订。

2009—2015年原六家国家试点企业制定中药配方颗粒行业统一标准会议汇总详见表3-2。

表3-2 2009—2015年原六家国家试点企业制定中药配方颗粒行业统一标准会议汇总表

时间	地点	参会人员	内容
2009年12月13~14日（第一次会议）	江苏省江阴市	周嘉琳、王元清、徐以亮、李松（江阴天江药业有限公司），魏梅（广东一方制药有限公司），谭沛、牛昌、张辉（华润三九医药股份有限公司），赖眉、毛月竹（四川新绿色药业科技发展有限公司），吴玢、付静（北京康仁堂药业有限公司），邱莉、温庆伟、覃体汉[培力（南宁）药业有限公司]	中药配方颗粒质量标准统一启动会议，制定中药配方质量标准统一研究技术要求，六家企业达成了合作协议，成立了试点生产企业专业技术委员会，统一了工作流程，确定了366个品种的分工及进度
2010年3月15~17日（第二次会议）	北京科技活动中心	周嘉琳、王元清、徐以亮、李松（江阴天江药业有限公司），魏梅、陈向东（广东一方制药有限公司），谭沛、牛昌、张辉（华润三九医药股份有限公司），赖眉、王秸（四川新绿色药业科技发展有限公司），吴玢、付静、金海燕、李艳琴（北京康仁堂药业有限公司），温庆伟[培力（南宁）药业有限公司]、国家药典委石上梅副处长、中国中药协会张世臣	会议对行业标准统一格式进行讨论，制定研究原则，参会人员对第一批完成研究的30个品种的质量标准进行汇报和讨论，完成了首批30个品种工艺制法和质量标准
2010年8月15~17日（第三次会议）	广西壮族自治区南宁市	刘春（国家食品药品监督管理局），宋宗华（国家药典委员会），徐以亮、李松（江阴天江药业有限公司），魏梅、陈向东（广东一方制药有限公司），谭沛、牛昌、张辉（华润三九医药股份有限公司），王秸、冯健、陈春潮（四川新绿色药业科技发展有限公司），吴玢、付静、李艳琴（北京康仁堂药业有限公司），蔡鉴彪、黄敏尚、邱莉、温庆伟、黄克锋、粟华生、覃体汉、刘婷、林广[培力（南宁）药业有限公司]	会议对第二批研究品种进行讨论统稿，完成了菊花、灵芝等30个品种的纯浸膏提取率、辅料量、规格等具体工艺参数。确定中药配方颗粒名称和药材来源及性状描述、鉴别方法，并与2010版《中国药典》方法进行比对
2011年8月13~14日（第四次会议）	江阴市杜康园宾馆	周嘉琳、许运明、王元清、徐以亮、李松（江阴天江药业有限公司），魏梅、陈向东（广东一方制药有限公司），张辉、牛昌、张鹏（华润三九医药股份有限公司），冯健（四川新绿色药业科技发展有限公司），付静、张志强、余志远（北京康仁堂药业有限公司）	会议对六家企业共50个品种的质量标准及起草说明按照“质量标准模板”的要求进行统稿，确定了板蓝根配方颗粒等31个品种作为第一批上报中国中药协会的质量标准

续表

时间	地点	参会人员	内容
2011年12月13~14日（第五次会议）	深圳市山水时尚酒店	王秀、王台琴（中国中药协会），周嘉琳、许运明、王元清、徐以亮（江阴天江药业有限公司），魏梅、陈向东（广东一方制药有限公司），谭沛、张辉、牛昌、张鹏（华润三九医药股份有限公司），胡昌江、冯健（四川新绿色药业科技发展有限公司），吴玢、付静、余志远（北京康仁堂药业有限公司），缪晓格、温庆伟、林广、黄丽凤［培力（南宁）药业有限公司］	会议对醋青皮等第四批各家完成研究的34个品种行业标准进行统稿，确定了22个品种的最终标准，完成行业标准研究数量达到56个，会后上报到中国中药协会
2012年3月28~30日（第六次会议）	广东省佛山市南海区维也纳国际酒店	王桂华、王秀（中国中药协会），许运明、徐以亮（江阴天江药业有限公司），魏梅、罗艳萍、陈向东、谢菲（广东一方制药有限公司），谭沛、张辉、张鹏（华润三九医药股份有限公司），胡昌江、冯健、张秀环（四川新绿色药业科技发展有限公司），张志强、沈建梅（北京康仁堂药业有限公司），缪晓格、温庆伟、林广、黄丽凤［培力（南宁）药业有限公司］	会议对六家完成的第五批64个品种行业标准进行统稿，确定了48个品种标准，完成行业标准研究数量达到104个，按照药典委《中药配方颗粒质量研究制定技术要求（草案）》要求，确定6个品种质量标准，提交药典委
2012年7月17~18日（第七次会议）	北京市顺义区金潮玉玛国际酒店	王秀（中国中药协会），许运明、徐以亮、李松（江阴天江药业有限公司），魏梅、陈向东（广东一方制药有限公司），谭沛、张辉、郭晓芳（华润三九医药股份有限公司），胡昌江、冯健、张秀环（四川新绿色药业科技发展有限公司），付静、张志强（北京康仁堂药业有限公司），周永强、温庆伟［培力（南宁）药业有限公司］	本次会议对42个品种进行统稿，确定了26个品种的最终标准，完成行业标准研究数量达到130个品种
2012年10月11~13日（第八次会议）	江苏省江阴市新东亚大酒店	许运明、徐以亮（江阴天江药业有限公司），魏梅、陈向东（广东一方制药有限公司），谭沛、张辉、张鹏、温建云（华润三九医药股份有限公司），孙进明、冯健、王秸（四川新绿色药业科技发展有限公司），付静、张志强（北京康仁堂药业有限公司），缪晓格、周永强、温庆伟、黄志权［培力（南宁）药业有限公司］	国家药典委于2012年9月17日下发了《关于印发〈配方颗粒标准研究工作会〉会议纪要的通知》（国药典中发〔2012〕477号），六家企业反馈意见。确定了第一批中药配方颗粒质量标准示范性研究的12个品种
2013年1月15~17日（第九次会议）	广西桂林市大正温泉假日酒店	王秀（中国中药协会），常锡邦、孙国雄（广西壮族自治区食品药品监督管理局），郑柳明（广西壮族自治区中医药管理局），许运明、徐以亮、李松（江阴天江药业有限公司），魏梅、陈向东（广东一方制药有限公司），张辉、郭小芳、段丰东（华润三九医药股份有限公司），胡昌江、冯健、罗旭（四川新绿色药业科技发展有限公司），张志强（北京康仁堂药业有限公司），缪晓格、周永强、温庆伟、林广［培力（南宁）药业有限公司］	针对广东省食品药品监督管理局和天津市食品药品监督管理局拟颁布的配方颗粒地方标准进行了讨论。完成了第六批56个配方颗粒品种的行业标准统稿工作，行业标准数量达到181个

续表

时间	地点	参会人员	内容
2013 年 4 月 11~13 日（第十次会议）	四川省成都市望江宾馆	王秀（中国中药协会），王杰（天津市药品检验所），许运明、徐以亮、李松（江阴天江药业有限公司），魏梅、陈向东（广东一方制药有限公司），谭沛、张辉、王永黎、郑晓英（华润三九医药股份有限公司），胡昌江、冯健、张秀环、罗旭（四川新绿色药业科技发展有限公司），付静、张志强（北京康仁堂药业有限公司），龚春晖、蓝晓庆、黄志权、杨梅［培力（南宁）药业有限公司］	本次会议完成了 79 个品种的统稿工作，完成行业标准研究数量达到 260 个，本次会议邀请到天津市药品检验所王杰主任介绍了天津市中药配方颗粒质量标准起草工作
2013 年 7 月 15~19 日（第十一次会议）	江苏省江阴市·月城云外水庄双泾生态园	许运明、徐以亮、陈盛君、李松（江阴天江药业有限公司），魏梅、陈向东（广东一方制药有限公司），谭沛、张辉、孙庆硕、郑晓英（华润三九医药股份有限公司），胡昌江、冯健、张秀环（四川新绿色药业科技发展有限公司），付静、张志强、高扬（北京康仁堂药业有限公司），龚春晖、周永强、于永明、宋景政、黄志权、杨梅［培力（南宁）药业有限公司］	本次会议完成了 91 个品种的统稿工作，行业标准数量达到 351 个，初步形成《中药配方颗粒行业质量标准（第一版）》，建议正式稿由六家试点生产企业共同提交给中国中药协会，拟请中国中药协会组织专家审核后，分批发布
2013 年 11 月 18~21 日（第十二次会议）	广东省深圳市	王秀（中国中药协会），许运明、徐以亮、李松（江阴天江药业有限公司），魏梅、陈向东（广东一方制药有限公司），谭沛、刘晖、徐冰、张辉、王宜威、赵伟志、郑晓英、贺伟平、燕茹、吴有（华润三九医药股份有限公司），胡昌江、冯健、李文兵（四川新绿色药业科技发展有限公司），付静、张志强、高扬（北京康仁堂药业有限公司），龚春晖、宋景政、于永明、黄志权［培力（南宁）药业有限公司］	国家药典会于 11 月 5~6 日在江苏苏州召开了 12 个品种示范性研究中期汇报会，本次会议拟定标准煎剂的制备方法，整理了一套“配方颗粒质量标准示范性研究”模板，完成了第十批 51 个品种的统稿工作，行业标准数量达到 402 个
2014 年 4 月 26~27 日（第十三次会议）	佛山南海名都大酒店	王秀、王台琴（中国中药协会），许运明、徐以亮、李松（江阴天江药业有限公司），魏梅、陈向东、刘燎原、杜兰哲（广东一方制药有限公司），谭沛、张辉、郑晓英、汪祥文、刘盾、程杰（华润三九医药股份有限公司），胡昌江、冯健、吴文辉（四川新绿色药业科技发展有限公司），付静、张志强、高扬（北京康仁堂药业有限公司），龚春晖、宋景政、于永明、黄志权［培力（南宁）药业有限公司］	本次会议对广东省药检所起草了《广东省中药配方颗粒标准》第二册、天津标准第二册品种、行业标准第一批 50 个品种进行特征图谱（以 HPLC 特征图谱为主）研究、药典委关于标煎研究的要求等进行了讨论

续表

时间	地点	参会人员	内容
2014 年 8 月 27~29 日（第十四次会议）	江苏江阴市双泾生态园	许运明、徐以亮、李松（江阴天江药业有限公司），陈向东（广东一方制药有限公司），谭沛、张辉（华润三九医药股份有限公司），胡昌江、冯健、马盛勤（四川新绿色药业科技发展有限公司），张志强、高扬（北京康仁堂药业有限公司），龚春晖、吴清业、宋景政、黄志权［培力（南宁）药业有限公司］	2014 年 8 月 19 日，国家食药监总局在北京召开中药配方颗粒出膏率等相关问题讨论会。本次会议确定了 362 味中药配方颗粒纯出膏率和制成量
2014 年 9 月 23~25 日（第十五次会议）	北京顺鑫绿色度假村	许运明、徐以亮、李松（江阴天江药业有限公司），陈向东（广东一方制药有限公司），谭沛、张辉、张鹏、郑晓英（华润三九医药股份有限公司），胡昌江、冯健（四川新绿色药业科技发展有限公司），付静、黄美荣、张志强、高扬、周永康、李蕊（北京康仁堂药业有限公司），龚春晖、宋景政、于永明、黄志权、杨梅、吴青业［培力（南宁）药业有限公司］	本次会议六家企业对前期已统一的 362 个品种基原进行统计梳理，其中多基原品种共计 112 个，最终确定为单一基原的有 50 个，两个或两个以上基原的为 42 个，对含量测定限度进行了整理
2014 年 12 月 24~25 日（第十六次会议）	广西南宁市厢竹大道 88 号	周嘉林、许运明、徐以亮、李松（江阴天江药业有限公司），陈向东、李慧（广东一方制药有限公司），谭沛、张辉、郑晓英（华润三九医药股份有限公司），胡昌江、冯健、陈咏梅（四川新绿色药业科技发展有限公司），付静、张志强、高扬（北京康仁堂药业有限公司），龚春晖、宋景政、吴青业、于永明、黄志权、杨梅、张洁［培力（南宁）药业有限公司］	本次会议讨论了标准汤剂制备规范，六家企业共完成了 12 个品种的标准汤剂研究资料，确定了 362 个品种的浸出物限度。又确定增加 297 个，品种数量达到 659 个，并对 297 个品种进行标准分工
2015 年 3 月 17~19 日（第十七次会议）	四川省成都市百花园乡村酒店	许运明、徐以亮、李松（江阴天江药业有限公司），陈向东、朱德全（广东一方制药有限公司），谭沛、张辉、郑晓英、高波（华润三九医药股份有限公司），胡昌江、冯健、李文兵、周维、钟磊、耿媛媛（四川新绿色药业科技发展有限公司），张志强、高扬（北京康仁堂药业有限公司），龚春晖、吴青业、于永明、宋景政、黄志权、杨梅［培力（南宁）药业有限公司］	本次会议传达了杭州备案会议精神，中药配方颗粒将实施电子监管和备案制，国家药典委将成立中药配方颗粒办公室。讨论确定了 170 个品种纯浸膏率范围、辅料量及制成量，完成 83 个品种通稿，行业标准研究数量达到 445 个
2015 年 8 月 3~6 日（第十八次会议）	江苏省江阴市海澜大酒店	许运明、徐以亮、李松、浦香兰、王蓓（江阴天江药业有限公司），陈向东、朱德全（广东一方制药有限公司），谭沛、张辉、郑晓英、高波（华润三九医药股份有限公司），胡昌江、冯健、李文兵（四川新绿色药业科技发展有限公司），张志强、高扬（北京康仁堂药业有限公司），龚春晖、吴青业、于永明、宋景政、黄艳、杨梅［培力（南宁）药业有限公司］	本次会议传达了国家食药监总局中药配方颗粒北京会议精神，会议提出要建立中药配方颗粒国家标准。完成了 68 个品种的统稿，行业标准研究数量达到 513 个

续表

时间	地点	参会人员	内容
2015年12月21~24日（第十九次会议）	深圳	许运明、徐以亮、李松（江阴天江药业有限公司），陈向东、朱德全（广东一方制药有限公司），谭沛、张辉、李可可、段丰东、郑晓英、郭志俊、李易容（华润三九医药股份有限公司），冯健、周维（四川新绿色药业科技发展有限公司），张志强、周晓艳、高扬（北京康仁堂药业有限公司），龚春晖、吴青业、于永明、韦红言、韦冬菊、农新维［培力（南宁）药业有限公司］	2015年8月江苏会议安排，每家企业选择10个品种开展特征图谱研究。本次会议完成通稿80个品种，行业标准研究数量达到593个。重点讨论六家配方颗粒企业是否联合申报国家标准，计划采用共同研究共同申报

第三节　中药配方颗粒国家标准研究阶段

中药配方颗粒国家标准研究阶段是指从2016年至今。

一、国家食药监总局和药典委发布制定中药配方颗粒国标政策征求意见稿

1. 发布《中药配方颗粒管理办法（征求意见稿）》

2015年12月24日，国家食品药品监督管理总局发布了《总局关于征求〈中药配方颗粒管理办法（征求意见稿）〉意见的公告》（2015年第283号），对中药配方颗粒质量标准提出了明确要求："由国家药典委员会牵头组织制定中药配方颗粒国家标准，由企业主导，在标准中标注起草单位名称。开展中药配方颗粒药品标准科研工作的研究机构、生产企业均可按要求向国家药典委员会单独或联合提供研究数据及药品标准。对于多企业生产的同一品种，其药品标准的制定和修订应在科学合理的基础上进行统一，坚持就高不就低的原则。成熟一批公布一批。本着鼓励企业参与标准起草和明确责任主体的精神，在经审定后的中药配方颗粒药品标准中标注起草单位的名称。"

2. 发布《中药配方颗粒质量控制与标准制定技术要求（征求意见稿）》

2016年8月5日，国家药典委员会发布了《中药配方颗粒质量控制与标准制定技术要求（征求意见稿）》，明确了中药配方颗粒质量控制和标准制定要求。

二、以原六家国家中药配方颗粒试点企业为主的中药配方颗粒国标研究

自 2016 年 8 月开始，中药配方颗粒试点企业开始了中药配方颗粒的国标研究工作。

按照国家食品药品监督管理总局出台的《中药配方颗粒管理办法（征求意见稿）》的要求，国家药典委员会在探索中药配方颗粒国家标准研究制定机制与方式方面，总结前期经验教训，进行了较大创新，总体牵头引领开展本次国家标准的研究制定，对标准制定工作做好顶层设计。明确了生产企业作为标准研究的主体，将标准起草权交给最熟悉产品的企业，起草什么品种、选什么药材基原、用什么检测方法等均由企业研究决定，充分体现了生产企业在标准起草中的主体地位，一改我国原有的“以药典委为主导，省级药检院所和科研院所为主要起草单位”的国家药品标准制修订模式。中药配方颗粒国家标准形成机制也是政府“放管服”改革的成功实践，体现了国家药典委员会在 2020 年版《中国药典》编制大纲中所述“完善国家药品标准形成和淘汰机制，着力突出政府在国家标准制定中的主导作用和企业在产品标准制定中的主体地位”的要求。2018 年 2 月国家药典委员会又发布了《关于设立中药配方颗粒标准统一工作咨询日的通知》，建立公开公正的研究审评机制，促使研究单位与审评专家快速高效沟通。从 2016 年至 2019 年 10 月国家药典委员会共组织了 15 次专家评审会组织评审中药配方颗粒国标，2019 年 11 月国家药典委员会公示了第一批 160 个国标。第一批 160 个中药配方颗粒国标中，原六家国家中药配方颗粒试点企业共完成了 156 个，其余 4 个品种分别是由天士力医药集团股份有限公司完成 1 个、神威药业集团有限公司完成 2 个，安徽九洲方圆制药有限公司完成 1 个。

中药配方颗粒国家标准相关会议汇总见表 3–3。第一批 160 个中药配方颗粒国家标准正式发布前的评审品种情况见表 3–4。

表 3–3　2010—2021 年中药配方颗粒国家标准相关会议汇总表

时间	地点	会议名称	会议内容	参会人员
2010 年 10 月 27~28 日	北京国谊宾馆	中药配方颗粒质量标准有关问题研讨会	国家药监局注册处、国家药典委组织，国家中医药管理局、5 省（区）药监局、药检所代表和药典委专家参加会议，陈易新处长主持会议，深入讨论修改国家药典委员会起草的中药配方颗粒质量标准研究制定技术要求的基本原则的具体内容，董润生司长做总结发言	国家药监局注册司董润生司长、注册处刘春，国家药典委陈易新、钱忠直、宋宗华，国家药审中心闫兆光，中药协会王桂华、药典委专家蔡宝昌、屠鹏飞、果德安、王峥涛、田金洲、胡镜清、王智民、倪健、林瑞超、张磊以及北京、江苏、广东、广西、四川等5省（区）药监局注册处和药检所代表，周嘉琳、涂瑶生、吴玢等六家企业负责人
2010 年 12 月 6~7 日	江苏省江阴市来福岛大酒店	中药配方颗粒标准形成机制研讨会	国家药监局注册司、药典委和中检所相关专家讨论《中药配方颗粒标准形成机制（草案）》	钱忠直、刘春、王智民、林瑞超、倪健及六家企业代表
2011 年 10 月 13~14 日	南京海陵会议中心	中药配方颗粒质量标准起草技术要求研讨会	国家药监局注册处、国家药典委和六省药监局注册处处长、专家讨论国家药典委制定的《中药配方颗粒质量标准研究制定技术要求（草案）》	国家药典委副秘书长周福成，国家药监局注册处刘春，国家药典委石上梅、宋宗华、果德安、屠鹏飞、王智民、王峥涛、张清波、祝明，中药协会王桂华，以及安徽、山东、上海、江苏、浙江、河南各省药监局注册处代表、周嘉琳、涂瑶生等六家企业负责人
2012 年 5 月 22 日	中国中药协会	关于中药配方颗粒企业内控标准统一工作报告	向国家药监局注册处报告六家企业开展标准统一的情况，已经完成 120 个品种，提交《中药配方颗粒企业内控质量标准统一工作报告》及 6 个品种作为统一标准样板	/
2012 年 5 月 22 日	中国中药协会	关于报备《中药配方颗粒企业生产科研管理自律规范》的请示	向国家药监局注册处提交规范中药配方颗粒试点生产企业管理，开展中药配方颗粒工艺标准统一及临床研究，加强中药配方颗粒行业自律等方面的请示，为行业监管提供参考	/

续表

时间	地点	会议名称	会议内容	参会人员
2012 年 8 月 13~14 日	黑龙江省哈尔滨市	配方颗粒标准研究工作会	布置启动 12 个配方颗粒质量标准示范性研究工作。与会专家和药检所同志对《中药配方颗粒质量标准研究制定技术要求（征求意见稿）》开展了热烈地研讨，并形成修改稿	会议由中药标准处石上梅副处长主持，国家食品药品监督管理局注册司、药典委分管中药的周福成副秘书长、专家和配方颗粒试点企业所在省、市药检所有关人员参加了会议
2013 年 11 月 5~6 日	江苏苏州市雍景山庄酒店	12 个品种配方颗粒质量标准示范性研究工作的中期汇报会	会上六家试点企业分别汇报了各自承担的 2 个品种标准示范性研究工作，与会专家就 12 个品种配方颗粒的原料、炮制、工艺、标准等研究工作存在的共性问题提出了意见和建议	药典委：王平、石上梅、宋宗华、方辉；专家：屠鹏飞、高其品、张保献、杨世林、冯丽、李振国、王智民、季申、张清波、祝明、江英桥、郭洪祝、陆敏仪、李泳雪、郭青。北京、四川、广东、广州、广西、江苏 6 个省（区、市）药检所代表和六家企业代表
2014 年 8 月 19 日	国家药监局 0708 会议室	中药配方颗粒出膏率相关问题讨论会	药学专家、企业代表和总局药化司相关人员对中药配方颗粒饮片基原、煎煮次数、出膏率规定范围进行专题讨论	/
2016 年 7 月 26~29 日	广东省佛山市	中药配方颗粒国家标准启动会	2016 年 6 月 29~30 日，国家药典委员会在北京召开中药配方颗粒质量控制与标准制定技术要求征求意见会议，提出未来 3 年未取得国家标准的中药配方颗粒将不得生产。本次会议六家试点企业为了尽快开展并完成国家标准，商量决定联合研究申报国家标准，会议商讨联合研究申报、研究技术方案、研究品种、品种分工、进度安排等方面	黄掌欣、许运明、徐以亮、陈盛君、李松、魏梅、陈向东、朱德全、刘燎原、梁志毅、谭沛、张辉、郑晓英、张志强、高扬、胡昌江、冯健、周维、龚春晖、叶善洋、农新维

续表

时间	地点	会议名称	会议内容	参会人员
2016 年 8 月 5 日	药典委网站公告	关于征求《中药配方颗粒质量控制与标准制定技术要求（征求意见稿）》意见的通知	第一次征求技术要求意见	/
2017 年 2 月 28 日 ~3 月 1 日	广西壮族自治区南宁市永恒朗悦酒店	中药配方颗粒国家标准申报第二次会议	商讨广西自治区中药配方颗粒标准执行问题，及国家标准联合研究申报、研究技术方案、研究品种、品种分工、进度安排等方面问题	六家企业代表
2017 年 4 月 11 日	中国中医科学院中药研究所三层大会议室	中药配方颗粒质量控制与标准制定技术要求咨询会	中国中药协会中药饮片专业委员会组织会议，针对《中药配方颗粒质量控制与标准制定技术要求（征求意见稿）》，邀请六家中药配方颗粒生产企业座谈，请相关专家对于征求意见稿中的疑问进行解读，为提高中药配方颗粒标准研究水平	专家：钱忠直、宋宗华、屠鹏飞、魏锋、张清波、冯丽、刘安，中国中药协会中药饮片专业委员会张世臣、任玉珍、毛淑杰、陈彦琳、司静
2017 年 7 月 5 日	上海建国饭店四楼九洲厅	国家药典委中药配方颗粒标准统一审评原则讨论会	药典委邀请江阴天江药业有限公司、广东一方制药有限公司汇报中药配方颗粒具体品种的标准研究制定情况及其遇到的具体问题。这次会议的目的通过实例来探讨标准审评流程，为下一步审评工作做准备	钱忠直、宋宗华、罗国安、屠鹏飞、张卫东、季申、沈平孃、王彦、张清、张立群、张清波、冯丽、祝明、笔雪艳、刘永利、王旭、倪龙、马临科、毛秀红、黄捷、耿莲、聂晶、陈尧水
2017 年 9 月 6~7 日	广东一方制药有限公司	国标申报专家咨询会	广东一方制药有限公司、江阴天江药业有限公司提交拟申报品种的全套申报资料，专家模拟中药配方颗粒国家标准进行审阅，汇总并提出书面意见	药典委：宋宗华、耿莲、黄捷，专家：钱忠直、张立群、杨立伟

续表

时间	地点	会议名称	会议内容	参会人员
2018年1月13~14日	无锡太湖饭店	国标申报专家咨询会	江阴天江药业有限公司、广东一方制药有限公司准备好拟申报的33个品种的全套申报资料，专家模拟中药配方颗粒国家标准进行审阅，汇总并提出书面意见；配方颗粒标准研究项目组，根据专家意见，讨论下一步工作重点及计划	药典委：宋宗华、耿莲、谭静，专家：屠鹏飞、张清波、张立群、冯丽、季申、张卫东、杨立伟
2018年2月8日	药典委网站公告	关于设立中药配方颗粒标准统一工作咨询的通知	中药配方颗粒专项办公室从即日起定于每周三下午（13：30–16：30）为咨询时间	/
2018年3月27日	药典委综合处会议室	中药配方颗粒国家标准研究任务布置会议	王海南处长听取了各家对研究品种的分工，明确研究时间，对标准过渡期、是否按饮片管理等方面意见，讨论了农残等安全性指标的限度，对加快中药配方颗粒国家标准研究，以及确保标准质量水平提出要求	药监局、药典委领导：王海南、宋宗华、杨立伟、耿莲、张鹏，六家企业代表
2018年3月28~29日	北京前门建国饭店	国标评审会第三次	对各家企业51个品种进行了评审。会议确定了4~5月份审评品种安排，同时针对出膏率、转移率及峰面积，公司要再认真对现行生产工艺及产品进行对照，开展工艺攻关	宋宗华、季申、冯丽、杨立伟、张清波、张立群、罗国安、沈平嬢、刘永利、笔雪艳、屠鹏飞、张卫东、倪健
2018年4月12~13日	国家机关事务管理局东坝服务中心	国标评审会第四次	对各企业68个品种进行了初审，9个品种进行复审。会议初步确定多家提交同一品种，不考虑多家合并，只择优选其中一家标准。并明确质量标准中必须选择合理的指标成分或大类成分并制定其含量限度。特征图谱分离条件需要再优化，限度定±5%或±10%需有数据支持；	宋宗华、张清波、罗国安、黄捷、张立群、毛秀红、陈碧莲、沈平嬢、冯丽、高其品、季申、屠鹏飞、王峥涛、张卫东、倪健、刘永利

续表

时间	地点	会议名称	会议内容	参会人员
2018 年 4 月 12~13 日			要在质量标准中增加中检院对照药材的特征图谱。最后，本次会议形成《配方颗粒质量标准审核意见单》和《中药配方颗粒质量研究审评关注点（初稿）》	
2018 年 4 月 26~27 日	国家机关事务管理局东坝服务中心	国标评审会第五次	对各企业提交的 84 个品种进行评审，初审品种和复审品种各 37 个。本次会议提出在质量标准中增加中检院对照药材的特征图谱，以解决在后续药检所检验过程中，色谱柱、仪器等条件发生改变后，难以判断特征图谱是否合格的问题	宋宗华、罗国安、张清波、徐飞、刘永利、沈平嬢、陈碧莲、冯丽、毛秀红、笔雪艳、张立群、祝明、张卫东
2018 年 5 月 14~15 日	国家机关事务管理局东坝服务中心	国标评审会第六次	对各家提交的 96 个品种进行评审，其中初审品种 30 个，复审品种 66 个。多位专家指出了标准研究的一些共性问题，再次强调质量的重要性，以及多家企业申报同一品种择优的原则	宋宗华、张清波、罗国安、冯丽、张立群、笔雪艳、沈平嬢、钱忠直、王峥涛、聂晶、黄捷、徐飞、陈碧莲、祝明、毛秀红、曹晖
2018 年 5 月 30~31 日	国家机关事务管理局东坝服务中心	国标评审会第七次	对各家提交的 81 个品种进行评审，其中初审品种 16 个，复审品种 65 个。对前期审评情况进行了总结，包括审评中出现的一些共性问题，以及申报资料的格式问题，并确定了多个厂家申报同一品种审评程序	宋宗华、杨立伟、张清波、冯丽、屠鹏飞、祝明、曹晖、徐飞、刘永利、张立群、钱忠直、季申、毛秀红、罗国安、倪健
2018 年 6 月 27~28 日	国家机关事务管理局东坝服务中心	国标评审会第八次	对各家提交的 91 个品种进行评审，其中初审品种 24 个，复审品种 67 个。本次还对前期审评情况进行了总结，并初步确定了部分公示品种名单	宋宗华、祝明、张清波、沈平嬢、冯丽、刘永利、笔雪艳、聂晶、罗国安、张立群、高其品、张卫东、徐飞

续表

时间	地点	会议名称	会议内容	参会人员
2018 年 7 月 31 日 ~8 月 1 日	北京前门建国饭店	国标评审会第九次	对各家提交的 70 个品种进行评审，其中初审品种 14 个，复审品种 56 个，再次确定了部分公示品种名单	宋宗华、罗国安、张清波、沈平孃、冯丽、张立群、季申、祝明、毛秀红、屠鹏飞、毛秀红、钱忠直、李振国、刘永利、陈碧莲
2018 年 9 月 20~21 日	北京前门建国饭店	国标评审会第十次	对各家提交的 85 个品种进行评审，其中初审品种 19 个，复审品种 66 个	宋宗华、陈碧莲、张清波、屠鹏飞、笔雪艳、徐飞、毛秀红、张立群、聂晶、祝明、曹晖、沈平孃、季申、罗国安、王峥涛、高其品、倪健
2018 年 11 月 1~2 日	北京前门建国饭店	国标评审会第十一次	对各家提交的 49 个品种进行评审，其中初审品种 8 个，复审品种 41 个	宋宗华、祝明、张清波、沈平孃、罗国安、冯丽、笔雪艳、钱忠直、周富荣、张立群、毛秀红、杨立伟、刘永利、徐飞、倪健
2018 年 12 月 4~5 日	网络	统稿意见	对前期通过复审的 34 个品种进行标准正文的统稿	宋宗华、冯丽、祝明、张小茜、周富荣
2019 年 1 月 17~18 日	北京前门建国饭店	国标评审会第十二次	对各家提交的 30 个品种进行评审，其中初审品种 2 个，复审品种 28 个。还对前期同意公示的 19 个品种进行标准正文的统稿。六家汇报了相互验证以及第三方复核的情况，专家领导建议各家要抓紧时间相互验证及找第三方检验所复核，要统一战线，尽量共享已有资料，方便大家互相验证工作	宋宗华、张立群、李振国、张小茜、聂晶、曹晖、徐飞、罗国安、周富荣、冯丽、沈平孃、黄捷、祝明
2019 年 3 月 1~2 日	佛山南海区南国桃园枫丹白鹭酒店	六家标准复核讨论会	六家企业分别对开展的第一批 170 个品种国家标准相互复核工作情况进行了详细的汇报和充分的讨论，统一制法模板，形成浸出物只规定下限、特征图谱相对保留时间由规定的 ±5% 放宽为 ±10% 范围等初步意见，对于一些分离度差、峰面积较小的特征峰应酌情删除，以保证方法的重现	北京康仁堂药业有限公司：张志强、高扬、周永康、周晓艳；四川新绿色药业科技发展有限公司：胡昌江、周维、滕娟、姚瑶；华润三九医药股份有限公司：张辉、郑晓英；培力（南宁）药业有限公司：于永明、周坚、农新维、杨梅、黄艳；中国中药控股有限公司：兰青山、刘勇；江阴天江药业有限公司：陈盛君、李松、

续表

时间	地点	会议名称	会议内容	参会人员
2019 年 3 月 1~2 日				张云天、浦香兰、过科家、张宇静；广东一方制药有限公司：魏梅、孙冬梅、陈向东、刘燎原、梁志毅、霍文杰、朱德全、曾昭君、鲁云
2019 年 4 月 11~12 日	佛山市南海区南国桃园枫丹白鹭酒店	中药配方颗粒国家标准专家咨询会	按起草单位的标准主要对特征图谱、浸出物、含量测定进行复核，反馈存在制法表述不统一、特征图谱相对保留时间超范围、含量不在规定范围内、出膏率部分超上限或达不到下限、部分企业制定的标准浸出物范围较窄等	宋宗华、钱忠直、张清波、冯丽、张立群、王京辉、邓继敏、张雪、谭静
2019 年 4 月 22~23 日	安徽省宿迁市砀山县	国标评审会第十三次	对各家提交的 64 个品种进行评审，全部为复审品种。还对同意公示的 49 个品种进行标准正文的统稿	宋宗华、冯丽、罗国安、高其品、祝明、张清波、徐飞、王峥涛、陈碧莲、季申、笔雪艳、杨立伟、曹晖、聂晶
2019 年 6 月 10~11 日	北京江西大酒店	国标评审会第十四次	对六家共同提交的 101 个品种的限度指标情况进行讨论。还对同意公示的 8 个品种进行标准正文的统稿。对计划第一批公示品种进行最后的结论性评审	宋宗华、冯丽、祝明、季申、沈平孃、刘永利、笔雪艳、黄捷、杨立伟、张立群、徐飞、张清波、屠鹏飞
2019 年 6 月 10 日	北京江西大酒店	九家中药配方颗粒企业负责人会议	中国中药控股有限公司（广东一方制药有限公司、江阴天江药业有限公司）、北京康仁堂药业有限责任公司、华润三九医药股份有限公司、四川新绿色药业科技发展股份有限公司、培力（南宁）药业有限公司、神威药业集团有限公司、浙江景岳堂药业有限公司、石家庄以岭药业股份有限公司在北京举行	九家中药配方颗粒生产企业负责人

续表

时间	地点	会议名称	会议内容	参会人员
2019 年 6 月 10 日			联席会议，就中药配方颗粒产业发展的几个关键议题共商对策，达成多项共识；并共同发起成立中国中药协会中药配方颗粒专业委员会，并成立筹备委员会	
2019 年 9 月 24~25 日	佛山市南海区南国桃园枫丹白鹭酒店	中药配方颗粒国家标准复核工作会议	六家企业分别对开展的第一批 165 个品种国家标准相互复核工作及最新的复核情况进行了详细的汇报和充分的讨论	六家企业代表
2019 年 10 月 11~12 日	北京前门建国饭店	国标评审会第十五次	六家中药配方颗粒试点企业对 164 个中药配方颗粒国家标准草案进行了验证，部分品种报送药检所复核，根据大生产验证结果，并结合药检所复核结论，对标准草案修订共同提出相关建议。会议对六家共同提交的 116 个品种的限度指标修订意见进行讨论	宋宗华、张立群、张清波、聂晶、陈碧莲、毛秀红、杨立伟、冯丽、沈平嬢
2019 年 11 月 8 日	国家药监局网站	国家药监局综合司公开征求《中药配方颗粒质量控制与标准制定技术要求（征求意见稿）》意见	第二次征求技术要求意见	/
2019 年 11 月 8 日	国家药典委网站	关于中药配方颗粒品种试点统一标准的公示	公示第一批 160 个中药配方颗粒标准	/
2019 年 12 月 11~12 日	南宁市永恒朗悦酒店	中药配方颗粒国家标准复核工作会议	对 160 个品种国家标准公示稿开展了详尽的讨论，共同最终确定了对其中 97 个品种进行修订，并以六家联合名义向药典委提出标准修订意见	六家企业代表

续表

时间	地点	会议名称	会议内容	参会人员
2020 年 8 月 11~14 日	北京前门建国饭店	标准公示反馈意见评审	专家对六家企业提交的公示反馈意见进行评审	宋宗华、陈碧莲、张清波、徐飞、冯丽、祝明、沈平孃、季申、刘永利、笔雪艳、张立群
2020 年 9 月 3~4 日	北京前门建国饭店	国标评审会第十六次	对各家企业提交的 63 个品种的公示意见进行评审。对企业提出的溶化性修订申请进行评审，最终同意火麻仁配方颗粒等 9 个品种在溶化性检查方法在正文检查项下单列	宋宗华、冯丽、张立群、徐飞、季申、刘永利、祝明、陈碧莲、张清波、杨立伟
2020 年 9 月 27~29 日	北京前门建国饭店	国标评审会第十七次	对各家提交的 42 个品种进行评审，其中初审品种 1 个，复审品种 41 个	宋宗华、季申、沈平孃、祝明、徐飞、黄捷、张立群、笔雪艳、李振国、陈碧莲、冯丽、周跃华、张清波
2021 年 1 月 26 日	国家药监局网站	国家药监局关于发布《中药配方颗粒质量控制与标准制定技术要求》的通告	正式发布技术要求	/
2021 年 4 月 7 日	北京前门建国饭店	国标评审会第十八次	对各家提交的 48 个品种进行评审，全部为初审品种	宋宗华、杨立伟、冯丽、陈碧莲、徐飞、沈平孃、王峥涛、罗跃华、罗国安、刘永利、祝明、张清波、聂晶、屠鹏飞
2021 年 4 月 26 日	网络评审	复审	对各家提交的 17 个品种进行评审，全部为复审品种	宋宗华、冯丽、祝明、毛秀红
2021 年 4 月 29 日	国家药监局网站	国家药监局批准颁布第一批中药配方颗粒国家药品标准	正式颁布第一批 160 个品种	/

表 3-4　第一批 160 个中药配方颗粒国家标准正式发布前的评审品种情况

申报企业	提交评审品种
第一次评审会（2017 年 9 月 6~7 日）	
广东一方制药有限公司	白芍、炒白芍、鱼腥草、茵陈
江阴天江药业有限公司	黄芪、炙黄芪、白术

续表

申报企业	提交评审品种
	第二次评审会（2018 年 1 月 13~14 日）
广东一方制药有限公司	柏子仁、黄柏、盐黄柏、板蓝根、连翘、佛手、续断、延胡索、射干、半枝莲、龙胆、栀子、川芎、牛膝、青皮、醋青皮、白术、麸炒白术
江阴天江药业有限公司	山楂、焦山楂、甘草、炙甘草、乌药、玄参、生地黄、熟地黄、天麻、牛蒡子、炒牛蒡子、当归、酒当归、车前子、盐车前子
	第三次评审会（2018 年 3 月 28~29 日）
广东一方制药有限公司	初审：半枝莲、墨旱莲、紫花地丁、厚朴、姜厚朴、酒萸肉、山萸肉、菟丝子、野菊花、土茯苓、合欢皮
北京康仁堂药业有限公司	初审：葛根、款冬花、蜜款冬花、泽泻、炙甘草、金银花、乌药、当归、银柴胡、北柴胡、醋北柴胡、木蝴蝶、独活、炮姜、首乌藤、盐知母、苦参、木香、川芎、苍术、麸炒苍术、生地黄、熟地黄、瞿麦
四川新绿色药业科技发展有限公司	初审：枇杷叶、蜜枇杷叶、桃仁、栀子、炒栀子、焦栀子、川芎、丹参、酒丹参、天麻
华润三九医药股份有限公司	初审：金银花
培力（南宁）药业有限公司	初审：菊花、大枣、莱菔子、夏枯草、肿节风
	第四次评审会（2018 年 4 月 12~13 日）
广东一方制药有限公司	初审：柏子仁、佛手、青皮、醋青皮、丹参、防风、栀子、炒栀子、焦栀子、龙胆、盐黄柏、黄柏、射干、生姜、绵茵陈、牛膝、虎杖、旋覆花、蜜旋覆花、地骨皮、菊花、杜仲、盐杜仲、连翘、白芍、炒白芍、延胡索、醋延胡索 复审：半枝莲
江阴天江药业有限公司	初审：泽泻、枇杷叶、蜜枇杷叶、续断、盐续断、白术、麸炒白术、酒黄芩、黄芩、黄连、当归、酒当归、葛根、焦山楂（山里红）、山楂（山里红）、板蓝根、酒女贞子、女贞子、干姜、甘草、炙甘草、苦参、牛蒡子、炒牛蒡子、补骨脂、盐补骨脂、乌药、制何首乌、生何首乌、大枣、赤芍、玄参、天麻、车前子、盐车前子、熟地黄、生地黄、川芎、金银花
北京康仁堂药业有限公司	复审：葛根、款冬花、乌药、瞿麦、泽泻
华润三九医药股份有限公司	初审：玄参★ 复审：金银花
培力（南宁）药业有限公司	复审：莱菔子、肿节风
	第五次评审会（2018 年 4 月 26~27 日）
广东一方制药有限公司	初审：虎杖、泽兰、升麻、酒萸肉、首乌藤、蜜桑白皮、桑白皮、百合、蜜百合、陈皮、枳壳、麸炒枳壳、淡竹叶、白芷、菟丝子、盐菟丝子、鱼腥草、夏枯草、百部、蜜百部 复审：土茯苓、白芍、炒白芍、延胡索★、醋延胡索★、紫花地丁、山茱萸、合欢皮、连翘、厚朴、姜厚朴、黄柏、射干★、龙胆、防风★、杜仲、盐杜仲、墨旱莲、牛膝

续表

申报企业	提交评审品种
江阴天江药业有限公司	初审：黄芪★、蒺藜、炒蒺藜、桑椹、川牛膝、骨碎补、苦参 复审：续断、盐续断、炙甘草、女贞子、酒女贞子、补骨脂、盐补骨脂、生地黄、熟地黄、生何首乌、干姜、黄芩★、酒黄芩★、黄连★、当归★、酒当归★、甘草★、乌药、制何首乌
北京康仁堂药业有限公司	初审：木蝴蝶、首乌藤 复审：葛根★、款冬花、泽泻、乌药
四川新绿色药业科技发展有限公司	初审：防己、大青叶、粉葛、天花粉
华润三九医药股份有限公司	初审：首乌藤 复审：金银花★
培力（南宁）药业有限公司	初审：炒莱菔子、苦杏仁、炒苦杏仁 复审：菊花、莱菔子、肿节风、夏枯草
天士力医药集团股份有限公司	初审：丹参
第六次评审会（2018 年 5 月 14~15 日）	
广东一方制药有限公司	初审：麸炒苍术、车前草、独活 复审：白芷、半枝莲、山茱萸★、酒萸肉★、厚朴、姜厚朴、野菊花、龙胆、牛膝、升麻★、合欢皮、白芍★、炒白芍、黄柏、盐黄柏、夏枯草、鱼腥草、墨旱莲、菊花★、炒栀子、焦栀子、栀子
江阴天江药业有限公司	初审：钩藤、桂枝、紫菀、蜜紫菀 复审：补骨脂、盐补骨脂、车前子、川牛膝★、川芎、大枣、骨碎补、女贞子、酒女贞子、枇杷叶、蜜枇杷叶、生地黄、熟地黄、盐车前子、甘草★、炙甘草、干姜、生何首乌、制何首乌、牛蒡子、炒牛蒡子、天麻★、乌药★
北京康仁堂药业有限公司	初审：秦艽（粗茎秦艽）、益母草、麸炒苍术、金银花、蜜款冬花、木香、生地黄、熟地黄、知母、盐知母、白鲜皮、银柴胡、炙甘草、炮姜、瓜蒌 复审：木蝴蝶、瞿麦、独活★
四川新绿色药业科技发展有限公司	初审：白鲜皮、炒桃仁、燀桃仁 复审：天花粉、粉葛、枇杷叶、蜜枇杷叶、桃仁、栀子、炒栀子、焦栀子、川芎、酒丹参
华润三九医药股份有限公司	初审：野菊花、枳实、侧柏叶
培力（南宁）药业有限公司	初审：党参、忍冬藤 复审：大枣、莱菔子、炒莱菔子、苦杏仁、炒苦杏仁、肿节风★、夏枯草
第七次评审会（2018 年 5 月 30~31 日）	
广东一方制药有限公司	初审：红花 复审：白芷★、淡竹叶、半枝莲★、生姜、合欢皮、厚朴、姜厚朴、黄柏★、盐黄柏★、龙胆★、牛膝、青皮、醋青皮、山萸肉★、酒萸肉★、升麻★、菟丝子、盐菟丝子、绵茵陈、鱼腥草★、泽兰★、枳壳、麸炒枳壳

续表

申报企业	提交评审品种
江阴天江药业有限公司	初审：地肤子 复审：山楂（山里红）、焦山楂（山里红）、泽泻、板蓝根、补骨脂★、盐补骨脂★、车前子、盐车前子、川牛膝、炙甘草、干姜、钩藤、骨碎补★、牛蒡子★、炒牛蒡子★、生地黄★、熟地黄★、续断★、盐续断
北京康仁堂药业有限公司	初审：荆芥、薄荷、北柴胡、醋北柴胡、广藿香、苦参、肉桂 复审：款冬花★、蜜款冬花★、秦艽（粗茎秦艽）★、益母草、炙甘草、炮姜、何首乌★、制何首乌★、木蝴蝶、木香、生地黄、熟地黄、首乌藤
四川新绿色药业科技发展有限公司	初审：板蓝根 复审：大青叶、酒丹参、防己、粉葛、荷叶、枇杷叶、蜜枇杷叶、天花粉
华润三九医药股份有限公司	初审：桑叶、五味子、醋五味子、淫羊藿、炙淫羊藿、麸炒枳实、赤芍★ 复审：侧柏叶★、枳实★、野菊花★
神威药业集团有限公司	初审：槐花（槐花）、合欢花（合欢花）
第八次评审会（2018 年 6 月 27~28 日）	
广东一方制药有限公司	初审：广金钱草、金钱草、酸枣仁、炒酸枣仁、淫羊藿、灵芝 复审：百部★、蜜百部★、麸炒苍术、陈皮、淡竹叶、地骨皮、佛手★、生姜、厚朴、姜厚朴、连翘、牛膝★、青皮、醋青皮、土茯苓、菟丝子★、盐菟丝子★、绵茵陈★、枳壳★、麸炒枳壳★、桑白皮、蜜桑白皮、旋覆花★、蜜旋覆花★、红花
江阴天江药业有限公司	初审：白芷（杭白芷）、川芎、大黄（药用大黄）、秦皮（尖叶白蜡树）、远志 复审：大枣★、地肤子、炙甘草、干姜★、苦参、女贞子★、酒女贞子★、山楂★、盐续断★、焦山楂★、泽泻
北京康仁堂药业有限公司	初审：苍术 复审：荆芥★、益母草、北柴胡★、醋北柴胡★、瓜蒌、苦参★、木蝴蝶★、木香★、肉桂、泽泻★、知母、盐知母、白鲜皮、麸炒苍术、炙甘草（甘草）★
四川新绿色药业科技发展有限公司	初审：香橼、炒王不留行、炒紫苏子、桑枝、川射干、烫骨碎补、槐角、蜜槐角 复审：白鲜皮★、川芎★、桃仁、炒桃仁、燀桃仁、桑白皮★、蜜桑白皮★
华润三九医药股份有限公司	初审：红花、酸枣仁、炒酸枣仁 复审：麸炒枳实★、淫羊藿、炙淫羊藿、五味子、醋五味子、桑叶
培力（南宁）药业有限公司	初审：桑寄生 复审：党参、燀苦杏仁★、忍冬藤 统稿：肿节风
神威药业集团有限公司	复审：槐花（槐花）★

续表

<table>
<tr><th>申报企业</th><th>提交评审品种</th></tr>
<tr><td colspan="2">第九次评审会（2018 年 7 月 31 日 ~8 月 1 日）</td></tr>
<tr><td>广东一方制药有限公司</td><td>初审：炒苍耳子、麸炒薏苡仁★、蛇床子
复审：麸炒苍术、车前草★、淡竹叶、地骨皮、生姜、合欢皮★、厚朴★、姜厚朴★、金钱草、连翘、灵芝、青皮（个青皮）、醋青皮、土茯苓★、紫花地丁、旋覆花★、蜜旋覆花★、酸枣仁★、炒酸枣仁★、淫羊藿★</td></tr>
<tr><td>江阴天江药业有限公司</td><td>初审：酒大黄（药用大黄）、熟大黄（药用大黄）、苏木、制远志、蜜远志
复审：车前子★、盐车前子★、白芷（杭白芷）、大黄（药用大黄）★、地肤子、钩藤、炒蒺藜、紫菀、蜜紫菀、秦皮（尖叶白蜡树）、远志</td></tr>
<tr><td>北京康仁堂药业有限公司</td><td>复审：益母草、薄荷★、苍术、麸炒苍术、瓜蒌、肉桂★、首乌藤★、知母★、盐知母★</td></tr>
<tr><td>四川新绿色药业科技发展有限公司</td><td>初审：蒲公英、前胡、紫苏子、王不留行
复审：炒桃仁、焯桃仁、香橼、炒紫苏子、烫骨碎补、槐角★、蜜槐角★、桑枝★</td></tr>
<tr><td>华润三九医药股份有限公司</td><td>复审：红花、桑叶、酸枣仁、炒酸枣仁、淫羊藿、炙淫羊藿★</td></tr>
<tr><td>培力（南宁）药业有限公司</td><td>初审：肉苁蓉、酒苁蓉
复审：党参、忍冬藤
统稿：炒莱菔子</td></tr>
<tr><td>天士力医药集团股份有限公司</td><td>复审：丹参★</td></tr>
<tr><td>神威药业集团有限公司</td><td>复审：合欢花（合欢花）</td></tr>
<tr><td colspan="2">第十次评审会（2018 年 9 月 20~21 日）</td></tr>
<tr><td>广东一方制药有限公司</td><td>初审：焯桃仁、北沙参
复审：柏子仁、麸炒苍术、炒苍耳子、车前草★、淡竹叶★、广金钱草★、厚朴★、姜厚朴★、金钱草★、灵芝、墨旱莲★、青皮（个青皮）、醋青皮（四花青皮）★、栀子、炒栀子、焦栀子、紫花地丁★、酸枣仁★、炒酸枣仁★、蛇床子★、苍术、青皮（四花青皮）、醋青皮（个青皮）</td></tr>
<tr><td>江阴天江药业有限公司</td><td>初审：火麻仁、炒火麻仁、鸡血藤、五味子、醋五味子
复审：白术、麸炒白术、白芷（杭白芷）★、酒大黄（药用大黄）、熟大黄（药用大黄）、地肤子★、钩藤★、炒蒺藜、紫菀、蜜紫菀、秦皮（尖叶白蜡树）、远志（远志）、制远志（远志）、乌梅★</td></tr>
<tr><td>北京康仁堂药业有限公司</td><td>初审：牡丹皮、乌梅、吴茱萸、制吴茱萸、细辛、巴戟天、制巴戟天、酒苁蓉（肉苁蓉）
复审：益母草★、苍术、麸炒苍术、瓜蒌★、首乌藤
统稿：知母、盐知母</td></tr>
<tr><td>四川新绿色药业科技发展有限公司</td><td>初审：荷叶炭、麻黄、蜜麻黄
复审：蒲公英★、前胡★、桃仁★、炒桃仁、焯桃仁★、栀子★、炒栀子★、焦栀子★、香橼★、王不留行★、炒王不留行、紫苏子★、炒紫苏子、川射干、桑枝★、烫骨碎补</td></tr>
</table>

续表

申报企业	提交评审品种
华润三九医药股份有限公司	复审：桑叶★、五味子、醋五味子
培力（南宁）药业有限公司	初审：桔梗 复审：党参、肉苁蓉、酒苁蓉、桑寄生、忍冬藤 统稿：莱菔子、苦杏仁、炒苦杏仁、夏枯草
神威药业集团有限公司	复审：合欢花（合欢花） 统稿：槐花（槐花）
第十一次评审会（2018 年 11 月 1~2 日）	
广东一方制药有限公司	初审：茯苓、炒桃仁、青皮（四花青皮）、醋青皮（个青皮） 复审：百合★、蜜百合★、地骨皮、灵芝（赤芝）★、墨旱莲★、青皮（个青皮）、醋青皮（四花青皮）、酸枣仁、炒酸枣仁
江阴天江药业有限公司	复审：白术、麸炒白术、川牛膝★、酒大黄（药用大黄）★、熟大黄（药用大黄）★、火麻仁★、炒火麻仁、鸡血藤★、炒蒺藜★、紫菀★、蜜紫菀★、秦皮（尖叶白蜡树）★、桑椹、苏木、远志（远志）、制远志（远志）
北京康仁堂药业有限公司	复审：苍术、吴茱萸、制吴茱萸、巴戟天★、制巴戟天★、酒苁蓉（肉苁蓉）、细辛、炮姜
四川新绿色药业科技发展有限公司	初审：罗布麻叶、香附 复审：炒桃仁★、炒王不留行★、炒紫苏子、川射干★、烫骨碎补★
华润三九医药股份有限公司	初审：人参、蛇床子
培力（南宁）药业有限公司	复审：肉苁蓉、酒苁蓉、桑寄生 统稿：焯苦杏仁
神威药业集团有限公司	复审：合欢花（合欢花）
统稿（2018 年 12 月 4~5 日）	
广东一方制药有限公司	复审：车前草、金钱草、厚朴
江阴天江药业有限公司	统稿：炒蒺藜、白芷（杭白芷）、钩藤、川牛膝、远志、秦皮（尖叶白蜡树）、紫菀、蜜紫菀、大黄（药用大黄）、熟大黄（药用大黄）、酒大黄（药用大黄）、火麻仁、鸡血藤、骨碎补
四川新绿色药业科技发展有限公司	统稿：酒丹参、荷叶、粉葛、防己、大青叶、板蓝根、川芎、白鲜皮、川射干、王不留行、炒王不留行、桑白皮、蜜桑白皮、桃仁、炒桃仁、焯桃仁、栀子、炒栀子、焦栀子
培力（南宁）药业有限公司	统稿：桑寄生
天士力医药集团股份有限公司	统稿：丹参
神威药业集团有限公司	统稿：合欢花（合欢花）
第十二次评审会（2019 年 1 月 17~18 日）	
广东一方制药有限公司	初审：党参 复审：蛇床子、炒苍耳子、醋青皮（个青皮）、醋青皮（四花青皮）、青皮（个青皮）、青皮（四花青皮）、酸枣仁、炒酸枣仁 标准修订：延胡索、醋延胡索、蜜百部（对叶百部）、厚朴、姜厚朴、紫花地丁、枳壳、麸炒枳壳 统稿：车前草、旋覆花、麸炒薏苡仁

续表

申报企业	提交评审品种
江阴天江药业有限公司	复审：苏木★、白术★、麸炒白术★、桑椹★ 统稿复审：盐续断、当归、酒当归、车前子（车前）、盐车前子（车前）、黄连（黄连）、山楂（山里红）、焦山楂（山里红）、鸡血藤、钩藤（钩藤）、骨碎补、地肤子、炒蒺藜、酒黄芩、黄芩、干姜
北京康仁堂药业有限公司	复审：苍术、炮姜
四川新绿色药业科技发展有限公司	初审：醋香附 复审：麻黄、蜜麻黄、炒紫苏子、蒲公英
华润三九医药股份有限公司	复审：人参
培力（南宁）药业有限公司	复审：党参★
第十三次评审会（2019 年 4 月 22~23 日）	
广东一方制药有限公司	修订复审：白芍、炒白芍、白芷、百合、蜜百合、半枝莲、车前草、陈皮、淡竹叶、杜仲、盐杜仲、防风、佛手、生姜、广金钱草、厚朴、姜厚朴、金钱草、菊花、墨旱莲、牛膝、土茯苓、菟丝子、盐菟丝子、山萸肉、酒萸肉、延胡索、醋延胡索、麸炒薏苡仁、枳壳、麸炒枳壳、紫花地丁
江阴天江药业有限公司	统稿复审：酒大黄（药用大黄）、大枣、当归、酒当归、地肤子、甘草（甘草）、钩藤、黄连、黄芪（蒙古黄芪）、炒蒺藜、乌药、续断、盐续断、玄参、远志、乌梅
北京康仁堂药业有限公司	复审：薄荷、北柴胡、醋北柴胡、麸炒苍术、独活、炙甘草、葛根、瓜蒌、广藿香、何首乌、制何首乌、荆芥、苦参、款冬花、蜜款冬花、木蝴蝶、木香、秦艽（粗茎秦艽）、首乌藤、益母草、泽泻、知母、盐知母、巴戟天
四川新绿色药业科技发展有限公司	统稿复审：白鲜皮、板蓝根、大青叶、酒丹参、防己、荷叶、桑枝、蜜枇杷叶、前胡、天花粉、香橼、王不留行、炒王不留行、桑白皮、蜜桑白皮、川射干、烫骨碎补、槐角、蜜槐角、栀子、炒栀子、焦栀子、桃仁、炒桃仁、燀桃仁、紫苏子、蒲公英、枇杷叶、川芎
华润三九医药股份有限公司	统稿复审：赤芍、金银花、野菊花、侧柏叶
培力（南宁）药业有限公司	修订复审：肿节风、莱菔子、炒莱菔子、桑寄生、苦杏仁、炒苦杏仁、燀苦杏仁、夏枯草
第十四次评审会（2019 年 6 月 10~11 日）	
广东一方制药有限公司	修订复审：射干、泽兰、醋延胡索、延胡索、龙胆、合欢皮、灵芝（赤芝）、杜仲、盐杜仲、枳壳、麸炒枳壳、麸炒薏苡仁、旋覆花、蜜旋覆花、淫羊藿、陈皮、茵陈、鱼腥草、百部、蜜百部、半枝莲、广金钱草、牛膝、车前草、虎杖、金钱草、佛手、白芷、防风、厚朴、姜厚朴、淡竹叶、土茯苓、生姜、炒白芍、升麻、菊花、墨旱莲、紫花地丁、盐菟丝子、菟丝子、盐黄柏、黄柏、蜜百合、百合、白芍

续表

申报企业	提交评审品种
北京康仁堂药业有限公司	修订复审：葛根、荆芥、款冬花、秦艽（粗茎秦艽）、益母草、知母、盐知母、何首乌、款冬花、蜜款冬花、麸炒苍术、泽泻、醋北柴胡、北柴胡、木香、肉桂、木蝴蝶、苦参、独活、瓜蒌、炙甘草（甘草）、薄荷、广藿香、巴戟天
四川新绿色药业科技发展有限公司	修订复审：白鲜皮、板蓝根、𬌗桃仁、炒桃仁、炒王不留行、炒栀子、川射干、大青叶、防己、荷叶、槐角、焦栀子、酒丹参、蜜槐角、蜜枇杷叶、蜜桑白皮、前胡、桑枝、烫骨碎补、桃仁、天花粉、王不留行、香橼、栀子
华润三九医药股份有限公司	统稿复审：侧柏叶、赤芍、枳实、麸炒枳实、野菊花、桑叶、金银花、炙淫羊藿
培力（南宁）药业有限公司	修订复审：肿节风、莱菔子、炒莱菔子、桑寄生、苦杏仁、炒苦杏仁、𬌗苦杏仁、夏枯草
第十五次评审会（2019 年 10 月 11~12 日）	
广东一方制药有限公司	修订复审：射干、泽兰、醋延胡索、延胡索、龙胆、合欢皮、灵芝（赤芝）、杜仲、盐杜仲、枳壳、麸炒枳壳、麸炒薏苡仁、旋覆花、蜜旋覆花、淫羊藿、陈皮、茵陈、鱼腥草、百部、蜜百部、半枝莲、广金钱草、牛膝、车前草、虎杖、金钱草、佛手、白芷、防风、厚朴、姜厚朴、淡竹叶、土茯苓、生姜、炒白芍、升麻、菊花、墨旱莲、紫花地丁、盐菟丝子、菟丝子、盐黄柏、黄柏、蜜百合、百合、白芍
江阴天江药业有限公司	修订复审：半枝莲、车前草、陈皮、淡竹叶、防风、生姜、合欢皮、厚朴、姜厚朴、虎杖、黄柏、金钱草、菊花、灵芝、墨旱莲、牛膝、山萸肉、酒萸肉、菟丝子、盐菟丝子、醋延胡索、麸炒薏苡仁、鱼腥草、枳壳、紫花地丁、旋覆花、淫羊藿
北京康仁堂药业有限公司	修订复审：薄荷、麸炒苍术、独活、炙甘草（甘草）、瓜蒌、广藿香、何首乌、制何首乌、荆芥、苦参、款冬花、蜜款冬花、木香、秦艽（粗茎秦艽）、首乌藤、益母草、泽泻、知母、盐知母、巴戟天
四川新绿色药业科技发展有限公司	修订复审：白鲜皮、防己、蒲公英、桃仁、天花粉、炒栀子、焦栀子、香橼、王不留行、炒王不留行、紫苏子、桑白皮、蜜桑白皮、烫骨碎补、槐角、蜜槐角
培力（南宁）药业有限公司	修订复审：肿节风、莱菔子、炒莱菔子、桑寄生、苦杏仁、炒苦杏仁、𬌗苦杏仁、夏枯草
安徽九洲方圆制药有限公司	炙甘草（胀果甘草）
公示标准反馈会（2020 年 8 月 11~14 日）	
广东一方制药有限公司	修订复审：白芷、延胡索、醋延胡索、淡竹叶、防风、麸炒薏苡仁、厚朴、虎杖、姜厚朴、生姜、菟丝子、盐菟丝子、淫羊藿
江阴天江药业有限公司	修订复审：远志（远志）、天麻、生地黄、熟地黄、牛蒡子、炒牛蒡子、黄连（黄连）、黄芪（蒙古黄芪）、钩藤（钩藤）、干姜
北京康仁堂药业有限公司	修订复审：薄荷、北柴胡、醋北柴胡、独活、麸炒苍术、何首乌、苦参、款冬花、蜜款冬花、肉桂、首乌藤、泽泻、制何首乌、炙甘草（甘草）

续表

申报企业	提交评审品种
神威药业集团有限公司	修订复审：槐花（槐花）、合欢花（合欢花）
四川新绿色药业科技发展有限公司	修订复审：白鲜皮、焯桃仁、炒桃仁、炒王不留行、炒栀子、川射干、大青叶、焦栀子、蜜桑白皮、蒲公英、桑白皮、桑枝、桃仁、天花粉、王不留行、紫苏子、栀子
培力（南宁）药业有限公司	修订复审：肿节风、莱菔子、炒莱菔子、桑寄生、苦杏仁、炒苦杏仁、焯苦杏仁、夏枯草
第十六次评审会（2020 年 9 月 3~4 日）	
广东一方制药有限公司	修订复审：白芍、百部、百合、半枝莲、炒白芍、车前草、陈皮、杜仲、麸炒枳壳、佛手、广金钱草、黄柏、金钱草、酒萸肉、菊花、灵芝、龙胆、蜜百部、蜜百合、蜜旋覆花、墨旱莲、牛膝、山萸肉、射干、土茯苓、旋覆花、盐杜仲、盐黄柏、茵陈、鱼腥草、泽兰、枳壳、紫花地丁、麸炒薏苡仁
江阴天江药业有限公司	修订复审：川牛膝、地肤子、火麻仁、补骨脂、盐补骨脂、车前子（车前）、盐车前子（车前）、酒大黄（药用大黄）、山楂（山里红）、焦山楂（山里红）、黄芪（蒙古黄芪）、女贞子、酒女贞子、天麻、远志（远志）、生地黄、熟地黄、秦皮（尖叶白蜡树）、当归、酒当归、紫菀、蜜紫菀、鸡血藤
北京康仁堂药业有限公司	巴戟天、葛根、荆芥、秦艽（粗茎秦艽）、益母草、泽泻
第十七次评审会（2020 年 9 月 27~29 日）	
广东一方制药有限公司	复审：陈皮、地骨皮、黄柏、酒萸肉、生姜、枳壳
江阴天江药业有限公司	复审：干姜、制远志（远志）、炒火麻仁、秦皮（尖叶白蜡树）
北京康仁堂药业有限公司	复审：巴戟天、薄荷、北柴胡、苍术、醋北柴胡、何首乌、酒苁蓉、吴茱萸、制何首乌、制吴茱萸
培力（南宁）药业有限公司	复审：蒲公英、罗布麻叶★
安徽九洲方圆制药有限公司	炙甘草（胀果甘草）★
第十八次评审会（2021 年 4 月 7 日）	
广东一方制药有限公司	复审：炒苍耳子、青皮（个青皮）★、青皮（四花青皮）★、醋青皮（个青皮）★、醋青皮（四花青皮）★、蛇床子★、炒酸枣仁、酸枣仁
江阴天江药业有限公司	初审：槟榔、炒槟榔、焦槟榔、石榴皮、芦根、山豆根、刺五加、萹蓄、胡黄连 复审：制远志（远志）、炒蒺藜、炒火麻仁 统稿：白术、麸炒白术、苏木、桑椹
北京康仁堂药业有限公司	初审：烫狗脊、萹蓄、胡黄连、密蒙花、山豆根、刺五加、槟榔、焦槟榔、芦根、白茅根、浙贝母、月季花、小蓟、藁本、红景天 复审：瓜蒌、广藿香、酒苁蓉（肉苁蓉）、瞿麦（石竹） 统稿：木香、炮姜、吴茱萸、制吴茱萸、制巴戟天、苍术、木蝴蝶
四川新绿色药业科技发展有限公司	复审：炒紫苏子、罗布麻叶、香附、醋香附、麻黄、蜜麻黄

续表

申报企业	提交评审品种
华润三九医药股份有限公司	初审：酒苁蓉 复审：酸枣仁、炒酸枣仁、人参★
复审（2021 年 4 月 26 日）	
广东一方制药有限公司	复审：炒苍耳子、青皮（个青皮）、青皮（四花青皮）、醋青皮（个青皮）、醋青皮（四花青皮）、蛇床子
江阴天江药业有限公司	复审：制远志、炒蒺藜、炒火麻仁
四川新绿色药业科技发展有限公司	复审：麻黄、蜜麻黄
华润三九医药股份有限公司	酸枣仁★、炒酸枣仁★
培力（南宁）药业有限公司	桔梗★、党参★、肉苁蓉★、酒苁蓉★

注：★品种为评审同意公示或补充研究后同意公示。

三、中药配方颗粒国家标准颁布情况

2021 年 2 月 10 日国家药品监督管理局、国家中医药管理局、国家卫生健康委员会、国家医疗保障局联合发布《公告》，该《公告》于 2021 年 11 月 1 日起正式实施。2021 年 4 月国家药监局颁布了《国家药监局批准颁布第一批中药配方颗粒国家标准》，共 160 个品种，为《公告》正式实施奠定了坚实的基础。

截至 2024 年 6 月，国家药监局共颁布了 6 批中药配方颗粒国家标准，共 296 个品种，具体颁布时间及品种清单见表 3–5，中药配方颗粒国家标准 296 个品种起草单位见附录 3。

表 3–5　中药配方颗粒 296 个国家标准颁布时间及品种表

序号	发布批次	发布数量	品种名称
1	第一批发布（2021 年 4 月 29 日）	160	巴戟天、白芍、白鲜皮、白芷（白芷）、白芷（杭白芷）、百部（对叶百部）、百合（卷丹）、板蓝根、半枝莲、薄荷、北柴胡、补骨脂、侧柏叶、焯苦杏仁（西伯利亚杏）、焯桃仁（桃）、炒白芍、炒苦杏仁（西伯利亚杏）、炒莱菔子、炒牛蒡子、炒桃仁（桃）、炒王不留行、炒栀子、车前草（车前）、车前子（车前）、陈皮、赤芍（芍药）、川牛膝、川射干、川芎、醋北柴胡、醋延胡索、大黄（药用大黄）、大青叶、大枣、丹参、淡竹叶、当归、地肤子、独活、杜仲、防风、防己、粉葛、佛手、麸炒苍术（北苍术）、麸炒薏苡仁、麸炒枳壳、麸炒枳实（酸橙）、甘草（甘草）、干姜、葛根、钩藤（钩藤）、骨碎补、广金钱草、合欢花（合欢花）、合欢皮、何首乌、荷叶、厚朴（厚朴）、虎杖、槐花（槐花）、槐角、黄柏、黄连（黄连）、黄芪（蒙古黄芪）、黄芩、火麻仁、鸡血

续表

序号	发布批次	发布数量	品种名称
1	第一批发布（2021年4月29日）	160	藤、姜厚朴（厚朴）、焦山楂（山里红）、焦栀子、金钱草、金银花、荆芥、酒大黄（药用大黄）、酒丹参、酒当归、酒黄芩、酒女贞子、酒萸肉、菊花、苦参、苦杏仁（西伯利亚杏）、款冬花、莱菔子、灵芝（赤芝）、龙胆（龙胆）、蜜百部（对叶百部）、蜜百合（卷丹）、蜜槐角、蜜款冬花、蜜枇杷叶、蜜桑白皮、蜜旋覆花（旋覆花）、蜜紫菀、墨旱莲、牛蒡子、牛膝、女贞子、枇杷叶、蒲公英（碱地蒲公英）、前胡、秦艽（粗茎秦艽）、秦皮（尖叶白蜡树）、肉桂、桑白皮、桑寄生、桑叶、桑枝、山萸肉、山楂（山里红）、射干、升麻（大三叶升麻）、生姜、生地黄、首乌藤、熟大黄（药用大黄）、熟地黄、烫骨碎补、桃仁（桃）、天花粉（栝楼）、天麻、土茯苓、菟丝子（南方菟丝子）、王不留行、乌梅、乌药、夏枯草、香橼（香圆）、续断、玄参、旋覆花（旋覆花）、延胡索、盐补骨脂、盐车前子（车前）、盐杜仲、盐黄柏、盐菟丝子（南方菟丝子）、盐续断、盐知母、野菊花、益母草、茵陈［滨蒿（绵茵陈）］、淫羊藿（淫羊藿）、鱼腥草、远志（远志）、泽兰、泽泻、知母、栀子、枳壳、枳实（酸橙）、制何首乌、炙甘草（胀果甘草）、炙甘草（甘草）、炙淫羊藿（淫羊藿）、肿节风、紫花地丁、紫苏子、紫菀
2	第二批发布（2021年11月2日）	36	白术、苍术（北苍术）、炒苍耳子、炒火麻仁、炒蒺藜、炒酸枣仁、炒紫苏子、醋青皮（个青皮）、醋青皮（四花青皮）、醋香附、党参（党参）、麸炒白术、瓜蒌（栝楼）、蒺藜、酒苁蓉（管花肉苁蓉）、酒苁蓉（肉苁蓉）、桔梗、连翘（青翘）、罗布麻叶、木蝴蝶、木香、炮姜、青皮（个青皮）、青皮（四花青皮）、瞿麦（石竹）、人参、肉苁蓉（管花肉苁蓉）、桑椹、蛇床子、苏木、酸枣仁、吴茱萸（吴茱萸）、香附、制巴戟天、制吴茱萸（吴茱萸）、制远志（远志）
3	第三批发布（2022年6月13日）	4	广藿香、麻黄（草麻黄）、蜜麻黄（草麻黄）、忍冬藤
4	第四批发布（2023年2月1日）	48	炒槐花（槐花）、矮地茶、北沙参、萹蓄、槟榔、侧柏炭、炒槟榔、炒山楂（山里红）、赤芍（川赤芍）、赤小豆（赤小豆）、穿心莲、刺五加、大黄（掌叶大黄）、藁本（辽藁本）、瓜蒌子（栝楼）、红花、红景天、胡黄连、化橘红（柚）、积雪草、焦槟榔、金樱子肉、锦灯笼、酒川牛膝、酒大黄（掌叶大黄）、酒黄连（黄连）、橘红、两面针、鹿衔草（鹿蹄草）、罗汉果、麦冬（川麦冬）、麦冬（浙麦冬）、密蒙花、木棉花、木贼、青葙子、沙苑子、山豆根、石榴皮、太子参、小蓟、小蓟炭、辛夷（望春花）、盐沙苑子、盐泽泻（东方泽泻）、浙贝母、炙黄芪（蒙古黄芪）、紫苏梗
5	第五批发布（2023年8月15日）	17	布渣叶、五味子、醋五味子、南五味子、醋南五味子、大蓟、姜黄、筋骨草、酒白芍、酒续断、龙胆（坚龙胆）、龙脷叶、玫瑰花、青蒿、山银花（灰毡毛忍冬）、石韦（有柄石韦）、熟大黄（掌叶大黄）

续表

序号	发布批次	发布数量	品种名称
6	第六批发布（2024 年 1 月 29 日）	31	木芙蓉叶、艾叶、浮萍、两头尖、白前（柳叶白前）、荜茇、炒瓜蒌子（栝楼）、牵牛子（裂叶牵牛）、炒牵牛子（裂叶牵牛）、赤小豆（赤豆）、重楼（云南重楼）、大腹皮（大腹皮）、大黄（唐古特大黄）、酒大黄（唐古特大黄）、熟大黄（唐古特大黄）、地榆炭（地榆）、覆盆子、贯叶金丝桃、荔枝核、盐荔枝核、络石藤、白茅根、马鞭草、羌活（羌活）、蔓荆子（单叶蔓荆）、炒蔓荆子（单叶蔓荆）、青风藤（青藤）、垂盆草、猫爪草、蒲黄（水烛香蒲）、蒲黄炭（水烛香蒲）

第四节　中药配方颗粒省级标准研究阶段

中药配方颗粒省级标准研究阶段是指从 2021 年至今。

一、原六家国家试点企业组成六家联盟申报中药配方颗粒省标

根据《公告》要求："中药配方颗粒应当符合国家药品标准，国家药品标准没有规定的，应当符合省级药品监督管理部门制定的标准。不具有国家药品标准或省级药品监督管理部门制定标准的中药配方颗粒不得上市销售。国家药典委员会结合试点工作经验组织审定中药配方颗粒的国家药品标准，分批公布。省级药品监督管理部门制定的标准应当符合《中药配方颗粒质量控制与标准制定技术要求》的规定。中药配方颗粒国家药品标准颁布实施后，省级药品监督管理部门制定的相应标准即行废止。""跨省销售使用中药配方颗粒的，生产企业应当报使用地省级药品监督管理部门备案。无国家药品标准的中药配方颗粒跨省使用的，应当符合使用地省级药品监督管理部门制定的标准。"

中药配方颗粒省级标准的制定关系中药配方颗粒行业健康发展，为加快省标公布进度，同时也为跨省销售备案做准备，2021 年 4 月原六家国家试点生产企业在北京召开会议，会议决定原六家国家试点生产企业组成六家联盟申报省标，即原六家国家试点生产企业按照六家联盟的品种分工，研究形成一套统一的标准申报资料向各省级药监部门分别申报，会议对尚无中药配方颗粒国标的 788 个品种进行了分工（具体分工情况见附录 4），会后原六家试点生产企

业按照各自分工进行省标研究，各自向各省级药监部门申报全套研究资料。各省级药监部门按照《公告》要求，积极组织生产企业进行中药配方颗粒省级标准的申报、组织专家评审、公示以及公布，截至 2024 年 4 月 22 日，六家联盟已完成研究和复核的品种 518 个，在公示省标中，六家联盟标准 8450 个，占比 85.83%。在公布省标中，六家联盟标准 7956 个，占比 85.82%。已基本覆盖临床常用品种，保证人民群众用药需求。

二、部分省级中药配方颗粒试点企业研究制定本省中药配方颗粒省标

为尽快发布中药配方颗粒省标，部分省级药监部门积极组织本省内试点生产企业研究制定本地方省级标准，主要有上海市、北京市、湖南省、河南省、浙江省等，这些省标的发布，提高了本省试点企业的科研水平，有利于本省试点企业的发展，但给跨省销售备案带来了一定的障碍。

三、各省级药监部门公示公布中药配方颗粒省标情况

山东省药品监督管理局 2021 年 4 月 2 日率先公示白扁豆等 15 个品种配方颗粒标准，是最早公示配方颗粒新省标的省份。广东省药品监督管理局充分发挥“先行先试”的作用，2021 年 7 月率先发布第一批按国家药监局发布的技术要求制定的新省标，考虑到企业在中药配方颗粒跨省销售过程中很多品种无广东省标的问题，2022 年 4 月 1 日，广东省药品监督管理局发布《关于省外已发布中药配方颗粒质量标准转化为本省试行标准的工作程序的通告》，并先后批准蒲黄、伸筋草等外省标准转化本省的试行标准，2022 年 8 月广东省药品检验所发布首个中药配方颗粒省标勘误通告，对部分发布标准在执行过程中发现的错误进行勘误，2022 年 9 月发布《关于发布广东省中药配方颗粒质量标准修订工作程序的公告》，并陆续对莪术、水蛭等品种进行了标准修订，在中药配方颗粒标准管理过程中率先完成申报、公示、发布、勘误、修订、转化的全过程闭环管理。

各省级药监部门发布的中药配方颗粒省标情况见表 3–6。

表 3-6 各省药监部门发布中药配方颗粒省标进度表

发文单位	名称	发布日期	品种数量（个）	品种数量汇总（个）
广东省药品监督管理局	关于发布桃仁（山桃）配方颗粒等 24 个品种广东省中药配方颗粒质量标准的通知	2021 年 7 月 6 日	24	455
	关于发布矮地茶配方颗粒等 33 个品种广东省中药配方颗粒质量标准的通告（2021 年第 5 号）	2021 年 10 月 20 日	33	
	关于发布炒决明子（钝叶决明）配方颗粒等 32 个品种广东省中药配方颗粒质量标准的通告（2021 年第 6 号）	2021 年 11 月 11 日	32	
	关于发布柏子仁配方颗粒等 92 个品种为广东省中药配方颗粒质量标准的通告（2021 年第 7 号）	2021 年 11 月 17 日	92	
	关于发布菝葜配方颗粒等 44 个品种为广东省中药配方颗粒质量标准的通告（2022 年第 1 号）	2022 年 1 月 30 日	44	
	关于发布筋骨草配方颗粒等 31 个品种为广东省中药配方颗粒质量标准的通告（2022 年第 2 号）	2022 年 3 月 11 日	31	
	关于发布香加皮配方颗粒等 16 个品种为广东省中药配方颗粒质量标准的通告（2022 年第 3 号）	2022 年 6 月 6 日	16	
	关于发布扁豆花配方颗粒等 23 个品种为广东省中药配方颗粒质量标准的通告（2022 年第 4 号）	2022 年 7 月 12 日	23	
	关于发布醋甘遂配方颗粒等 20 个品种广东省中药配方颗粒标准及蒲黄（水烛香蒲）配方颗粒等 2 个品种广东省中药配方颗粒试行标准的通告（2022 年第 6 号）	2022 年 9 月 16 日	22	
	关于发布代代花配方颗粒等 31 个品种质量标准实施情况的通告（2022 年第 7 号）	2022 年 12 月 1 日	31	
	关于公布蚕沙配方颗粒等 30 个品种质量标准的通告（2023 年第 1 号）	2023 年 4 月 17 日	30	
	关于公布蓼大青叶配方颗粒等 11 个品种质量标准的通告（2023 年第 2 号）	2023 年 5 月 4 日	11	
	广东省药品检验所关于公布白英配方颗粒等 28 个品种质量标准的通告（2023 年第 3 号）	2023 年 9 月 6 日	28	
	广东省药品检验所关于公布白药子配方颗粒等 38 个品种质量标准的通告（2024 年第 1 号）	2024 年 2 月 7 日	38	

续表

发文单位	名称	发布日期	品种数量（个）	品种数量汇总（个）
安徽省药品监督管理局	关于发布实施第 1 批 74 个品种《安徽省中药配方颗粒标准》（试行）的公告	2021 年 10 月 25 日	74	360
	关于发布实施第 2 批 19 个品种《安徽省中药配方颗粒标准》（试行）的公告	2021 年 10 月 28 日	19	
	关于发布实施第 3 批 15 个品种《安徽省中药配方颗粒标准》（试行）的公告	2021 年 11 月 24 日	15	
	关于发布实施第 4 批 37 个品种《安徽省中药配方颗粒标准》（试行）的公告	2021 年 11 月 30 日	37	
	关于发布实施第 5 批 9 个品种《安徽省中药配方颗粒标准》（试行）的公告	2022 年 1 月 26 日	9	
	关于发布实施第 6 批 12 个品种《安徽省中药配方颗粒标准》（试行）的公告	2022 年 3 月 23 日	12	
	关于发布实施第 7 批 41 个品种《安徽省中药配方颗粒标准》（试行）的公告	2022 年 5 月 23 日	41	
	关于发布实施第 8 批 8 个品种《安徽省中药配方颗粒标准》（试行）的公告	2022 年 8 月 1 日	8	
	关于发布实施第 9 批 25 个品种《安徽省中药配方颗粒标准》（试行）的公告（〔2022〕年第 23 号）	2022 年 12 月 23 日	25	
	关于发布实施第 10 批 27 个品种《安徽省中药配方颗粒标准》（试行）的公告	2022 年 3 月 13 日	27	
	关于发布实施第 11 批 38 个品种《安徽省中药配方颗粒标准》（试行）的公告	2023 年 6 月 1 日	38	
	安徽省药品监督管理局关于发布实施第 12 批 12 个品种《安徽省中药配方颗粒标准》（试行）的通告（〔2023〕年第 12 号）	2023 年 9 月 7 日	12	
	安徽省药品监督管理局关于发布第 13 批 17 种安徽省中药配方颗粒标准（试行）的通告（〔2023〕年第 25 号）	2023 年 12 月 13 日	17	
	安徽省药品监督管理局关于发布实施第 14 批 26 种安徽省中药配方颗粒标准（试行）的通告（2024 年第 6 号）	2024 年 3 月 29 日	26	
北京市药品监督管理局	关于发布《北京市中药配方颗粒标准（第一批）》的公告	2021 年 10 月 27 日	121	255
	关于发布《北京市中药配方颗粒标准（第二批）》的公告	2022 年 2 月 9 日	29	
	关于发布《北京市中药配方颗粒标准（第三批）》的公告	2022 年 4 月 18 日	56	

续表

发文单位	名称	发布日期	品种数量（个）	品种数量汇总（个）
北京市药品监督管理局	关于发布《北京市中药配方颗粒标准（第四批）》的公告	2022 年 8 月 23 日	27	255
	北京市药品监督管理局关于发布《北京市中药配方颗粒标准（第五批）》的公告	2023 年 7 月 21 日	11	
	北京市药品监督管理局关于发布《北京市中药配方颗粒标准（第六批）》的公告	2024 年 4 月 15 日	11	
福建省药品监督管理局	关于发布实施第一批 50 个品种《福建省中药配方颗粒标准（试行）》的公告	2021 年 12 月 27 日	50	219
	关于发布实施第二批 49 个品种《福建省中药配方颗粒标准（试行）》的公告	2022 年 1 月 13 日	49	
	关于发布实施第三批 82 个品种《福建省中药配方颗粒标准（试行）》的公告	2022 年 11 月 15 日	82	
	福建省药品监督管理局关于发布实施第四批 38 个品种《福建省中药配方颗粒标准（试行）》的公告	2023 年 12 月 15 日	38	
甘肃省药品监督管理局	关于发布艾叶等 29 个甘肃省中药配方颗粒地方标准的公告	2021 年 10 月 29 日	29	390
	关于发布萹蓄等 21 个甘肃省中药配方颗粒地方标准的公告	2021 年 11 月 25 日	21	
	关于发布菝葜等 80 个甘肃省中药配方颗粒地方标准的公告	2021 年 12 月 1 日	80	
	关于发布积雪草等 63 个甘肃省中药配方颗粒地方标准的公告	2022 年 4 月 26 日	63	
	关于发布独脚金等 47 个甘肃省中药配方颗粒地方标准的公告	2022 年 10 月 9 日	47	
	关于发布半边莲等 60 个甘肃省中药配方颗粒地方标准的公告	2023 年 4 月 21 日	60	
	关于发布沉香等 38 个甘肃省中药配方颗粒地方标准的公告	2023 年 5 月 18 日	38	
	甘肃省药品监督管理局关于发布六神曲等 52 个甘肃省中药配方颗粒地方标准的公告（2023 年第 59 号）	2023 年 10 月 7 日	52	
广西自治区药品监督管理局	关于发布《广西壮族自治区中药配方颗粒质量标准（第一批）》的公告	2021 年 12 月 27 日	178	294

续表

发文单位	名称	发布日期	品种数量（个）	品种数量汇总（个）
广西自治区药品监督管理局	关于发布《广西壮族自治区中药配方颗粒质量标准（第二批）》的公告（2022年第1号）	2022年07月11日	34	294
	关于发布《广西壮族自治区中药配方颗粒质量标准（第三批）》的公告	2022年10月28日	43	
	广西壮族自治区药品监督管理局关于发布《广西壮族自治区中药配方颗粒质量标准（第四批）》的公告（2023年第10号）	2023年10月30日	39	
贵州省药品监督管理局	关于发布贵州省中药配方颗粒质量标准（第二批）的通知	2021年9月26日	35	377
	关于发布贵州省中药配方颗粒标准（第一批）的通知	2021年11月2日	20	
	关于发布贵州省中药配方颗粒质量标准（第三批）的通知	2021年12月2日	33	
	关于发布贵州省中药配方颗粒质量标准（第四批）的通知	2021年12月7日	9	
	关于发布贵州省中药配方颗粒质量标准（第五批）的通知	2021年12月22日	4	
	关于发布贵州省中药配方颗粒质量标准（第六批）的通知	2022年5月11日	9	
	关于发布贵州省中药配方颗粒质量标准（第七、八批）的通知	2022年6月27日	12	
	关于发布贵州省中药配方颗粒质量标准（第九批）的通知	2022年7月20日	9	
	关于发布贵州省中药配方颗粒质量标准（第十批）的通知	2022年8月2日	37	
	关于发布贵州省中药配方颗粒质量标准（第十一批）的通知	2022年9月29日	60	
	关于发布贵州省中药配方颗粒质量标准（第十二批）的通知	2022年10月17日	13	
	关于发布贵州省中药配方颗粒质量标准（第十三批）的通知	2022年11月29日	25	
	关于发布贵州省中药配方颗粒质量标准（第十四批）的通知	2023年1月12日	7	
	关于发布贵州省中药配方颗粒质量标准（第十五批）的通知	2023年3月16日	4	
	关于发布贵州省中药配方颗粒质量标准（第十六批）的通知	2023年5月4日	16	

续表

发文单位	名称	发布日期	品种数量（个）	品种数量汇总（个）
贵州省药品监督管理局	关于发布贵州省中药配方颗粒质量标准（第十七批）的通知	2023 年 7 月 5 日	10	377
	关于发布贵州省中药配方颗粒质量标准（第十八批）的通知	2023 年 9 月 1 日	14	
	关于发布贵州省中药配方颗粒质量标准（第十九批）的通知	2023 年 11 月 6 日	19	
	关于发布贵州省中药配方颗粒质量标准（第二十批）的通知	2023 年 12 月 15 日	13	
	贵州省药品监督管理局关于发布贵州省中药配方颗粒质量标准（第二十一批）的通知	2024 年 1 月 10 日	13	
	贵州省药品监督管理局关于发布贵州省中药配方颗粒质量标准（第二十二批）的通知	2024 年 4 月 15 日	15	
海南省药品监督管理局	关于发布《海南省中药配方颗粒质量标准（第一批）》的公告	2021 年 10 月 30 日	223	422
	关于发布《海南省中药 配方颗粒质量标准（第二批）》的公告	2022 年 2 月 24 日	118	
	关于发布《海南省中药 配方颗粒质量标准（第三批）》的公告	2023 年 7 月 12 日	81	
河北省药品监督管理局	关于颁布《河北省中药配方颗粒质量标准》(第一批）的公告	2021 年 10 月 28 日	203	412
	关于颁布《河北省中药配方颗粒质量标准》（第二批）的公告	2022 年 8 月 11 日	117	
	关于颁布《河北省中药配方颗粒质量标准》（第三批）的公告	2022 年 11 月 1 日	56	
	关于颁布《河北省中药配方颗粒质量标准》（第五批）的公告	2023 年 2 月 27 日	26	
	河北省药品监督管理局关于颁布《河北省中药配方颗粒质量标准》（第六批）的公告	2023 年 7 月 14 日	6	
	河北省药品监督管理局关于颁布《河北省中药配方颗粒质量标准》（第四批）的公告	2024 年 1 月 21 日	4	
河南省药品监督管理局	关于发布实施第一批 10 个品种《河南省中药配方颗粒标准》（试行）的公告	2021 年 11 月 16 日	10	172
	关于发布实施第二批 32 个品种《河南省中药配方颗粒标准》（试行）的公告	2021 年 12 月 7 日	32	

续表

发文单位	名称	发布日期	品种数量（个）	品种数量汇总（个）
河南省药品监督管理局	关于发布实施第三批32个品种《河南省中药配方颗粒标准》（试行）的公告	2021年12月10日	32	172
	关于发布实施第四批31个品种《河南省中药配方颗粒标准》（试行）的公告	2021年12月24日	31	
	关于发布实施第五批23个品种《河南省中药配方颗粒标准》（试行）的公告（2022年第118号）	2022年11月29日	23	
	关于发布实施第六批10个品种《河南省中药配方颗粒标准》（试行）的公告（2023年第20号）	2023年3月24日	10	
	河南省药品监督管理局关于发布实施第七批21个品种《河南省中药配方颗粒标准》（试行）的公告(2023年第47号)	2023年7月10日	21	
	河南省药品监督管理局关于发布实施第八批13个品种《河南省中药配方颗粒标准》（试行）的公告(2023年第75号)	2023年9月11日	13	
黑龙江省药品监督管理局	关于发布《黑龙江省中药配方颗粒标准（第一批）》的通告	2021年10月29日	43	281
	关于发布《黑龙江省中药配方颗粒标准（第二批）》的通告	2021年11月9日	125	
	关于发布《黑龙江省中药配方颗粒标准（第三批）》的通告	2022年8月15日	20	
	关于发布《黑龙江省中药配方颗粒标准（第四批）》的通告	2022年9月6日	20	
	关于发布《黑龙江省中药配方颗粒标准（第五批）》的通告	2022年10月14日	18	
	关于发布《黑龙江省中药配方颗粒标准（第六批）》的通告	2023年7月21日	25	
	关于发布《黑龙江省中药配方颗粒标准（第七批）》的通告	2023年9月26日	30	
湖北省药品监督管理局	关于发布实施《湖北省中药配方颗粒质量标准》（第一批）的公告	2021年12月9日	104	336
	关于发布实施《湖北省中药配方颗粒质量标准》（第二批）的公告	2022年5月26日	69	
	关于发布实施《湖北省中药配方颗粒质量标准》（第三批）的公告	2023年1月3日	118	
	关于发布实施《湖北省中药配方颗粒质量标准》（第四批）的公告	2023年8月18日	45	

续表

发文单位	名称	发布日期	品种数量（个）	品种数量汇总（个）
湖南省药品监督管理局	关于发布实施《湖南省中药配方颗粒标准》（第一批）的公告（2021 年第 30 号）	2021 年 10 月 29 日	28	275
	关于发布实施《湖南省中药配方颗粒标准》（第二批）的公告（2021 年第 35 号）	2021 年 11 月 12 日	26	
	关于发布实施《湖南省中药配方颗粒标准》（第三批）的公告（2021 年第 36 号）	2021 年 11 月 16 日	26	
	关于发布实施《湖南省中药配方颗粒标准》（第四批）的公告（2021 年第 45 号）	2021 年 12 月 13 日	20	
	关于发布实施《湖南省中药配方颗粒标准》（第五批）的公告（2022 年第 4 号）	2022 年 1 月 21 日	20	
	关于发布实施《湖南省中药配方颗粒标准》（第六批）的公告（2022 年第 7 号）	2022 年 2 月 16 日	26	
	关于发布实施《湖南省中药配方颗粒标准》（第七批）的公告（2022 年第 17 号）	2022 年 5 月 10 日	25	
	关于发布实施《湖南省中药配方颗粒标准》（第八批）的公告（2022 年第 22 号）	2022 年 5 月 31 日	10	
	关于发布实施《湖南省中药配方颗粒标准》（第九批）的公告（2022 年第 52 号）	2022 年 11 月 2 日	26	
	关于发布实施《湖南省中药配方颗粒标准》（第十批）的公告（2022 年第 53 号）	2022 年 11 月 2 日	26	
	湖南省药品监督管理局关于发布实施《湖南省中药配方颗粒标准》（第十一批）的公告（2023 年第 48 号）	2023 年 9 月 22 日	38	
	湖南省药品监督管理局关于发布实施《湖南省中药配方颗粒标准》（第十二批）的公告（2024 年第 22 号）	2024 年 4 月 9 日	4	
吉林省药品监督管理局	关于发布 119 个吉林省中药配方颗粒标准的公告	2021 年 12 月 10 日	119	224
	关于发布 35 个吉林省中药配方颗粒标准（2022 年第一批）的公告	2022 年 11 月 28 日	35	
	关于发布 25 个吉林省中药配方颗粒标准（2023 年第一批）的公告	2023 年 3 月 17 日	25	

续表

发文单位	名称	发布日期	品种数量（个）	品种数量汇总（个）
吉林省药品监督管理局	关于发布18个吉林省中药配方颗粒标准的公告	2023年4月28日	18	224
	吉林省药品监督管理局关于发布10个吉林省中药配方颗粒标准（2023年第三批）的公告（2023年第6号）	2023年7月25日	10	
	吉林省药品监督管理局关于发布9个吉林省中药配方颗粒标准（2023年第四批）的公告	2023年11月3日	9	
	吉林省药品监督管理局关于发布8个吉林省中药配方颗粒标准（2024年第一批）的公告	2024年1月23日	8	
江苏省药品监督管理局	关于发布实施第一批45个品种《江苏省中药配方颗粒标准》（试行）的公告（2021年第11号）	2021年9月26日	45	392
	关于发布实施第二批55个品种《江苏省中药配方颗粒标准》（试行）的公告	2021年11月22日	55	
	关于发布实施第三批80个品种《江苏省中药配方颗粒标准》（试行）的公告（2022年第1号）	2021年2月8日	80	
	关于发布实施第四批26个品种《江苏省中药配方颗粒标准》（试行）的公告	2022年3月16日	26	
	关于发布实施第五批31个品种《江苏省中药配方颗粒标准》（试行）的公告	2022年5月25日	31	
	关于发布实施第六批50个品种《江苏省中药配方颗粒标准》（试行）的公告	2022年8月31日	50	
	关于发布实施第七批21个品种《江苏省中药配方颗粒标准》的公告	2022年10月27日	21	
	关于发布实施第八批21个品种《江苏省中药配方颗粒标准》的公告	2023年3月14日	21	
	关于发布实施第九批15个品种《江苏省中药配方颗粒标准》的公告	2023年5月18日	15	
	江苏省药品监督管理局关于发布实施第十批20个品种《江苏省中药配方颗粒标准》的公告	2023年9月18日	20	
	江苏省药品监督管理局关于发布实施第十一批28个品种《江苏省中药配方颗粒标准》的公告（2023年第34号）	2023年12月26日	28	

续表

发文单位	名称	发布日期	品种数量（个）	品种数量汇总（个）
江西省药品监督管理局	关于发布实施《江西省中药配方颗粒标准》（第一批）的公告（2021 年第 53 号）	2021 年 10 月 25 日	48	338
江西省药品监督管理局	关于发布实施《江西省中药配方颗粒标准》（第二批）的公告（2021 年第 54 号）	2021 年 10 月 27 日	52	338
江西省药品监督管理局	关于发布实施《江西省中药配方颗粒标准》（第三批）的公告（2021 年第 57 号）	2021 年 11 月 12 日	50	338
江西省药品监督管理局	关于发布实施《江西省中药配方颗粒标准》（第四批）的公告（2021 年第 60 号）	2021 年 11 月 23 日	79	338
江西省药品监督管理局	关于发布实施《江西省中药配方颗粒标准》（第五批）的公告	2022 年 3 月 4 日	3	338
江西省药品监督管理局	关于发布实施《江西省中药配方颗粒标准》（第六批）的公告	2022 年 5 月 9 日	4	338
江西省药品监督管理局	关于发布实施《江西省中药配方颗粒标准》（第七批）的公告	2022 年 11 月 8 日	28	338
江西省药品监督管理局	关于发布实施《江西省中药配方颗粒标准》（第八批）的公告	2022 年 12 月 16 日	26	338
江西省药品监督管理局	关于发布实施《江西省中药配方颗粒标准》（第九批）的公告	2023 年 11 月 23 日	16	338
江西省药品监督管理局	关于发布实施《江西省中药配方颗粒标准》（第十一批）的公告	2024 年 3 月 20 日	32	338
辽宁省药品监督管理局	关于发布《辽宁省中药配方颗粒标准》（第一批）的公告	2021 年 10 月 28 日	226	365
辽宁省药品监督管理局	关于发布《辽宁省中药配方颗粒标准》（第二批）的公告	2022 年 12 月 27 日	42	365
辽宁省药品监督管理局	关于发布《辽宁省中药配方颗粒标准》（第三批）的公告	2023 年 7 月 28 日	68	365
辽宁省药品监督管理局	关于发布《辽宁省中药配方颗粒标准》（第四批）的公告	2023 年 12 月 28 日	29	365
内蒙古自治区药品监督管理局	关于发布实施《内蒙古自治区中药配方颗粒标准（第一批）》的通告	2021 年 12 月 3 日	117	190
内蒙古自治区药品监督管理局	关于发布实施《内蒙古自治区中药配方颗粒标准（第二批）》的通告	2023 年 1 月 6 日	46	190
内蒙古自治区药品监督管理局	关于发布实施《内蒙古自治区中药配方颗粒标准（第三批）》的通告	2024 年 2 月 8 日	27	190
宁夏自治区药品监督管理局	关于发布《宁夏中药配方颗粒质量标准》（第一批）的公告	2021 年 11 月 23 日	54	331

续表

发文单位	名称	发布日期	品种数量（个）	品种数量汇总（个）
宁夏自治区药品监督管理局	关于发布《宁夏中药配方颗粒质量标准》（第二批）的通告（2021 年第 97 号）	2021 年 12 月 3 日	50	331
	关于发布《宁夏中药配方颗粒质量标准》（第三批）的通告（2022 年第 57 号）	2022 年 6 月 28 日	47	
	关于发布《宁夏中药配方颗粒质量标准》第四批的通告（2023 年第 23 号）	2023 年 3 月 9 日	119	
	关于发布《宁夏中药配方颗粒质量标准》（第五批）的通告（2023 年第 136 号）	2023 年 12 月 13 日	44	
	宁夏回族自治区药品监督管理局关于发布《宁夏中药配方颗粒质量标准》（第六批）的通告	2024 年 4 月 19 日	17	
青海省药品监督管理局	关于颁布路路通配方颗粒等 87 种中药配方颗粒质量标准（第一批）的通告	2021 年 12 月 8 日	87	292
	关于颁布白头翁配方颗粒等 113 种中药配方颗粒质量标准（第二批）的通告	2021 年 12 月 8 日	113	
	关于颁布冬葵果配方颗粒等 92 种中药配方颗粒质量标准（第三批）的通告	2023 年 4 月 11 日	92	
山东省药品监督管理局	关于发布实施《山东省中药配方颗粒标准》（第一批）的公告	2021 年 10 月 11 日	80	366
	关于发布实施《山东省中药配方颗粒标准》（第二批）的公告	2021 年 10 月 25 日	79	
	关于发布实施《山东省中药配方颗粒标准》（第三批）的公告	2021 年 12 月 31 日	57	
	关于发布实施《山东省中药配方颗粒标准》（第四批）的公告	2022 年 1 月 29 日	22	
	关于发布实施《山东省中药配方颗粒标准》（第五批）的公告	2022 年 5 月 10 日	23	
	关于发布实施《山东省中药配方颗粒标准》（第六批）的公告	2022 年 9 月 7 日	21	
	关于发布实施《山东省中药配方颗粒标准》（第七批）的公告	2022 年 12 月 7 日	28	
	关于发布实施《山东省中药配方颗粒标准》（第八批）的公告	2023 年 5 月 29 日	27	
	关于发布实施《山东省中药配方颗粒标准》（第九批）的公告	2023 年 11 月 1 日	29	
山西省药品监督管理局	关于发布《山西省中药配方颗粒标准（第一批）》的通告	2021 年 12 月 2 日	102	232

续表

<table>
<tr><th>发文单位</th><th>名称</th><th>发布日期</th><th>品种数量（个）</th><th>品种数量汇总（个）</th></tr>
<tr><td rowspan="4">山西省药品监督管理局</td><td>关于发布《山西省中药配方颗粒标准（第二批）》的通告</td><td>2021 年 12 月 24 日</td><td>34</td><td rowspan="4">232</td></tr>
<tr><td>关于发布《山西省中药配方颗粒标准（第三批）》的通告</td><td>2021 年 12 月 28 日</td><td>19</td></tr>
<tr><td>关于发布《山西省中药配方颗粒标准（第四批）》的通告</td><td>2022 年 8 月 4 日</td><td>34</td></tr>
<tr><td>关于发布《山西省中药配方颗粒标准（第五批）》的通告</td><td>2023 年 8 月 4 日</td><td>43</td></tr>
<tr><td rowspan="2">陕西省药品监督管理局</td><td>关于发布实施《陕西省中药配方颗粒标准》（第一批修订增补）的公告</td><td>2021 年 10 月 27 日</td><td>197</td><td rowspan="2">265</td></tr>
<tr><td>关于发布实施《陕西省中药配方颗粒标准》（第二批）的公告</td><td>2023 年 1 月 12 日</td><td>68</td></tr>
<tr><td rowspan="6">上海市药品监督管理局</td><td>关于发布并执行上海市中药配方颗粒质量标准（第一批）的通知</td><td>2021 年 10 月 29 日</td><td>115</td><td rowspan="6">365</td></tr>
<tr><td>关于发布并执行上海市中药配方颗粒质量标准（第二批）的通知</td><td>2021 年 11 月 25 日</td><td>108</td></tr>
<tr><td>关于发布并执行上海市中药配方颗粒质量标准（第三批）的通知</td><td>2022 年 1 月 26 日</td><td>83</td></tr>
<tr><td>关于发布并执行上海市中药配方颗粒质量标准（第四批）的通知</td><td>2022 年 3 月 9 日</td><td>43</td></tr>
<tr><td>关于发布并执行上海市中药配方颗粒质量标准（第五批）的通知</td><td>2022 年 12 月 29 日</td><td>12</td></tr>
<tr><td>关于发布并执行上海市中药配方颗粒质量标准（第六批）的通知</td><td>2023 年 8 月 7 日</td><td>4</td></tr>
<tr><td rowspan="8">四川省药品监督管理局</td><td>关于发布《四川省中药配方颗粒标准》的公告</td><td>2021 年 9 月 10 日</td><td>56</td><td rowspan="8">361</td></tr>
<tr><td>关于发布《四川省中药配方颗粒标准（第二批）》的公告</td><td>2021 年 9 月 18 日</td><td>56</td></tr>
<tr><td>关于发布《四川省中药配方颗粒标准（第三批）》的公告</td><td>2021 年 10 月 28 日</td><td>44</td></tr>
<tr><td>关于发布《四川省中药配方颗粒标准（第四批）》的公告</td><td>2021 年 12 月 14 日</td><td>41</td></tr>
<tr><td>关于发布《四川省中药配方颗粒标准（第五批）》的公告</td><td>2022 年 5 月 5 日</td><td>17</td></tr>
<tr><td>关于发布《四川省中药配方颗粒标准（第六批）》的公告</td><td>2022 年 6 月 8 日</td><td>20</td></tr>
<tr><td>关于发布《四川省中药配方颗粒标准（第七批）》的公告</td><td>2022 年 8 月 1 日</td><td>22</td></tr>
<tr><td>关于发布《四川省中药配方颗粒标准（第八批）》的公告</td><td>2022 年 11 月 11 日</td><td>34</td></tr>
</table>

续表

发文单位	名称	发布日期	品种数量（个）	品种数量汇总（个）
四川省药品监督管理局	关于发布《四川省中药配方颗粒标准（第九批）》的公告	2023 年 2 月 27 日	16	361
	关于发布《四川省中药配方颗粒标准（第十批）》的公告	2023 年 6 月 14 日	11	
	关于发布《四川省中药配方颗粒标准（第十一批）》的公告	2023 年 10 月 12 日	27	
	关于发布《四川省中药配方颗粒标准（第十二批）》的公告	2024 年 1 月 5 日	17	
天津市药品监督管理局	关于印发第一批新修订《天津市中药配方颗粒质量标准》的通知	2021 年 10 月 28 日	182	305
	关于印发第二批新修订《天津市中药配方颗粒质量标准》的通知	2022 年 11 月 1 日	72	
	关于印发第三批新修订《天津市中药配方颗粒质量标准》的通知	2022 年 12 月 23 日	51	
新疆自治区药品监督管理局	关于发布郁金（广西莪术）等 5 个品种新疆中药配方颗粒标准的公告	2022 年 10 月 27 日	5	224
	关于发布艾叶等 4 个品种新疆中药配方颗粒标准的公告	2022 年 11 月 28 日	4	
	新疆维吾尔自治区药品监督管理局关于发布白头翁等 20 个品种新疆中药配方颗粒试行标准的公告（2023 年第 10 号）	2023 年 5 月 31 日	20	
	新疆维吾尔自治区药品监督管理局关于发布浮萍配方颗粒等 3 个品种新疆中药配方颗粒试行标准的公告（2023 年第 13 号）	2023 年 6 月 21 日	3	
	新疆维吾尔自治区药品监督管理局关于发布菝葜等 13 个品种新疆中药配方颗粒试行标准的公告（2023 年第 14 号）	2023 年 6 月 27 日	13	
	新疆维吾尔自治区药品监督管理局关于发布藕节等 48 个品种新疆中药配方颗粒试行标准的公告（2023 年第 16 号）	2023 年 7 月 21 日	48	
	新疆维吾尔自治区药品监督管理局关于发布锁阳等 7 个品种新疆中药配方颗粒试行标准的公告（2023 年第 17 号）	2023 年 7 月 26 日	7	
	新疆维吾尔自治区药品监督管理局关于发布白薇（白薇）等 32 个品种新疆中药配方颗粒试行标准的公告（2023 年第 19 号）	2023 年 8 月 18 日	32	

续表

发文单位	名称	发布日期	品种数量（个）	品种数量汇总（个）
新疆自治区药品监督管理局	新疆维吾尔自治区药品监督管理局关于发布炒稻芽等27个品种新疆中药配方颗粒试行标准的公告（2023年第23号）	2023年9月4日	27	224
	新疆维吾尔自治区药品监督管理局关于发布大黄炭（药用大黄）等21个品种新疆中药配方颗粒试行标准的公告（2023年第24号）	2023年9月12日	21	
	新疆维吾尔自治区药品监督管理局关于发布白屈菜等25个品种新疆中药配方颗粒试行标准的公告（2023年第25号）	2023年9月19日	25	
	新疆维吾尔自治区药品监督管理局关于发布肉苁蓉（肉苁蓉）等8个品种新疆中药配方颗粒试行标准的公告（2023年第28号）	2023年11月3日	8	
	新疆维吾尔自治区药品监督管理局关于发布牡蛎（近江牡蛎）新疆中药配方颗粒试行标准的公告（2023年第33号）	2023年12月26日	1	
	新疆维吾尔自治区药品监督管理局关于发布海螵蛸（金乌贼）等8个品种新疆中药配方颗粒标准的公告（2024年第8号）	2024年3月28日	8	
	新疆维吾尔自治区药品监督管理局关于发布凤尾草等2个品种新疆中药配方颗粒标准的公告（2024年第9号）	2024年4月9日	2	
云南省药品监督管理局	关于发布实施《云南省中药配方颗粒标准》（第一批）的公告	2021年10月29日	101	356
	关于发布实施《云南省中药配方颗粒标准》（第二批）的公告（2021年第24号）	2021年12月9日	10	
	关于发布实施《云南省中药配方颗粒标准》（第三批）的公告	2022年5月30日	73	
	关于发布实施《云南省中药配方颗粒标准》（第四批）的公告	2022年9月9日	22	
	关于发布实施云南省中药配方颗粒标准（第五批）的公告	2022年12月2日	14	
	关于发布实施云南省中药配方颗粒标准（第六批）的公告	2023年1月16日	22	
	关于发布实施云南省中药配方颗粒标准（第七批）的公告	2023年4月7日	28	

续表

发文单位	名称	发布日期	品种数量（个）	品种数量汇总（个）
云南省药品监督管理局	关于发布实施云南省中药配方颗粒标准（第八批）的公告	2023 年 6 月 14 日	61	356
	关于发布实施云南省中药配方颗粒标准（第九批）的公告	2023 年 8 月 24 日	9	
	关于发布实施云南省中药配方颗粒标准（第十批）的公告	2023 年 10 月 25 日	16	
浙江省药品监督管理局	关于颁布白茅根等 10 个配方颗粒质量标准的通告（2021 年 第 5 号）	2021 年 10 月 19 日	10	217
	关于颁布覆盆子等 18 个配方颗粒质量标准的通告（2021 年第 6 号）	2021 年 12 月 14 日	18	
	关于颁布积雪草等 23 个配方颗粒质量标准的通告（2022 年第 1 号）	2021 年 1 月 11 日	23	
	关于颁布槟榔等 46 个配方颗粒质量标准的通告	2022 年 3 月 23 日	46	
	关于颁布柏子仁等 30 个配方颗粒质量标准的通告	2022 年 5 月 20 日	30	
	关于颁布大蓟等 22 个配方颗粒质量标准的通告	2022 年 9 月 29 日	22	
	关于颁布山药等 19 个配方颗粒质量标准的通告	2022 年 10 月 10 日	19	
	关于颁布茺蔚子等 9 个配方颗粒质量标准的通告	2022 年 11 月 18 日	9	
	关于颁布白花蛇舌草等 19 个配方颗粒质量标准的通告	2023 年 2 月 16 日	19	
	浙江省药品监督管理局关于颁布牡丹皮等 5 个配方颗粒质量标准的通告	2023 年 8 月 9 日	5	
	浙江省药品监督管理局关于发布黑豆等 16 个配方颗粒质量标准的通告	2023 年 12 月 18 日	16	
重庆市药品监督管理局	关于发布《重庆市中药配方颗粒标准（试行）》的公告	2021 年 11 月 30 日	113	229
	关于发布《重庆市中药配方颗粒标准（试行）》的公告	2022 年 8 月 23 日	8	
	关于发布《重庆市中药配方颗粒标准（试行）》的公告	2022 年 10 月 14 日	9	
	关于发布《重庆市中药配方颗粒标准（试行）》第四批的公告	2022 年 12 月 21 日	10	
	关于发布《重庆市中药配方颗粒标准（试行）》第五批的公告	2023 年 1 月 19 日	8	
	关于发布《重庆市中药配方颗粒标准（试行）》第六批的公告	2023 年 5 月 24 日	12	

续表

发文单位	名称	发布日期	品种数量（个）	品种数量汇总（个）
重庆市药品监督管理局	关于发布《重庆市中药配方颗粒标准（试行）》第七批的公告	2023年7月6日	17	229
	关于发布《重庆市中药配方颗粒标准（试行）》第八批的公告	2023年8月4日	18	
	关于发布《重庆市中药配方颗粒标准（试行）》第九批的公告	2023年11月21日	15	
	关于发布《重庆市中药配方颗粒标准（试行）》第十批的公告	2024年1月29日	19	

注：表中数据截至2024年4月30日。

第五节　中药配方颗粒国标研究带给中药行业的启示

一、建立我国中药标准新标杆

通过296个中药配方颗粒国标的研究，建立了我国中药标准新标杆，主要体现在以下几方面。

1. 中药标准检测指标全，体现中药全成分共同作用

296个中药配方颗粒国标检测项目数量见图3-2。

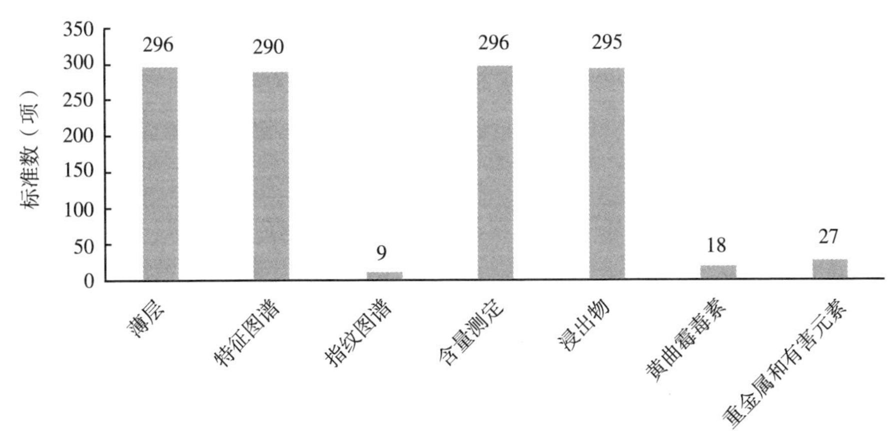

图3-2　296个中药配方颗粒国标检测项目数量图

2. 296 个中药配方颗粒国标均建立了特征图谱或指纹图谱

296 个中药配方颗粒国标均建立了特征图谱或指纹图谱，并且对部分品种特征图谱还规定了相对峰面积，特征图谱峰的个数越来越多，现在自第四批国标颁布以来，平均每个品种规定的特征图谱峰数约为 10 个，结果见图 3–3 和图 3–4。

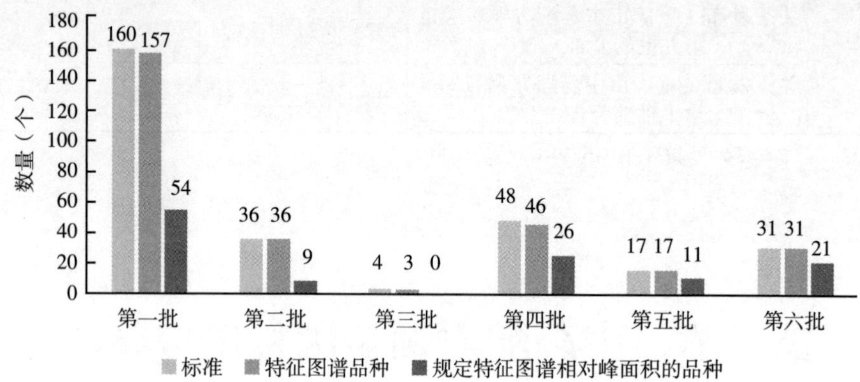

图 3–3　296 个中药配方颗粒国标特征图谱数量图

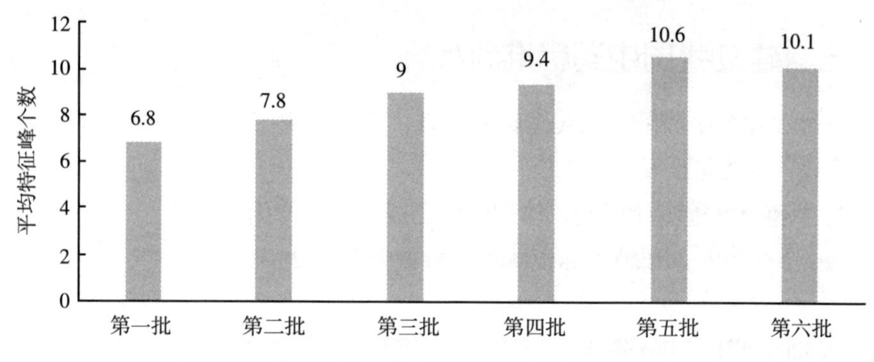

图 3–4　296 个中药配方颗粒国标特征图谱峰个数图

3. 296 个中药配方颗粒国标均建立了含量测定指标，并规定了指标上下限

296 个中药配方颗粒国标，均建立了含量测定指标，并规定了含量测定指标上下限，并且一些品种还有 2 个、甚至 3 个含量测定指标，更是增加了执行标准的难度。具体结果见图 3–5 和图 3–6。

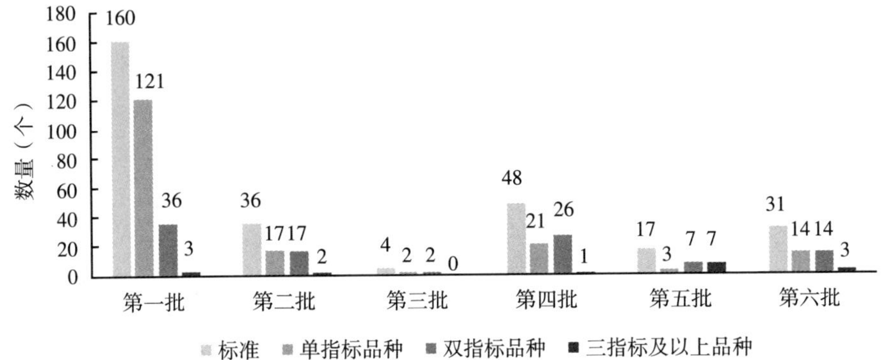

图 3-5 296 个中药配方颗粒国标具有含量测定指标的品种情况汇总图

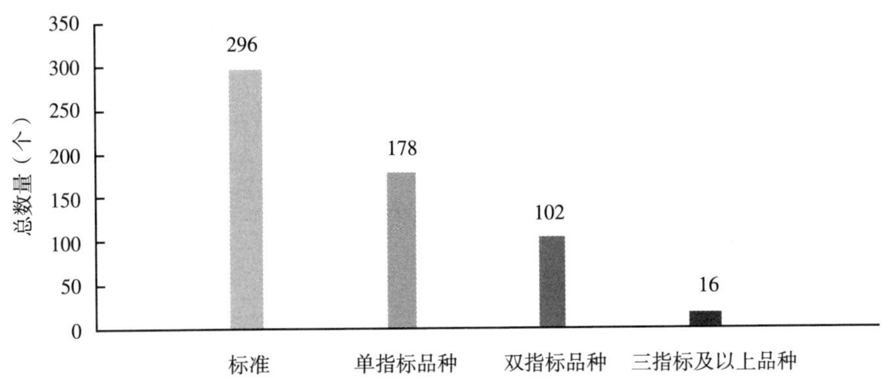

图 3-6 296 个中药配方颗粒国标有含量测定指标情况汇总图

4. 296 个中药配方颗粒国标中 295 个品种规定了浸出物限度

296 个中药配方颗粒国标，295 个品种规定了浸出物限度，在中药制剂标准中规定浸出物限度，在我国以往中药制剂标准中较少见，我国中药标准一般是在中药材和中药饮片标准中规定浸出物限度，但也不是每个品种都有规定。对于中药配方颗粒国标的建立，几乎所有的中药配方颗粒品种均规定了浸出物限度，在我国中药制剂标准中尚属首次，会加深对这一指标的认识，更好地控制产品质量，相信未来在我国中药制剂标准中会加大对这一指标的控制。具体结果见图 3-7。

5. 296 个中药配方颗粒国标中 18 个品种规定了黄曲霉毒素的限量检测

296 个中药配方颗粒国标，18 个品种规定了黄曲霉毒素的限量检测，具体品种见表 3-7。在我国中药制剂质量标准中测定黄曲霉毒素较少见，一般是在中药材和中药饮片质量标准中测定黄曲霉毒素。因黄曲霉毒素易溶于水，中药配方颗粒是水提取制成的颗粒剂，所以成品中要测定黄曲霉毒素，对于中药材中药饮片的质量控制提出了更高要求，要保证每一袋原料都符合规定，才能保证成品符合规定，否则任何一袋出现问题，都会使成品不符合规定，中药配方颗粒企业将面临更大的挑战。

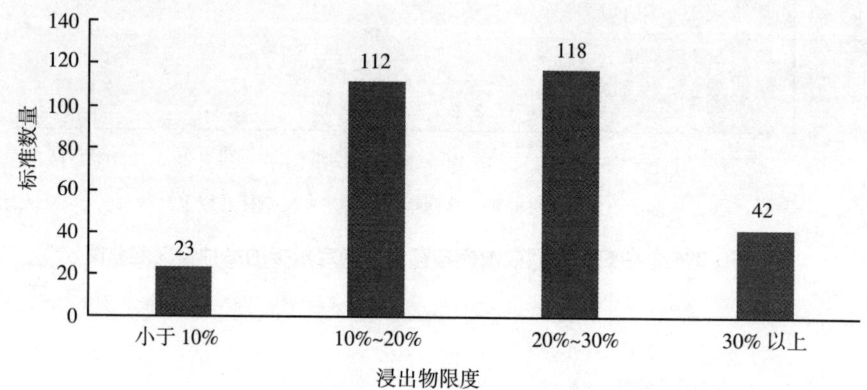

图 3-7　295 个中药配方颗粒国标品种浸出物限度汇总图

表 3-7　296 个中药配方颗粒国标中测定黄曲霉毒素的品种表

序号	国标名称	检查
1	苦杏仁（西伯利亚杏）配方颗粒	黄曲霉毒素
2	炒苦杏仁（西伯利亚杏）配方颗粒	黄曲霉毒素
3	莱菔子配方颗粒	黄曲霉毒素
4	炒莱菔子配方颗粒	黄曲霉毒素
5	陈皮配方颗粒	黄曲霉毒素
6	延胡索配方颗粒	黄曲霉毒素
7	醋延胡索配方颗粒	黄曲霉毒素
8	大枣配方颗粒	黄曲霉毒素
9	麸炒薏苡仁配方颗粒	黄曲霉毒素、玉米赤霉烯酮
10	火麻仁配方颗粒	黄曲霉毒素
11	炒火麻仁配方颗粒	黄曲霉毒素
12	远志（远志）配方颗粒	黄曲霉毒素
13	制远志（远志）配方颗粒	黄曲霉毒素
14	槟榔配方颗粒	黄曲霉毒素
15	炒槟榔配方颗粒	黄曲霉毒素
16	焦槟榔配方颗粒	黄曲霉毒素
17	荜茇配方颗粒	黄曲霉毒素
18	大腹皮（大腹皮）配方颗粒	黄曲霉毒素

6. 296 个中药配方颗粒国标中 27 个品种规定了重金属及有害元素的检测

296 个中药配方颗粒国标中 27 个品种规定了重金属及有害元素的检测，具体品种见表 3-8。

表 3-8 296 个中药配方颗粒国标中测定重金属及有害元素的品种表

序号	国标名称	序号	国标名称
1	白芍配方颗粒	15	炒山楂（山里红）配方颗粒
2	白芷（白芷）配方颗粒	16	积雪草配方颗粒
3	白芷（杭白芷）配方颗粒	17	紫苏梗配方颗粒
4	丹参配方颗粒	18	山楂（山里红）配方颗粒
5	当归配方颗粒	19	姜黄配方颗粒
6	甘草（甘草）配方颗粒	20	筋骨草配方颗粒
7	黄芪（蒙古黄芪）配方颗粒	21	酒白芍配方颗粒
8	金银花配方颗粒	22	酒续断配方颗粒
9	酒女贞子配方颗粒	23	青蒿配方颗粒
10	山萸肉配方颗粒	24	牵牛子（裂叶牵牛）配方颗粒
11	桃仁（桃）配方颗粒	25	炒牵牛子（裂叶牵牛）配方颗粒
12	栀子配方颗粒	26	贯叶金丝桃配方颗粒
13	人参配方颗粒	27	络石藤配方颗粒
14	侧柏炭配方颗粒		

二、建立中药全产业链质量控制理念

通过中药配方颗粒国标的研究，建立中药全产业链质量控制理念。中药配方颗粒国标首次通过标准汤剂的研究，建立了从药材到饮片到中间体到成品的有效成分含量测定指标的量值传递过程，依据标准汤剂测定结果，制定了中药配方颗粒含量指标上下限，首次提出饮片混批生产，解决了因药材产地、季节变化引起的质量差异问题，使中药配方颗粒质量更加稳定均一；首次建立了从药材到饮片到中间体到成品的指纹 / 特征图谱，并说明量值传递过程，采用高效液相色谱法开展指纹 / 特征图谱研究，并采用液 – 质联用技术指认相关化学成分，不仅使中药配方颗粒在失去饮片外形后，通过先进的检测设备，实现了真伪鉴别、优劣评价，也提高了药材饮片的内控质量标准，彻底摆脱了中药饮片仅仅依靠性状经验加以鉴别评价的尴尬状况，同时也使中药走出国门，为世界接受中药找到了一条途径；首次开展了从药材到饮片到中间体到成品的重金属及有害元素、农药残留量、黄曲霉毒素和二氧化硫残留量等安全性指标的检测控制，使中药配方颗粒更加安全有效；对所有中药配方颗粒质量标准均规定了浸出物限度，可整体评价产品质量；综上所述，通过对中药配方颗粒国标、省标的研究，首次建立了中药全产业链从药材到饮片到中间体到成品的质量控制理念。

三、建立以生产企业为主导的国家药品标准形成机制

通过中药配方颗粒国标的研究，建立以生产企业为主导的国家药品标准形成机制。我国国家标准或省级标准制修订工作一般是按照国家药典委员会发布的《国家药典委员会药品标准制修订研究课题管理办法（试行）》执行，虽然写有“鼓励药品上市许可持有人（药品生产企业）、检验机构以及有关教育科研机构、社会团体等承担或参与标准研究工作”，但实际药品企业参与程度较低，在中药配方颗粒国家标准制定过程中，国家药典委员会先制定了《中药配方颗粒质量控制与标准制定技术要求（征求意见稿）》，使企业起草标准有规可循，审评现场向起草单位开放，使起草单位与审评专家能够快速、高效沟通，整个标准研究与审评过程坚持公平、公正的原则，这种“敞开大门做标准”的模式，能让企业积极主动地参与到国家药品标准的起草工作中，调动全行业的力量参与国家药品标准的制修订工作，从而建立了以生产企业为主导的国家药品标准形成机制。

第四章

中药配方颗粒临床应用

2017 年 7 月正式实施的《中华人民共和国中医药法》(简称《中医药法》)中明确规定：发展中医药事业应当遵循中医药发展规律，坚持继承和创新相结合，保持和发挥中医药特色和优势，运用现代科学技术，促进中医药理论和实践的发展。中药配方颗粒的发展就是贯彻落实《中医药法》的生动实践。因此，临床上中药配方颗粒与中药饮片互为补充，共同使用，可以更好地传承中医药文化。

第一节　中药配方颗粒分煎与合煎的研究

中药配方颗粒分煎与合煎是否有效一致，是中药配方颗粒发展过程中最受关注的一个问题。通过 30 多年的临床实践与科研，结果表明中药配方颗粒分煎与中药饮片合煎有效性一致，且安全、无明显毒副作用。

一、国家中医药管理局立项“单味中药浓缩颗粒的等量性与等效性研究”

1996 年国家中医药管理局立项科研项目“单味中药浓缩颗粒的等量性与等效性研究”，通过 20 个经典方分煎与合煎的比较研究，来探讨中药配方颗粒等量性与等效性的问题。本课题由广东一方制药有限公司和江阴天江药业有限公司共同承担，各自承担 10 个经典方的研究，研究内容是对 20 个经典方分煎与合煎的化学成分、药理和临床疗效进行比较研究，研究结果表明，20 个经典方分煎与合煎在化学成分、药理和临床疗效三方面均没有显著性差异，且安全、无明显毒副作用。3218 例病例的临床观察结果显示，20 个经典方中药配方颗粒与传统饮片临床疗效和安全性总体无显著性差异（$P>0.05$）。其中，16 个经典方经非劣效性检验疗效相当，3 个经典方中药配方颗粒愈显率优于饮片汤剂、总有效率无显著差异，该项目于 1999 年完成课题验收，该项目研究结果为中药配方颗粒的临床推广应用及发展奠定了坚实的基础。

1997—1999 年，江阴天江药业有限公司按国家中医药管理局课题设计要求，选择具有新药临床研究资质的江苏省中医院、浙江省中医院、上海曙光医院等单位，有高级职称中医专家任临床研究组组长，验证了 10 个方 882 例和

801 例对照病例，数据统计结果表明：分煎、合煎均有明显疗效；4 个处方临床疗效分煎优于合煎；6 个处方临床分煎、合煎无明显差异，表明浓缩颗粒供临床配方应用是可行的。广东一方制药厂依靠广东省中医研究院也完成了 10 个处方的合煎、分煎效学研究，结果均证实了浓缩颗粒的药效作用（表 4–1）。

表 4–1　1994 年 7 月 ~1998 年 12 月间开展的中药配方颗粒分煎、合煎研究

项目负责单位	牵头临床机构	研究处方
江阴天江药业有限公司	江苏省中医院、南京市中医院、常州市中医院、无锡市中医院、苏州市中医院、浙江省中医院、杭州市中医院、上海曙光医院等单位	银翘散、葛根芩连汤、半夏白术天麻汤、止嗽散、八正散、藿香正气散、柴胡疏肝饮、补阳还五汤、五味消毒饮、茵陈蒿汤
广东一方制药厂	顺德市第一人民医院（小青龙汤、新加香薷饮），广州中医药大学（逍遥散），湖南省常德市药品检验所（清胃散），广东省中医研究所（羌活胜湿汤、天麻钩藤饮、归脾汤、润肠丸），广州中医药大学第一附属医院、广东省中医研究所（香砂六君子汤）	新加香薷饮、羌活胜湿汤、小青龙汤、天麻钩藤饮、逍遥散、润肠丸、清胃散、归脾汤、银翘散、酸枣仁汤、香砂六君子汤

1994 年 7 月 ~1998 年 12 月期间，经江苏省药品监督管理局、浙江省药品监督管理局及上海市药政部门组织江苏省中医院、南京市中医院、常州市中医院、无锡市中医院、苏州市中医院、浙江省中医院、杭州市中医院、上海曙光医院等单位，共进行了 10 个经典方剂（银翘散、葛根芩连汤、半夏白术天麻汤、止嗽散、八正散、藿香正气散、柴胡疏肝饮、补阳还五汤、五味消毒饮、茵陈蒿汤）临床应用的疗效观察研究。共观察 882 例验证病例和 801 例对照病例。数据统计表明：分煎和合煎均有明显疗效；其中 2 个处方临床疗效分煎优于合煎（银翘散、葛根芩连汤），其他处方临床疗效分煎、合煎无明显差异。中药配方颗粒在临床验证过程中未出现明显过敏或不良反应，表明中药配方颗粒的临床安全性与中药饮片基本等同。

广东一方制药厂先后与全国 18 个省、市、自治区近 200 家有一定科研能力和基础的医学科研机构及临床单位建立了临床科研协作网。各协作单位严格按照国家中医药管理局《单味中药浓缩颗粒研制指南》要求，从 1995 版《中国药典》中筛选出 10 个经典中药方剂，即①新加香薷饮；②羌活胜湿汤；③小青龙汤；④天麻钩藤饮；⑤逍遥散；⑥润肠丸；⑦清胃散；⑧归脾汤；⑨银翘散；⑩香砂六君子汤。根据课题分工，分别进行了有关方剂（每个方剂 100 例，含对照组 50 例）的临床双盲随机对照试验；试验结果表明，单味中药浓缩颗粒配方方便、安全、有效，与传统饮片配方比较，临床疗效无显著性差异。临床等效性研究的结果，有待全部临床观察结束后依据统计学分析处理得出。20个经典方分煎、合煎研究发表的论文见表4–2。

表4–2　20首经典方分煎、合煎研究发表的论文

方剂名称	文献研究	发表年份	研究结论
柴胡疏肝饮	《饮片精制颗粒配方柴胡疏肝饮治疗胃脘痛气滞证的临床观察》	1997年	饮片精制颗粒配方柴胡疏肝饮，治疗胃脘痛气滞证31例，总有效率96.77%，显效率80.65%，均较汤剂对照组高，总有效率90.33%、显效率48.39%，统计学处理总有效数率 P>0.05，但显效率 P<0.01，表明用改革的饮片精制颗粒配方组明显优于汤剂组
半夏白术天麻汤	《半夏白术天麻汤精制颗粒配方与传统煎剂疗效比较》	1998年	选用半夏白术天麻汤饮片精制颗粒治疗眩晕痰浊中阻证患者31例，与采用半夏白术天麻汤传统煎服法治疗者32例作疗效对照，63例患者经以上方法治疗1~2个疗程后，治疗组31例中，16例痊愈（症状及体征均消失）；9例显效（症状及体征明显减轻）；6例有效（症状及体征有所减轻）。对照组32例中，15例痊愈，11例显效，6例有效。经统计学处理表明，两组疗效无显著差异（P>0.05）。说明半夏白术天麻汤饮片精制颗粒与传统煎剂疗效无明显差异，并均有良好的治疗效果
藿香正气散	《饮片精制颗粒配方藿香正气散治疗感冒、呕吐、泄泻60例临床观察》	1998年	治疗组和对照组作常规血象及大便常规化验，结果两组治疗前后恢复正常的比率（转阴率），经统计学处理无显著性差异（P>0.05）。表明用改革的饮片精制颗粒配方组与传统汤剂组疗效无明显差异
茵陈蒿汤	《茵陈蒿汤分煎、合煎对利胆及腹腔巨噬细胞吞噬功能影响的比较研究》	1998年	大鼠经十二指肠分别给予茵陈蒿汤分煎、合煎药液，观察药后0.5h、1h、2h、3h、4h的胆汁排出量，实验结果表明，茵陈蒿汤分煎、合煎的14.85g/kg剂量组能明显增加大鼠胆汁排出量。以茵陈蒿汤分煎、合煎药液对泼尼松造模的小鼠分别灌胃7d，能显著提高其腹腔巨噬细胞的吞噬率和吞噬指数。在两种药效学指标上，茵陈蒿汤分煎、合煎无显著性差异
归脾汤	《归脾汤单煎与合煎药理作用比较研究》	1998年	归脾汤单煎和合煎可明显抑制小鼠自发活动次数，延长小鼠睡眠时间，两种煎剂的作用比较单煎优于合煎；两种煎剂可明显抑制由大黄所致脾虚小鼠胃排空作用，表现为甲基橙残留率上升，合煎优于单煎；对失血性贫血小鼠，两种煎剂均明显提高血红蛋白含量，单煎优于合煎；对小鼠网状内皮系统吞噬功能无明显影响。急性毒性实验表明两种煎剂均无明显毒副作用
酸枣仁汤	《酸枣仁汤单煎与合煎中菝葜皂苷元含量的比较》	1998年	酸枣仁汤分煎与合煎中菝葜皂苷元的含量变化不大，无显著性差异

续表

方剂名称	文献研究	发表年份	研究结论
清胃散	《清胃散单煎与合煎药理作用比较》	1998 年	清胃散单煎、合煎对醋酸所致疼痛均有明显的抑制作用，其中单煎高剂量组扭体次数明显低于合煎高剂量组；此外，可明显促进小鼠小肠推进度，其中合煎低剂量组的小肠推进度明显高于单煎低剂量组。从实验结果量化分析来看，清胃散的单煎、合煎的药理作用之间无明显差异。清胃散的单煎、合煎的急性毒性研究表明，两者均未发现动物死亡，其使用剂量都已远远超过人用量的 100 倍以上
清胃散	《清胃散单煎与合煎中盐酸小檗碱含量的测定》	2000 年	单煎中盐酸小檗碱的含量明显高于合煎
清胃散	《清胃散分煎与合煎中梓醇含量的对比研究》	2000 年	清胃散分煎与合煎中梓醇含量变化较大，合煎高于分煎。是何原因，有待研究
清胃散	《分煎与合煎清胃散中芍药苷含量变化的比较》	2001 年	分煎剂中的芍药苷含量为 0.20%，合煎剂中芍药苷含量为 0.18%，说明两种煎剂中芍药苷的含量无明显差别
羌活胜湿汤	《羌活胜湿汤单煎与合煎抗炎、镇痛作用比较研究》	1999 年	实验结果表明，羌活胜湿汤单煎与合煎有明显的抗炎作用，并能显著降低由醋酸所致小鼠毛细血管通透性；在单煎与合煎等剂量组比较中，合煎高剂量在蛋清性足肿胀 1.4h 时效果优于单煎高剂量，有显著性差异。另外，羌活胜湿汤单煎与合煎有明显的镇痛作用，其镇痛强度未见明显差异。两者急性毒性亦未见明显差异
香砂六君汤	《香砂六君汤分煎与合煎药理作用比较研究》	1999 年	实验结果表明，香砂六君汤分煎和合煎均能明显降低无水乙醇所致大鼠急性胃炎的溃疡级别，显著抑制大鼠幽门结扎型胃溃疡的溃疡级别、胃液量和胃酸排出量，并提高脾虚小鼠胃甲基橙残留率。最大耐受量结果表明，香砂六君汤分煎与合煎均无明显毒副作用。分煎与合煎等剂量组比较，两者数值均无明显差异。回归方程 t 检验、等效剂量药理作用强度比较、等效强度下所需剂量对比分析结果显示，在所观察的药效指标中，分煎数值在一定程度上优于合煎，但统计结果证实分煎、合煎的回归方程均无显著性差异
新加香薷饮	《新加香薷饮分煎与合煎药理作用对比研究》	1999 年	实验结果表明，新加香薷饮分煎与合煎均能明显抑制干酵母所致大鼠发热反应，显著降低发热大鼠体温，增加小鼠腹腔毛细血管通透性，并具有一定的镇痛效果。新加香薷饮分煎与合煎等剂量组比较，数值虽有所不同但均无显著性差异。急性毒性试验结果表明，新加香薷饮分煎与合煎均无明显毒副作用

续表

方剂名称	文献研究	发表年份	研究结论
小青龙汤	《小青龙汤分煎与合煎药理作用对比研究》	1999年	实验结果表明小青龙汤分煎与合煎均有明显的平喘、止咳、增加毛细血管通透性等作用。分煎与合煎等剂量组比较，在二氧化硫刺激引咳法实验中，分煎各剂量组咳嗽潜伏期明显长于合煎等剂量组，$P<0.01$；其余指标差异均无显著性。急性毒性试验结果显示，小青龙汤分煎与合煎均无明显毒副作用。研究表明小青龙汤分煎在等剂量下与合煎效应相等，甚至优于合剂
小青龙汤	《小青龙汤单煎与合煎浓缩颗粒临床疗效比较》	2000年	采用随机双盲对照实验，用单煎与合煎两种不同煎煮方法制成的小青龙汤方，治疗88例慢性支气管炎急性发作期患者。结果表明，两种制剂在临床疗效和相关检验指标等方面均无显著性差异，表明小青龙汤单煎浓缩颗粒可以代替传统饮片汤剂在临床上使用
葛根芩连汤	《葛根芩连汤精制颗粒治疗湿热泄泻临床研究》	2000年	分别用精制颗粒与饮片配方葛根芩连汤治疗湿热泄泻，进行疗效与安全性比较。结果显示，精制颗粒配方组总有效率93.4%，饮片配方组总有效率90%。χ^2=0.22，$P>0.05$，无显著性差异。但在显效率方面精制颗粒配方组为93.4%，饮片配方组为70%。χ^2=6.42，$P>0.05$，有显著性差异。说明葛根芩连汤治疗湿热泄泻结果提示精制颗粒疗效优于传统饮片
葛根芩连汤	《浓缩颗粒组方葛根芩连汤的应用观察与研究》	2000年	将60例泄泻、痢疾患者分2组。治疗组采用单味浓缩颗粒组方葛根芩连汤，对照组采用传统饮片合煎的葛根芩连汤。结果：治疗组30例，痊愈20例，显效8例，无效2例，总有效率为93.4%。对照组痊愈13例，显效8例，有效6例，无效3例，总有效率为90.0%。治疗组治愈率明显优于对照组，总有效率两组无差异
小柴胡汤	《小柴胡汤单煎与合煎药理作用比较研究》	2000年	小柴胡汤单煎和合煎均能显著抑制四氯化碳引起的小鼠血清谷丙转氨酶（SGPT）增高，显著抑制蛋清引起的大鼠足肿胀，显著抑制酵母所致大鼠的体温升高，显著抑制醋酸引起的小鼠腹腔毛细血管通透性增加，显著延长热板法测得的小鼠痛阈，单煎和合煎的作用无显著差别
天麻钩藤饮	《天麻钩藤饮分煎与合煎药理作用比较研究》	2000年	天麻钩藤饮分煎和合煎均能显著降低血瘀大鼠的全血比黏度和血浆比黏度，抑制血小板聚集功能并明显延长最大聚集时间，增加小鼠毛细血管通透性，合煎中、低剂量还能缩短戊巴比妥钠睡眠时间。分煎、合煎等剂量组比较，在通透性实验中分煎、合煎中剂量组数值出现显著性差异，分煎数值明显大于合煎，其余数值虽有所差别，但均无统计学意义。回归方程 t 检验结果表明，在改善血瘀大鼠血浆比黏度方面，分煎明显优于合煎，其余指标均无明显差异。综上所述，天麻钩藤饮分煎与合煎的药效学结果与其功效基本相符

续表

方剂名称	文献研究	发表年份	研究结论
逍遥散	《逍遥散分煎与合煎药理作用比较研究》	2000年	对比研究了逍遥散分煎与合煎对小鼠四氯化碳引起的肝损伤、脾虚胃排空、失血性贫血、自主活动、睡眠时间的影响，结果表明合煎整体效应稍优于分煎，但除红细胞外其余指标两者均无显著性差别

二、文献检索中药配方颗粒与中药饮片（分煎与合煎）疗效比较

2024年4月，在中国知网（CNKI）检索平台，以“中药配方颗粒与汤剂或传统饮片对比”为主题检索，初检共981篇文献，去除重复及不相关文献后，共有221篇。其中，属于化学成分研究类的共15篇（中药配方颗粒疗效优的5篇，占33.3%；疗效相当的7篇，占46.7%；汤剂疗效优的3篇，占20%）；药理药效学研究类的共11篇（中药配方颗粒疗效优的1篇，占9.1%；疗效相当的9篇，占81.8%；汤剂疗效优的1篇，占9.1%）；临床对比研究类共179篇（中药配方颗粒疗效优的69篇，占38.5%；疗效相当的104篇，占58.1%；汤剂疗效优的6篇，占3.4%）；综述类共16篇（中药配方颗粒疗效优的7篇，占43.8%；疗效相当的8篇，占50%；汤剂疗效优的1篇，占6.2%），统计结果见表4–3。

表4–3 中药配方颗粒与汤剂（分煎与合煎）对比研究文献分布表

研究类型	配方颗粒疗效优的文献数（篇）	疗效相当的文献数（篇）	汤剂疗效优的文献数（篇）	总文献数（篇）
化学成分研究	5	7	3	15
药理药效研究	1	9	1	11
临床研究	69	104	6	179
综述	7	8	1	16
合计	82	128	11	221

综上所述，中药配方颗粒疗效优的共82篇，约占37.1%；疗效相当的共128篇，约占57.9%；汤剂疗效优的共11篇，约占5%。

以上研究表明，中药配方颗粒分煎与饮片合煎有效性一致，且安全、无明显毒副作用。

第二节　中药配方颗粒临床应用的研究

一、中药配方颗粒临床疗效和安全性研究

中药配方颗粒企业分别与全国多所中医药大学、科研院所、医院及国家中医药临床研究基地合作，利用其所承担的国家或地方科研立项课题，进行了中药配方颗粒临床疗效和安全性的多学科验证。所选课题均符合《药品临床试验管理规范》和《中药新药临床研究指导原则》的技术要求，采用随机、双盲或单盲临床阴性（安慰剂）和（或）阳性对照。病例全部按规范的诊断标准、排除标准入选，具有客观明确的观测指标。

2010 年，广东一方制药有限公司在北京昌平区中医院、北京顺义区中医院、北京同仁堂中医院、北京房山区中医院等医院进行 240 例银翘散中药配方颗粒治疗上呼吸道感染有效性试验研究和 3550 例中药配方颗粒临床安全性研究。以银翘散饮片汤剂为对照，开展银翘散中药配方颗粒治疗上呼吸道感染（风热证）有效性和安全性的分层区组随机、盲法、多中心临床试验，用于评价银翘散中药配方颗粒治疗上呼吸道感染风热证的临床疗效，并进一步对比中药配方颗粒组方的银翘散对上呼吸道感染风热证的临床疗效是否非劣于饮片汤剂，同时也评价银翘散中药配方颗粒临床应用的安全性。结果表明：治疗组及对照组（银翘散饮片汤剂）治疗上呼吸道感染（风热证）均有较好的临床疗效，愈显率约 70%，退热时间约 14 小时，解热时间约 24 小时。治疗过程中均未出现不良事件。

根据《中药配方颗粒临床研究技术要求》临床安全性研究要求中“通过连续监测进行临床安全性研究，以初步明确安全性风险信号，要求每品种连续监测一般不少于 3000 例”的相关规定，研究采用医院集中监测方法，在北京市顺义区中医院、北京市昌平区中医院、北京同仁堂中医院 3 家医院里进行。共收集有效病例报告表 3550 份，涉及使用中药颗粒剂 442 味。临床使用安全性观察未见不良事件报告。

2012 年，华润三九医药股份有限公司在广东省医疗机构开展了配方颗粒临床用药安全性监测，观察对象为 2010 年版《中国药典》收载的有毒中药材

或文献报道有不良反应的中草药材的59味中药配方颗粒，采用开放式无对照临床观察方法，在深圳市中医院等8家医院开展集中监测，牵头单位广州中医药大学第二附属医院药物临床试验机构。共收集合格病例信息报告表1648份，不良事件发生率为0.97%。

2019年，由华润三九医药股份有限公司申办，广州中医药大学第一附属医院牵头，中国药学会中药临床评价专业委员会技术指导，数百家医疗机构共同参与（临床试验注册号：ChiCTR2000031605）。采用多中心、前瞻性、开放性、非干预性集中监测临床试验方法，第一阶段已纳入病例20547例（2022年2月~2022年4月），研究结果显示华润三九中药配方颗粒临床不良反应发生率为0.015%，属于罕见级别，研究中所有发生不良反应的患者停药后即能痊愈并恢复正常。相关研究结果《中药配方颗粒临床安全性集中监测评价》已发表在《中国中药杂志》。

2021年5月《中医杂志》刊发论文《中药配方颗粒临床研究现状、疗效与安全性的概括性评价》文章，由北京中医药大学循证医学中心对华润三九中药配方颗粒近20年参与发表的临床研究进行统计分析，共692篇。针对纳入中药配方颗粒研究中的样本进行统计、分类，总样本量共68051例，其中三九中药配方颗粒的试验组39740例。通过分析各个不同常见的类型比较治愈率和有效率，得出：中药配方颗粒与传统汤剂的临床疗效基本相当，略有优势（主要体现在依从性上）；中药配方颗粒的临床疗效为中成药的1.8倍，中药配方颗粒联合西药较单用西药的临床疗效更佳；在精神科、皮肤科等科室中药配方颗粒的疗效优于西药的治疗。

表4-4列举了近几年华润三九配方颗粒治疗各种疾病的结果。

表4-4 华润三九配方颗粒治疗各种疾病痊愈率、有效率的随机对照试验Meta分析结果

比较类型	研究数量	试验组		对照组		95%可信区间
		发生数	总数	发生数	总数	
配方颗粒 vs 西医常规治疗						
痊愈率	119	2672	5859	1594	5533	1.59（1.52，1.66）
有效率	160	7285	8123	5601	7302	1.19（1.16，1.22）
配方颗粒 + 西医常规治疗 vs 西医常规治疗						
痊愈率	94	2435	5707	1412	4929	1.51（1.39，1.64）
有效率	110	5647	6285	4190	5645	1.23（1.21，1.25）
配方颗粒 vs 中成药						
痊愈率	43	867	2112	377	1728	1.80（1.64，1.98）

续表

比较类型	研究数量	试验组		对照组		95%可信区间
		发生数	总数	发生数	总数	
有效率	48	2128	2360	1409	1948	1.22（1.17，1.28）
配方颗粒 vs 汤药						
痊愈率	35	767	1577	648	1446	1.08（1.01，1.15）
有效率	44	1705	1889	1519	1761	1.05（1.02，1.07）
配方颗粒 vs 安慰剂						
痊愈率	6	124	286	82	286	1.53（1.10，2.13）
有效率	8	262	315	176	310	1.54（1.19，1.98）
配方颗粒 + 西医常规治疗 vs 配方颗粒安慰剂 + 西医常规治疗						
痊愈率	8	116	402	72	390	1.57（1.24，1.99）
有效率	11	501	542	425	530	1.13（1.04，1.22）
配方颗粒 vs 中医非药物疗法						
痊愈率	7	164	337	102	285	1.41（1.17，1.70）
有效率	11	465	508	306	437	1.27（1.11，1.45）

自2021年起，广东一方制药有限公司与广东省基金委合作开展临床项目研究，与广东省科技厅、广东省基金委联合设立“一方制药联合基金”，广泛开展中药配方颗粒与传统饮片汤剂的临床对比研究，连续3年共支持临床科研课题106项，目前课题按进度正常实施中。

迄今为止，相关多学科立项课题已近千项，据目前已结题项目报告分析：中药配方颗粒在心血管、神经、呼吸、消化、泌尿、代谢等多系统疾病和抗感染等方面以及对中医多种证候，均具有相应的临床疗效，并具有极高的安全性。中药配方颗粒临床疗效与阴性对照组具有显著性差异（$P<0.05$），与阳性对照组无显著性差异（$P>0.05$）。为了论证中药配方颗粒在不同地区、不同人群、不同病种，以及更大范围、更长时间的临床效应与安全性情况，六家试点企业还在全国32个省、市、自治区和特别行政区的多级医疗机构进行了多年普遍性临床观察，并广泛搜集了临床观察报告。数千篇观察报告分析显示：中药配方颗粒在内、外、妇、儿等各科具有广泛的临床效应，其不良反应与传统饮片汤剂相近，并将上述临床观察报告结合其他研究汇编为书籍出版。

中药配方颗粒因其符合中医辨证施治、灵活组方的需求，且临床调配简便，患者使用方便，加之中药配方颗粒发展30多年来，临床数十亿人次使用体验证明其安全有效，受到越来越多临床医生和患者欢迎，成为中药饮片较为理想的一种补充形式，因此，中药配方颗粒有利于推进中医药的传承发展。尤其是新冠疫情发生以来，国家主张“坚持中西医并重、中西药并用”，中医药参与救治病例痊愈和症状改善者占九成，其中中药配方颗粒因产业化程度高、运输方便、组方便捷等优势在应对疫情大考时发挥了重要应急作用。

中药配方颗粒临床使用以颗粒剂口服为主，也可以根据疾病种类和轻重缓急的需要，将中药配方颗粒制成其他的剂型，通过其他的途径使用，如制成煎膏制（膏滋），通过外用药熏洗（浴）剂、灌肠等使用，也得到广泛应用。

二、中药配方颗粒特色临床应用研究

1. 中药配方颗粒在急症治疗方面的临床应用研究

中医诊治急症历史悠久，有着自身的特点与优势，但由于中药剂型的开发和改革不能很好地适应急症临床的要求，从而严重制约了中医药在某些急诊领域中优势发挥。中药配方颗粒的推出，在一定程度上缓解了当前中医临床急诊用药短缺状况，它在急症治疗中的应用价值从理论和实践上得到了证明。

2003 年 4 月 22 日，国家食品药品监督管理局、卫生部、国家中医药管理局联合发出《关于加强防治非典型肺炎药品监督和管理工作的紧急通知（特急）》（国食药监办〔2003〕20 号），在重大疫情中首次提到使用中药配方颗粒："若用配方颗粒进行调配的，应使用国家食品药品监督管理局确定的配方颗粒试点生产企业生产的配方颗粒。其汤剂或组合型配方颗粒都应附有使用说明书……" 2020 年新冠疫情发生后，国家主张"坚持中西医并重、中西药并用"，在武汉抗击新冠疫情期间，在金银潭医院、江夏方舱医院、雷神山医院、火神山医院等全国 350 多家医院和单位，免费配发中药配方颗粒超过 50 万剂，在抗疫战争中发挥了重要作用。

中药配方颗粒急诊处方疾病以重症肺炎、胃肠功能障碍、重症急性胰腺炎、脓毒症为主，常用中药主要为补气药、止咳化痰平喘药、解表药、泻下药。重症肺炎是一种急性重症疾病，需要积极的抢救治疗，通常以西医手段为主，中医治疗为辅。中医学认为，其病位在肺，多伤及胃肠，可根据三焦和卫气营血传变规律进行辨证论治，早期开始中药治疗可减轻肺部渗出，控制炎症过度反应，防止病情恶化，活血化瘀药在早期可截断因感染诱发的"炎症风暴"，避免进一步触发"凝血风暴"。脓毒症是一种全身性炎症反应综合征，早期使用中药方剂可保护因全身炎症反应综合征损伤的血管内皮细胞，减少毛细血管渗漏，减轻毛细血管微血栓形成，降低凝血障碍的发生率，阻断病情进展。

骨伤科医院急诊科对于骨关节伤病的治疗，中药处方选择使用中药配方颗粒的比例明显高于中药饮片，主要是对于急症患者来说，具有取药方便、服用方便、携带方便、存储方便等方面的特点，相比于中药饮片，有一定的时间和空间优势，可更迅速发挥中药的临床疗效，更快减轻骨关节急症发生时的伤痛，让伤痛患处更快痊愈，从而恢复正常工作和生活。

2. 中药配方颗粒在儿科治疗方面的临床应用研究

小儿脏腑娇嫩，形气未充。机体的物质和功能均未发育完善，御邪能力弱，尤其突出表现在肺、脾、肾常不足，心、肝常有余，为稚阴稚阳之体。不仅容易因外感、内伤诸种病因而致病，而且发病之后，病情变化迅速，易虚易实、易寒易热，寒热和虚实之间也易于兼夹与转化，形成迁延不愈之慢性病。医院儿科中药颗粒剂主治疾病以小儿感冒、小儿肺炎、慢性咳嗽多见，其次是小儿泄泻、消化不良、小儿哮喘、小儿厌食，医院儿科用药主要以解表药、清热解毒药、止咳化痰平喘药、健脾和胃药多见，因此对儿科处方中的药味以及服药剂量的要求相对灵活。

中药配方颗粒在儿科用药方面的优势主要有以下几个方面。

（1）符合儿科处方灵活多变的特点　长期以来，我国儿童制剂都存在品种紧缺的问题，这种缺乏主要体现在供儿童专用的药物、适宜儿童服用的剂型以及相应的规格缺乏。中药配方颗粒因其便于服用，同时可以随证分型、加减组方，因此很大程度上能够满足儿科临床的用药需求，能够满足儿童用药灵活多变的特点，弥补儿童制剂不足的缺陷。

（2）符合儿科剂量灵活多变的特点　儿童用药量相对较小，而且各年龄段、病情的严重程度不同用药量都不同，智能调配机的运用解决了配方颗粒规格单一的缺陷，使配方颗粒的调配更加精细化，通过调配机调配的每一付药都是为患儿量身定制的，药师不再为如何做用药交代而苦恼，患儿家长也不必再为如何拆分中药而困扰。

（3）儿童服药依从性较好　药量易于控制，较适宜儿童用药，与成人相比儿童患者大多数存在服药困难的情况，家庭煎煮或者医院代煎，煎煮后药液量过大，患儿很难饮完，以致药物浓度达不到治疗量，降低了临床疗效。中药配方颗粒可以针对患儿的实际情况对加水量自行调节，对于年龄较小、服药更为困难的患儿，冲服时加水要少，以 1~2 口服完即可。

（4）符合儿童用药的安全性　中药配方颗粒严格控制重金属、农药残留、黄曲霉毒素、硫磺熏蒸等问题，同时也避免了虫蛀、霉变、走油等导致的不易贮存的问题。每味配方颗粒从其药材来源、饮片炮制、制剂工艺、质量检验到成品包装都有相对科学的动态质量控制，采用优化的制备工艺，使用规范化的标准。对于儿童来说是更为安全可靠。

中药多数味苦，儿童的味蕾极其敏感，对味道的要求比较高，导致儿童服用中药的依从性不高，传统汤剂煎煮过滤后，残渣较少，而目前使用的配方颗粒药味多，药量大时，冲服药液较稠厚，残渣较多，药味较苦，口感不及传统中药汤剂。目前有经验的医生尽量避免服用味苦的药，如黄连、苦参等，并结合病情添加改善口感的药，如甜叶菊、甘草、龙眼肉等，或者叮嘱家长适当加入甜味矫味剂，今后要进一步发挥配方颗粒在儿科用药的优势，生产企业应加强制剂研究，改善配方颗粒的口感。

3. 中药配方颗粒在皮肤科外用治疗方面的临床应用研究

中医皮肤病科是中医学的优势学科，其以内治为基础，以外治为特色，经过数千年的积淀，构建了较为完善的内外合治体系，具有确切的临床疗效。中药配方颗粒从原料来源、生产到包装，均有严格的行业标准，保证了药物的优良品质与疗效。对于中药的外用治疗，就其外用过程而言，时间就较内服药物多，再加上煎药时间，整个外用治疗过程所花的时间和成本难以估计。使用中药配方颗粒代替中药饮片，不仅省去了熬药的时间，因其是密封包装，携带和保存均很方便，综合起来大大降低了外用治疗的难度，提高了患者的依从性，疗效也得到了保证。

中华中医药学会皮肤科分会 2021 年发表在《中国中西医结合皮肤性病学杂志》上的文章《中药配方颗粒外用治疗皮肤病的专家建议》，全面系统提出了中药配方颗粒在皮肤病治疗中配制外用剂型的配制方法、临床应用、使用方法和推荐方剂，为临床外用提供了参考（表 4–5）。

表 4–5 中华中医药学会皮肤科分会关于中药配方颗粒外用治疗皮肤病的专家建议

剂型	配制方法	使用方法
软膏	①根据组方，将一定量中药配方颗粒混合后加入煮沸的蒸馏水中，并持续搅拌使其完全溶解为药液，将药液（10%）倒入溶化为液态的凡士林、甘油及羊毛脂混合基质（90%）中，搅拌均匀，冷却为膏。②将中药配方颗粒按一定比例加入液态凡士林中，充分搅拌均匀成膏	外涂患处，每日 2~3 次。对于肥厚性湿疹、银屑病及硬皮病等可予封包方法给药，疗效更佳
洗剂	根据组方，将中药配方颗粒加入蒸馏水中，煮沸，搅拌至其完全溶解，冷却为溶液，以供临床应用	主要通过溻渍、浸浴等方法，每日 1~2 次。对于急性炎症性皮肤病宜应用 4~10℃药液冷溻渍治疗，10~15 分钟 / 次；对于泛发性慢性炎症性皮肤病，宜采用中药浸浴方式给药，水温 38~40℃，时间 20~30 分钟 / 次

续表

剂型	配制方法	使用方法
酊剂	将适量中药配方颗粒研细后，装入瓶中，加入一定浓度的乙醇，持续搅拌，待充分溶解并静置1小时后，滤过沉淀物，留存药液即得。除含有毒剧药品的中药酊剂外，每100ml酊剂相当于原饮片20g	薄涂于患处，每日2次。对于斑秃区域在外用药前轻摩擦至微红热后再涂酊剂，疗效更佳；对于补骨脂类药液，在外涂药物后进行适当光照，疗效更佳。中药酊剂需密封放置在阴凉干燥处，必要时可冷藏；有一定刺激性，皮肤皱褶及敏感部位慎用，黏膜部位禁用
散剂	将中药配方颗粒根据药材硬度及性质不同，采用共研或分研法方式研细，过6号药筛后，装入密封瓶中备用	外涂患处，每日2~3次。临床多掺于膏剂或调配成糊剂应用
糊剂	应用水、醋、酒、蜂蜡或植物药榨取的汁液等液态基质或药物，以固体药物含量25%~50%为原则，将散剂搅拌匀为糊	涂擦患处，每日2~3次。调配糊剂所应用的液态基质（药物）对于功效有一定影响，如应用酒调制，可加强散剂的祛风、杀虫、止痒、散寒、活血通络功效，应用醋调加强收敛、软坚、散结、止痛功效，应用蜂蜡调加强甘缓、润肤功效。糊剂不易清洗，更换药物时应先用油剂将原有的糊剂清除
烟熏剂	以药条最为常用，将中药配方颗粒与艾绒搅拌混匀，并应用较粗糙草纸上艾绒与药物混合物，卷成柱形	将药条点燃后熏皮损处，15~30分钟/次，每日1~2次。防止烫伤；有慢性呼吸道疾病者慎用

4. 中药配方颗粒在膏方中的临床应用研究

膏方具有药效持久、药物浓度高、口味好、药效缓和、可长期服用且服用方便的应用特点，在中医临床治疗与养生保健中均得到较为广泛的应用。中药配方颗粒应用于膏滋的制备中具有较多的优点，能实现膏方的大规模生产，使膏方得到推广与发展。江阴天江药业有限公司在2009年中国首届中医膏方高峰论坛总结采用中药配方颗粒快速制作膏方的经验，提出具体的工艺（表4–6），并与中药饮片制备膏方进行对比，采用中药配方颗粒快速制作膏方具有一定的优势。

（1）节省人工　中药饮片制备膏方的所有工序都需有专人负责，而采用中药配方颗粒则省去了浓缩之前工序的人工，制备膏方的时间缩短进而也减少了人工。

（2）缩短时间　中药饮片制备膏方，其清洗、浸泡常常需要2~4小时，接下来的煎煮、静置、沉淀、过滤、浓缩及收膏等工序至少需要16小时。而采用中药配方颗粒制备膏方，中药配方颗粒是水煎剂的浓缩体，省去了浓缩之前的多道工序，也节省出了10余小时，接下来制备时间只剩加热的半小时时间，将制膏时缩短至之前所需时间的 1/30~1/20。

（3）节省场地 膏方一人一方，难以实现批量生产，若对每一料中药饮片浸泡、煎熬、静置、沉淀，需要较多的桶来盛装，也需要较大的占地面积来用以摆放，采用中药配方颗粒制备膏方则不需如此庞大的场地。

（4）供药快 采用中药配方颗粒制备膏方，当天收方即可进行配制，1~2 天可供货给客户，中药饮片制膏则至少需要患者等 1 周。

（5）保证质量 中药配方颗粒的生产严格采用了道地中药材，在制备生产过程中严格把控了药材质量金属含量及农残量，所得成品含量规范符合质量标准，是标准化、规范化且质量严格可控的成品，相比较中药饮片制膏而言，避免了其质量不可控的缺陷；同时还避免了因专业检测手段与专业人才的缺乏所导致的中药饮片本身有可能存在的假冒伪劣现象；此外，膏方中常含有较多的滋补药，滋补药需要经历较久的煎熬，直接中药饮片熬制往往煎 2 次共 2 小时，中药配方颗粒的制备中对于饮片的煎煮时间更长，加水量也更多，进而保证了足够的煎熬时间，对于不耐热的品种还常给予特殊处理进而保证药效不被破坏，充分保证了药效。

表 4–6 中药配方颗粒快速制备膏方工艺

工序	具体方法
备料	根据处方准备相应剂量、品种的细料、辅料及中药配方颗粒
溶解	将所有中药配方颗粒放入不锈放容器，少量温开水对中药配方颗粒进行润透，随后加 2~2.5L 开水，边加水边进行搅拌，直至中药配方颗粒均匀溶解。若用糖收膏则加 2.5L 水，若用蜂蜜收膏则加水量可略少，2L 即可
加热	将溶解均匀的中药配方颗粒浓溶液置于文火进行加热煮沸，若使用龟板膏、阿胶等可烊化后加细料，向已煮沸浓溶液中加入所需细料，加糖或加蜂蜜 300~500g
收膏	在加入糖或蜂蜜后，边熬制边搅拌，以免粘锅，待膏体均匀清亮且黏稠，则表明收膏完成，一般能得到膏 2L 左右
装瓶	将所制得的膏滋装至 0.5L 大口瓶，注意大口瓶的瓶体应充分清洁且干燥，装入膏滋后密封瓶口，放置至充分冷却后冷藏于冰箱中。所制得的膏方应在 2 个月内服用

第三节　中药配方颗粒调剂设备临床应用

一、中药配方颗粒调剂设备的特点

中药配方颗粒多采用固定剂量的铝箔复合膜包装，因为每味包装剂量固定，医生开方需要根据不同患者按整数倍开方，医生开处方需兼顾配方颗粒的当量，中药配方颗粒调剂设备由此诞生，彻底实现了医生处方药量的自由选择，真正体现了中医药的辨证论治、随证加减的治疗原则，推动了中药配方颗粒在临床上的应用。

中药配方颗粒调剂设备通过处方建立或通过院内住院管理系统（HIS）传输，将医生所开具的中药饮片剂量处方自动转换成中药配方颗粒剂量，利用对应单个品种的中药配方颗粒堆密度，计算对应单剂所需要的体积，调剂驱动部件控制专用瓶盖对应的体积，实现了中药配方颗粒在自身重力下精准调剂，将每味中药配方颗粒以付为单位逐一下到药盒或药袋（如一剂药分成两盒或两袋，每次使用 1 盒或 1 袋或遵医嘱）。中药配方颗粒调剂设备不仅方便医生开处方，而且调配出来的包装也方便患者的携带与使用。

二、中药配方颗粒调剂设备的发展

华润三九医药股份有限公司从 1995 年开始立项自主研发国内第一代现代智能化中药房设备，并于 2000 年 9 月推出第一代三九现代智能化中药房设备，在北京召开“国家‘863’项目中药电子调配中心验收暨推广新闻发布会”，推出最新研制的高技术含量产品“中药电子调配中心”，属国内首创。项目一经展示即受到与会代表的高度评价和广泛瞩目，一致认为中药电子调配中心具有取药准确、药量精确、故障报警、实用安全、便于管理等几大特点。

传统中药房给人的印象是庞杂、繁琐的景象，成堆的药材，成排的中药柜，忙碌抓药称药的中药师，而中药电子调配中心的投入使用彻底改变这一景象。电子调配中心占地面积只有 4 平方米却可容纳 480 味中药，通过电脑控制将药方输入，高速机械手，在不到 1 分钟的时间内即可抓取一副中药，取药的准确性大和效率极高，而且很大程度上解决了传统中药房的环境，药材保存以及库存管理等固有弊端。与“中药电子调配中心”相配套的三九中药配方颗粒既保持了中医辨证诊治之长又具有中成药携带方便之美。

此项目的研发及验收由国家“863”计划课题组专家清华大学贾培发教授牵头完成，通过国家“863”科研成果验证并取得 11 项国家专利，对于传统中药房的改革和中药现代化具有战略性意义。

广东一方制药有限公司与湖北省机电研究设计院开始共同立项、研发中药配方颗粒调配系统，双方经过攻克重重技术难题，于 2000 年推出首款中药自动调配系统用于调配中药颗粒剂。该系统首次实现了颗粒剂的自动调配，其具有自动重量、自动调剂、自动封装及配伍安全用药提示等功能。该系统的成功研发为后期的中药配方颗粒调配系统的研发、生产奠定了坚实的基础。

2002 年，四川新绿色药业科技发展有限公司开发出国内第一代中药配方颗粒调剂设备，沿用手工称量，实现对中药配方颗粒的随证加减，从无到有，实现了中药配方颗粒调配的重大突破。2005 年，第二代中药配方颗粒调剂设备，融合现代技术，用机器下药取代手工称量，实现中药配方颗粒调剂过程的全机械化。2009 年 10 月，第三代中药配方颗粒调剂设备，攻克下药不精准的难题，实现调剂设备的临床应用，被中国中医药科技开发交流中心列入科技成果推广项目。根据市场的需求，第三代设备采用轻便化设计，目前已发展为桌面式微型双工位，占地仅 0.4 平方米，受到小型医疗机构的欢迎。2012 年 4 月，第四代中药配方颗粒调剂设备，攻克发药效率的难题，采用多工位同时下药，日处理处方在 150 张以上，成为目前临床采用最为广泛的设备、行业中发药效率最高的设备。2013 年 9 月，第五代中药配方颗粒调剂设备，实现全自动发药，成为中药房转型自动化的战略性设备。2019 年 12 月，第六代中药配方颗粒调剂设备，集成视觉监控系统、指纹识别系统等，推动中药房设备由机械自动化向智能化全面转型。六代更迭，掌握 200 余项专利，开启中药房智能化新纪元。

自 2008 年以来，广东一方制药有限公司、北京康仁堂药业有限公司、江阴天江药业有限公司、华润三九现代中药制药有限公司、四川新绿色药业科技发展有限公司、培力（南宁）药业有限公司、神威药业集团有限公司、石家庄以岭药业股份有限公司、江西百神药业股份有限公司、江西纳弗堂制药有限公司、湖北辰美中药有限公司等与国内多家设备厂家如北京和利康源医疗科技有限公司、北京恒安众生科技有限公司、湖南长沙创华睿科技有限公司、观道科技有限公司、广东广桉科技有限公司、成都宇亨智能科技有限公司、浙江银信博荣电子科技股份有限公司等联合研制推出中药配方颗粒调剂设备，为中药配方颗粒的推广提供了完整的解决方案，涵盖中药配方颗粒的贮存、处方管理、自动调剂、药品封装、设备管理等各个环节，已成功应用于医疗机构，实现了中药配方颗粒调配的创新性变革。

目前中药配方颗粒调剂设备主要分为以下 3 种。

1. 盒装中药配方颗粒调剂设备

中药配方颗粒调配设备的先进性直接影响市场对配方颗粒的接受度，中药配方行业的快速发展，促使中药配方颗粒生产企业加大对医疗机构中药房现代化建设，投入大量资金与调剂设备生产企业进行联合研发调剂设备。目前国内具有中药配方颗粒调剂设备研发能力的厂家结合现有技术、市场需求等因素，在技术上进行多项创新，可供应超过 30 款机型供医疗机构选择使用，所投放的机型以盒装为主，有半自动及全自动。此阶段的机型在硬件设计方面，可用于调剂的调剂部个数 2~18 个，瓶盖的出药口 1~7 个，自带封口装置，可实现连续调剂作业。在软件、信息化方面，具备了定位显示、药量监测、自动识别调剂可视化、标签自动打印、信息回传、信息推送等功能，为实现智能化中药房的建设、智能调剂中心、共享中药房的建设提供强有力的信息保障。

2. 袋装中药配方颗粒调剂设备

2019 年之后，为了解决中药配方颗粒生产企业运营成本，更好地服务广大中药配方颗粒终端用户，中药配方颗粒生产企业与调剂设备生产企业投资研发袋装调配设备，最终研发出适用于药品直接落入袋装的中药配方颗粒调剂设备并全面供应给医疗机构使用。袋装机型的研发成功，与盒装调配出的盒装制剂相比体积更小，进一步减少了患者携带药品的体积，更加能够满足临床用药的方便性。

3. 中药配方颗粒流动应急智能中药房

四川新绿色药业科技发展有限公司结合中药配方颗粒智能调配系统，成功研制出中药配方颗粒流动应急中药房，解决了疫情、灾区、战时的应急用药，使其在第一时间用上中药，在地震救灾、在疫情抗疫上发挥特殊作用，解决了中药应急救治的难题。传统中药处方灵活，一人一症一方，涉及饮片因品种多，饮片存储条件受限、需要煎煮等特性，限制了中医药在应急医疗方向的发展。流动应急智能中药房使其可适用于公共卫生应急响应、中医急诊等不同场景的应急救治。与传统药房相比，流动应急智能中药房机动性强，占地面积小，品种齐全，能独立动作。随着调配系统的不断更新换代，流动应急智能中药房也在不断更新，大大提升了发药效率，能够更好地为广大人民群众服务。

北京和利康源医疗科技有限公司依托对中药配方颗粒调剂设备十几年的研发经验，积极响应国家号召，根据移动中药房应用场景、需求对调剂设备进行了创新性开发，于2021年推出了车载调剂设备——移动中药房，满足了医院和人民群众对于应急、快速救治的可移动中医问诊、现场配方、快速取药的需求。车载中药配方颗粒调剂设备和药柜的配套使用，还原出了大型医院中药房的使用场景，让患者快速取药，真正实现了“让药等人”。中药配方颗粒调剂药品具有统一规格，统一剂量，统一质量标准的特性，患者带回家后直接用水冲服，无需煎煮，方便快捷。移动中药房的出现，提高了大医院服务半径，缓解边远山区缺医缺药的问题，极大地提升了中医药惠及百姓的便捷性和及时性。

三、中药配方颗粒调剂设备的展望

目前应用于市场使用的调剂设备超过2.5万台，深受医疗机构的一致好评，由中药配方颗粒调剂设备调剂使用的中药配方颗粒占比超过70%，且呈逐年上升趋势。目前市场使用的中药配方颗粒调剂设备，绝大多数都是由中药配方颗粒企业投放给医疗机构调剂使用，同一医疗机构内存在多家企业投放的调剂设备，在资源整合方面有待提高。国内生产的中药配方颗粒调剂设备不仅大规模应用于国内市场，也发往法国、新加坡、荷兰、美国等国家和地区使用。

中药配方颗粒调剂设备经过20多年的发展，在技术上已经非常成熟，深受消费者的欢迎，但还有很大的发展空间，未来仍需要做好以下工作。

一是加快推进行业标准建设，调剂设备经过多年的发展，作为一个新兴产业，统一标准至关重要。2024年4月，国家工业和信息化部公示了《中药配方颗粒调剂设备》（JB/T 20207—2024）的行业标准，规定了中药配方颗粒调剂设备的分类和标记、要求、试验方法、检验规则、标志、使用说明书、包装、运输和贮存等标准。统一标准是一个行业良性发展的前提，中药配方颗粒调剂设备未来的发展要在袋装技术的基础上，实现自动化、快速化、精准化、标准化，中药配方颗粒调剂设备不受限于颗粒特性及生产堆密度的影响，应能适应不同厂家颗粒的特点。

二是加快信息自动化建设，企业生产时只需要标示产品信息，现有的堆密度、重量由调剂机现场称重录入，堆密度通过现场称重与类似于红外、激光感应后核算对应产品的堆密度，从而大大提高调剂设备的适用性，助力中药配方颗粒事业的发展。

三是加快实现调剂设备资源共享，随着中药配方颗粒国家标准、省级标准的公布与应用，中药配方颗粒生产企业按“调配机颗粒”的统一标准生产中药配方颗粒，各种参数和质量应相对统一，实现同一调剂设备可调剂不同企业的中药配方颗粒，实现资源的充分共享，推动调配设备研发和生产的集中化，生产成本进一步降低，同时发展出更多小型设备，使调剂设备适用于各种场景，尤其是满足基层医疗机构使用需求，进一步扩大调剂设备的覆盖面。

第四节　中药配方颗粒与中成药处方用量比较

中药配方颗粒国标省标产品是标准化的工业化产品，一方面药效物质基础与中药饮片的家庭煎煮保持一致性，另一方面又具有工业化产品的特点，例如提取程度更充分、添加辅料等特点，这些与同是标准化的工业化产品的中成药颗粒剂、口服液、合剂有相似之处。

中医师开始使用中药配方颗粒时，通常是按照中药饮片的处方经验用量，经过长时间使用，逐步加深对中药配方颗粒用药规律的认识，总结体会进而作出适当用量调整，所以不同的医生面对复杂的病情时中药配方颗粒用量有所变化，但是无论怎么变化，《中国药典》规定的中药饮片用量范围是中药配方颗粒临床用量的重要依据，因此，通过比较中成药处方与《中国药典》规定的中药饮片用量范围，可以了解中成药用量与中药配方颗粒用量的差异。

本节对 2020 年版《中国药典》一部 279 个中成药处方进行分析，可为中医师在临床开中药配方颗粒处方时，或者从使用中成药转为使用中药配方颗粒时提供剂量参考。

对 2020 年版《中国药典》一部中成药中颗粒剂、口服液和合剂的品种进行了分析，虽然中药配方颗粒和这些中成药在工艺上不能完全等同，中药配方颗粒只能采用水提取，而中成药部分会采用醇提、醇沉等方式，但我们认为这 3 种剂型与中药配方颗粒临床使用较为接近，2020 年版《中国药典》一部收载颗粒剂中成药 194 个、口服液中成药 69 个、合剂中成药 24 个，共 287 个中成药，其中儿宝颗粒、龙牡壮骨颗粒、宝咳宁颗粒、健儿乐颗粒、健儿消食口服液、儿感退热宁口服液、祛痰灵口服液为儿童用药，用量较小，滋心阴口服液因制法项无制成量，故剔除了这 8 个中成药，重点对其余的 279 个中成药进行了分析。

一、《中国药典》279 个中成药处方药味数量分析

对 279 个中成药的处方组成药味数量进行了分析，由图 4–1 可知，279 个中成药平均处方药味数量是 8 味，药味数量最多的前三位分别是 8 味、6 味、7 味，共占总数的 30.5%，相对来说药味数量不是很多。

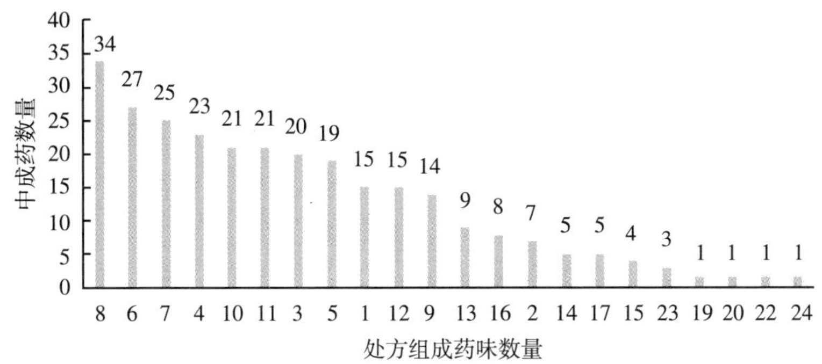

图 4–1 279 个中成药的处方组成药味数量图

二、《中国药典》279 个中成药处方每日饮片处方量分析

279 个中成药均有处方、制法和用法用量，根据每日服用的次数、袋数等信息可以算出成人每日剂量相当于中药饮片量，以最低量为每日剂量下限，以最高量为每日剂量上限，以垂盆草颗粒为例：20000g 鲜垂盆草饮片制成 1000g 含糖型颗粒，每袋装 10g，一次 1 袋，一日 2~3 次，由此计算出一日 2 次时，每日剂量下限为 400g；一日 3 次时，每日剂量上限为 600g。对 279 个品种的每日剂量下限及每日剂量上限进行了统计，统计数据见表 4–7。

表 4–7 279 个中成药处方组成药味数量及每日剂量汇总表

序号	剂型	处方名	处方组成药味	每日剂量下限（g）	每日剂量上限（g）
1	颗粒剂	垂盆草颗粒	1	400.00	600.00
2	合剂	生白合剂	11	240.00	240.00
3	颗粒剂	脉络舒通颗粒	12	206.16	206.16
4	颗粒剂	排石颗粒	10	165.24	165.24
5	颗粒剂	复芪止汗颗粒	6	130.40	130.40

续表

序号	剂型	处方名	处方组成药味	每日剂量下限（g）	每日剂量上限（g）
6	合剂	生血宝合剂	7	120.06	120.06
7	颗粒剂	舒尔经颗粒	11	115.98	115.98
8	颗粒剂	乳疾灵颗粒	12	115.50	231.00
9	颗粒剂	妇乐颗粒	10	110.83	110.83
10	颗粒剂	丹膝颗粒	12	108.03	108.03
11	合剂	养阴生血合剂	7	105.00	105.00
12	合剂	孕康合剂（孕康口服液）	23	99.50	99.50
13	颗粒剂	孕康颗粒	23	99.50	99.50
14	颗粒剂	痛经宝颗粒	9	97.00	97.00
15	颗粒剂	产复康颗粒	12	96.00	96.00
16	颗粒剂	乳宁颗粒	12	92.07	92.07
17	颗粒剂	加味生化颗粒	10	91.44	91.44
18	口服液	双黄连口服液	3	90.00	90.00
19	颗粒剂	双黄连颗粒	3	90.00	90.00
20	颗粒剂	鼻咽清毒颗粒	8	87.36	87.36
21	颗粒剂	维血宁颗粒	8	86.24	86.24
22	颗粒剂	胃疡灵颗粒	6	86.00	86.00
23	口服液	消栓口服液	7	84.00	84.00
24	颗粒剂	消栓颗粒	7	84.00	84.00
25	颗粒剂	花红颗粒	7	84.00	84.00
26	颗粒剂	复方瓜子金颗粒	6	84.00	84.00
27	颗粒剂	茵芪肝复颗粒	10	81.25	81.25
28	颗粒剂	瘀血痹颗粒	11	80.40	80.40
29	颗粒剂	感冒舒颗粒	9	80.10	80.10
30	颗粒剂	生血宝颗粒	7	80.04	120.06
31	口服液	止嗽定喘口服液	4	80.00	120.00
32	口服液	复方双花口服液	4	80.00	80.00
33	颗粒剂	三九胃泰颗粒	8	80.00	80.00
34	合剂	维血宁合剂	8	79.46	95.35
35	颗粒剂	天智颗粒	12	77.99	77.99
36	口服液	镇心痛口服液	9	77.97	77.97
37	颗粒剂	津力达颗粒	17	77.06	77.06
38	口服液	坤宁口服液	11	75.00	75.00
39	口服液	复方芩兰口服液	4	75.00	90.00
40	颗粒剂	宫宁颗粒	11	72.54	72.54

续表

序号	剂型	处方名	处方组成药味	每日剂量下限（g）	每日剂量上限（g）
41	颗粒剂	感冒退热颗粒	4	70.42	140.83
42	颗粒剂	葛根汤颗粒	7	70.04	70.04
43	颗粒剂	复方杏香兔耳风颗粒	2	70.02	70.02
44	颗粒剂	苦甘颗粒	9	68.98	68.98
45	颗粒剂	益气通络颗粒	5	65.99	65.99
46	口服液	柴连口服液	6	63.00	63.00
47	口服液	芪冬颐心口服液	13	62.70	62.70
48	颗粒剂	芪冬颐心颗粒	13	62.70	62.70
49	口服液	风热清口服液	6	60.15	80.20
50	颗粒剂	补白颗粒	8	60.08	60.08
51	颗粒剂	荜铃胃痛颗粒	11	60.00	60.00
52	口服液	心荣口服液	6	60.00	60.00
53	颗粒剂	颈痛颗粒	7	60.00	60.00
54	颗粒剂	金莲清热颗粒	7	60.00	60.00
55	颗粒剂	复方金黄连颗粒	5	60.00	60.00
56	颗粒剂	二丁颗粒	4	60.00	60.00
57	口服液	丹红化瘀口服液	7	60.00	120.00
58	颗粒剂	五黄养阴颗粒	5	59.96	59.96
59	口服液	鼻窦炎口服液	14	59.10	59.10
60	颗粒剂	齿痛消炎灵颗粒	10	58.80	58.80
61	颗粒剂	乳块消颗粒	6	57.75	57.75
62	口服液	养心定悸口服液	9	57.36	57.36
63	颗粒剂	骨疏康颗粒	7	57.12	57.12
64	颗粒剂	利咽解毒颗粒	16	56.92	75.89
65	颗粒剂	妇宝颗粒	12	56.56	56.56
66	颗粒剂	固本统血颗粒	10	55.50	55.50
67	颗粒剂	益肾灵颗粒	13	54.48	54.48
68	颗粒剂	通乐颗粒	6	54.00	54.00
69	颗粒剂	益心通脉颗粒	8	53.25	53.25
70	颗粒剂	乙肝宁颗粒	13	52.74	52.74
71	颗粒剂	丹香清脂颗粒	8	52.56	52.56
72	口服液	大川芎口服液	2	52.50	52.50
73	颗粒剂	安神宝颗粒	3	52.50	105.00
74	颗粒剂	安宫止血颗粒	2	52.42	52.42
75	颗粒剂	双虎清肝颗粒	12	52.08	104.16

续表

序号	剂型	处方名	处方组成药味	每日剂量下限（g）	每日剂量上限（g）
76	颗粒剂	通乳颗粒	15	51.28	51.28
77	颗粒剂	滑膜炎颗粒	13	51.12	51.12
78	颗粒剂	小建中颗粒	5	50.99	50.99
79	颗粒剂	益肾化湿颗粒	16	49.50	49.50
80	颗粒剂	抗感颗粒	3	48.99	48.99
81	颗粒剂	小青龙颗粒	8	48.05	48.05
82	颗粒剂	胃苏颗粒	8	48.01	48.01
83	口服液	舒心口服液	7	48.00	48.00
84	口服液	克感利咽口服液	14	47.94	47.94
85	颗粒剂	养胃颗粒	8	45.47	45.47
86	合剂	桑菊感冒合剂	8	45.36	60.48
87	合剂	独活寄生合剂	15	45.36	60.48
88	合剂	八正合剂	9	45.14	60.18
89	口服液	清热解毒口服液	12	45.03	90.06
90	颗粒剂	天麻钩藤颗粒	11	45.03	45.03
91	颗粒剂	养血清脑颗粒	11	45.00	45.00
92	颗粒剂	阴虚胃痛颗粒	7	45.00	45.00
93	颗粒剂	银翘解毒颗粒	9	45.00	45.00
94	颗粒剂	芪明颗粒	8	44.98	44.98
95	口服液	柴银口服液	11	44.10	44.10
96	颗粒剂	增液颗粒	3	42.12	42.12
97	颗粒剂	板蓝根颗粒	1	42.00	56.00
98	颗粒剂	暑湿感冒颗粒	11	42.00	42.00
99	颗粒剂	尪痹颗粒	17	41.82	41.82
100	颗粒剂	金贝痰咳清颗粒	10	41.04	41.04
101	颗粒剂	益母草颗粒	1	40.50	40.50
102	颗粒剂	消炎退热颗粒	4	40.00	40.00
103	口服液	清肝利胆口服液	5	40.00	60.00
104	颗粒剂	慢支固本颗粒	4	40.00	40.00
105	口服液	九味羌活口服液	9	40.00	60.00
106	颗粒剂	痛泻宁颗粒	4	39.00	78.00
107	颗粒剂	乙肝养阴活血颗粒	16	38.50	77.00
108	颗粒剂	表实感冒颗粒	11	38.50	77.00
109	合剂	小建中合剂	5	37.74	56.61
110	颗粒剂	尿感宁颗粒	5	37.58	50.10

续表

序号	剂型	处方名	处方组成药味	每日剂量下限（g）	每日剂量上限（g）
111	颗粒剂	外感风寒颗粒	12	37.51	37.51
112	颗粒剂	四物颗粒	4	37.50	37.50
113	颗粒剂	乙肝益气解郁颗粒	16	37.31	74.63
114	口服液	微达康口服液	7	36.60	109.80
115	合剂	栀芩清热合剂	6	36.02	72.04
116	颗粒剂	滋心阴颗粒	4	36.00	36.00
117	口服液	双丹口服液	2	36.00	36.00
118	颗粒剂	断血流颗粒	1	36.00	36.00
119	颗粒剂	升血颗粒	5	36.00	36.00
120	颗粒剂	胃舒宁颗粒	6	35.90	35.90
121	颗粒剂	颈舒颗粒	7	35.63	35.63
122	颗粒剂	澳泰乐颗粒	4	34.95	34.95
123	颗粒剂	利肝隆颗粒	8	34.76	34.76
124	口服液	补心气口服液	4	33.99	33.99
125	颗粒剂	气滞胃痛颗粒	6	33.60	33.60
126	颗粒剂	芩暴红止咳颗粒	3	33.36	33.36
127	颗粒剂	脂康颗粒	5	32.03	32.03
128	颗粒剂	肾康宁颗粒	8	31.80	31.80
129	颗粒剂	达立通颗粒	12	31.30	31.30
130	合剂	肾宝合剂	22	31.21	62.41
131	口服液	芩暴红止咳口服液	3	31.20	31.20
132	合剂	复方扶芳藤合剂	3	31.20	31.20
133	颗粒剂	清宣止咳颗粒	9	30.60	30.60
134	合剂	归脾合剂	12	30.09	60.18
135	合剂	宣肺止嗽合剂	10	30.06	30.06
136	口服液	蒲地蓝消炎口服液	4	30.03	30.03
137	口服液	玉屏风口服液	3	30.00	30.00
138	颗粒剂	玉屏风颗粒	3	30.00	30.00
139	颗粒剂	辛芩颗粒	10	30.00	30.00
140	合剂	小青龙合剂	8	30.00	60.00
141	合剂	四物合剂	4	30.00	45.00
142	颗粒剂	热淋清颗粒	1	30.00	60.00
143	颗粒剂	九味羌活颗粒	9	30.00	45.00
144	颗粒剂	黄芪颗粒	1	30.00	30.00
145	口服液	柴黄口服液	2	30.00	90.00

续表

序号	剂型	处方名	处方组成药味	每日剂量下限（g）	每日剂量上限（g）
146	口服液	柴胡口服液	1	30.00	60.00
147	口服液	感冒清热口服液	11	29.50	29.50
148	颗粒剂	女珍颗粒	10	29.40	29.40
149	颗粒剂	玉泉颗粒	10	29.28	29.28
150	口服液	西汉养生口服液	12	28.20	28.20
151	颗粒剂	虚寒胃痛颗粒	8	27.88	27.88
152	合剂	补中益气合剂	8	27.72	41.58
153	颗粒剂	消栓通络颗粒	11	27.09	27.09
154	口服液	活力苏口服液	6	27.00	27.00
155	合剂	止血复脉合剂	4	26.40	70.40
156	合剂	热炎宁合剂	4	26.04	104.16
157	颗粒剂	灵莲花颗粒	8	26.01	26.01
158	颗粒剂	热炎宁颗粒	4	26.00	104.00
159	颗粒剂	痔炎消颗粒	10	25.95	51.90
160	口服液	精制冠心口服液	5	25.84	38.76
161	颗粒剂	精制冠心颗粒	5	25.82	38.73
162	颗粒剂	鼻渊通窍颗粒	14	25.20	25.20
163	口服液	血府逐瘀口服液	11	25.02	25.02
164	颗粒剂	健胃愈疡颗粒	8	24.59	24.59
165	颗粒剂	连花清瘟颗粒	13	24.19	24.19
166	颗粒剂	黄芪生脉颗粒	5	24.00	24.00
167	颗粒剂	丹桂香颗粒	23	24.00	24.00
168	颗粒剂	口炎清颗粒	5	23.50	47.00
169	颗粒剂	夏桑菊颗粒	3	22.65	45.30
170	颗粒剂	表虚感冒颗粒	6	22.50	67.50
171	合剂	凉解感冒合剂	7	22.36	22.36
172	口服液	心通口服液	13	21.96	65.88
173	口服液	益气养血口服液	13	21.67	28.90
174	口服液	软脉灵口服液	16	21.18	21.18
175	口服液	豨红通络口服液	3	21.00	21.00
176	颗粒剂	灯台叶颗粒	1	21.00	21.00
177	颗粒剂	附桂骨痛颗粒	8	20.99	20.99
178	颗粒剂	逍遥颗粒	8	20.02	20.02
179	颗粒剂	香砂养胃颗粒	12	20.00	20.00
180	口服液	阿胶补血口服液	6	20.00	20.00

续表

序号	剂型	处方名	处方组成药味	每日剂量下限（g）	每日剂量上限（g）
181	颗粒剂	少阳感冒颗粒	8	19.82	19.82
182	颗粒剂	通窍鼻炎颗粒	7	19.80	19.80
183	颗粒剂	枳术颗粒	3	19.78	19.78
184	颗粒剂	根痛平颗粒	12	19.20	19.20
185	颗粒剂	通宣理肺颗粒	11	18.58	18.58
186	颗粒剂	滋肾健脑颗粒	6	18.50	18.50
187	口服液	抗感口服液	3	18.38	18.38
188	颗粒剂	茵山莲颗粒	6	18.35	55.04
189	颗粒剂	复方珍珠口疮颗粒	4	18.30	18.30
190	颗粒剂	归脾颗粒	11	18.27	18.27
191	颗粒剂	清脑降压颗粒	13	18.24	27.36
192	颗粒剂	胃脘舒颗粒	6	18.20	18.20
193	颗粒剂	感冒止咳颗粒	9	18.00	18.00
194	颗粒剂	稳心颗粒	5	18.00	18.00
195	合剂	复方大青叶合剂	5	18.00	54.00
196	颗粒剂	乳癖消颗粒	15	18.00	18.00
197	颗粒剂	清淋颗粒	8	17.76	17.76
198	颗粒剂	感冒清热颗粒	11	17.70	17.70
199	颗粒剂	桂龙咳喘宁颗粒	11	17.40	17.40
200	颗粒剂	驴胶补血颗粒	6	16.92	16.92
201	颗粒剂	止咳喘颗粒	3	16.51	16.51
202	颗粒剂	正柴胡饮颗粒	6	16.20	16.20
203	口服液	夏枯草口服液	1	16.00	16.00
204	口服液	通天口服液	11	15.93	26.55
205	颗粒剂	解郁安神颗粒	16	15.80	15.80
206	颗粒剂	胃康灵颗粒	8	15.76	15.76
207	颗粒剂	午时茶颗粒	19	15.60	31.20
208	颗粒剂	护肝颗粒	6	15.06	15.06
209	颗粒剂	灵丹草颗粒	1	15.00	40.01
210	口服液	益母草口服液	1	15.00	30.00
211	颗粒剂	西青果颗粒	1	15.00	15.00
212	口服液	喉咽清口服液	4	15.00	30.00
213	颗粒剂	参芪十一味颗粒	11	15.00	15.00
214	颗粒剂	三七伤药颗粒	8	14.89	14.89
215	口服液	清开灵口服液	8	14.88	22.32

续表

序号	剂型	处方名	处方组成药味	每日剂量下限（g）	每日剂量上限（g）
216	颗粒剂	复方金钱草颗粒	4	14.72	29.43
217	颗粒剂	川芎茶调颗粒	8	14.70	14.70
218	颗粒剂	小柴胡颗粒	7	14.58	29.16
219	口服液	妇康宝口服液	7	14.54	14.54
220	颗粒剂	乐脉颗粒	7	14.03	14.03
221	颗粒剂	降脂灵颗粒	5	13.97	13.97
222	口服液	金莲花口服液	1	13.50	13.50
223	口服液	杏苏止咳口服液	6	13.46	13.46
224	口服液	咳喘宁口服液	7	13.36	13.36
225	口服液	通脉养心口服液	11	13.20	13.20
226	颗粒剂	金嗓开音颗粒	16	13.19	13.19
227	颗粒剂	芪风固表颗粒	6	13.15	13.15
228	口服液	甜梦口服液	17	13.09	26.17
229	颗粒剂	黄连上清颗粒	17	12.58	12.58
230	口服液	金振口服液	8	12.12	12.12
231	颗粒剂	防风通圣颗粒	17	12.01	12.01
232	颗粒剂	益心舒颗粒	7	12.00	12.00
233	颗粒剂	清热灵颗粒	4	12.00	48.00
234	颗粒剂	补中益气颗粒	10	12.00	18.00
235	颗粒剂	羚羊清肺颗粒	24	11.99	11.99
236	颗粒剂	脑得生颗粒	5	11.97	11.97
237	口服液	加味逍遥口服液	10	11.94	11.94
238	颗粒剂	新雪颗粒	14	11.10	11.10
239	颗粒剂	利胆排石颗粒	10	11.09	22.18
240	颗粒剂	风寒咳嗽颗粒	10	11.00	11.00
241	颗粒剂	补虚通瘀颗粒	6	10.82	32.47
242	口服液	桂附地黄口服液	8	10.80	10.80
243	颗粒剂	杏苏止咳颗粒	6	10.76	10.76
244	合剂	复方鱼腥草合剂	5	10.20	15.30
245	颗粒剂	六味地黄颗粒	6	10.00	10.00
246	合剂	厚朴排气合剂	4	10.00	10.00
247	颗粒剂	枣仁安神颗粒	3	9.98	9.98
248	颗粒剂	益气维血颗粒	3	9.90	9.90
249	颗粒剂	玄麦甘桔颗粒	4	9.60	12.80
250	口服液	杞菊地黄口服液	8	9.52	9.52

续表

序号	剂型	处方名	处方组成药味	每日剂量下限（g）	每日剂量上限（g）
251	颗粒剂	乌鸡白凤颗粒	20	9.49	9.49
252	口服液	养血饮口服液	5	9.40	9.40
253	口服液	当归补血口服液	2	9.24	9.24
254	颗粒剂	五味子颗粒	1	9.00	9.00
255	颗粒剂	苁蓉益肾颗粒	6	9.00	9.00
256	口服液	百合固金口服液	10	9.00	18.00
257	颗粒剂	百合固金颗粒	10	8.99	8.99
258	颗粒剂	安儿宁颗粒	9	8.74	8.74
259	口服液	抗病毒口服液	9	8.57	12.86
260	口服液	养阴清肺口服液	8	8.10	12.15
261	颗粒剂	保和颗粒	8	8.01	8.01
262	颗粒剂	当归调经颗粒	7	8.00	12.00
263	颗粒剂	八珍颗粒	8	7.92	7.92
264	口服液	参芪口服液	2	7.50	7.50
265	颗粒剂	抗宫炎颗粒	3	6.95	6.95
266	颗粒剂	金莲花颗粒	1	6.81	10.21
267	口服液	藿香正气口服液	10	6.73	13.46
268	颗粒剂	四君子颗粒	6	6.25	6.25
269	颗粒剂	舒胸颗粒	3	6.00	6.00
270	口服液	化积口服液	10	6.00	6.00
271	颗粒剂	健脾生血颗粒	14	5.77	17.30
272	口服液	铁笛口服液	10	5.75	5.75
273	口服液	保济口服液	16	5.62	11.23
274	颗粒剂	复方丹参颗粒	3	5.39	5.39
275	颗粒剂	乳康颗粒	15	5.04	5.04
276	颗粒剂	七宝美髯颗粒	7	4.86	4.86
277	颗粒剂	枇杷止咳颗粒	7	4.63	4.63
278	颗粒剂	清开灵颗粒	8	2.98	8.93
279	合剂	恒古骨伤愈合剂	9	1.07	2.14
		平均	8	39.83	47.50

由表 4-7 可知，平均每日剂量为 39.83~47.50g，每日剂量最大的品种是垂盆草颗粒，每日剂量下限是 400.00g。

三、《中国药典》279 个中成药处方中药饮片每日剂量分析

279 个中成药所使用的中药饮片有 484 味，其中使用频次超过 4 次的中药饮片有 133 味，这 133 味中药饮片包括冰片、薄荷脑、人工牛黄和珍珠母，因使用量较少，白花蛇舌草不是《中国药典》品种，故暂不列入分析，就对余下的 128 味中药饮片剂量进行分析。

128 味中药饮片中有 127 味中药饮片的平均剂量上限小于《中国药典》规定的剂量上限，仅仅金银花的平均剂量上限高于金银花《中国药典》规定的剂量上限，中成药金银花平均剂量上限是 10.52g，《中国药典》规定金银花的剂量上限是 10g，略高于上限。

128 味中药饮片剂量下限的平均值是 4.72g，128 味中药饮片剂量上限的平均值是 5.75g，128 味中药饮片《中国药典》规定剂量下限的平均值是 5.81g，由此可以看出：128 味中药饮片剂量下限的平均值是 128 味中药饮片《中国药典》规定剂量下限平均值的 80.2%，128 味中药饮片剂量上限的平均值是 128 味中药饮片《中国药典》规定剂量下限平均值的 99.0%，具体结果见表 4-8。

表 4-8　中成药 128 味饮片平均剂量与《中国药典》规定饮片剂量比较表

序号	品种	中成药数量	平均剂量下限（g）	平均剂量上限（g）	《中国药典》规定剂量（g）	《中国药典》规定剂量下限（g）
1	甘草	69	2.82	3.41	2~10	2
2	黄芪	66	10.5	11.27	9~30	9
3	当归	55	4.74	5.26	6~12	6
4	白芍	52	5.3	6.26	6~15	6
5	川芎	44	4.73	5.54	3~10	3
6	地黄	41	5.56	5.93	10~15	10
7	茯苓	41	2.8	3.11	10~15	10
8	丹参	40	6.42	7.68	10~15	10
9	黄芩	38	5.2	6.57	3~10	3
10	党参	38	4.85	5.27	9~30	9
11	桔梗	34	2.89	3.27	3~10	3
12	柴胡	31	5.17	7.32	3~10	3
13	麦冬	29	5	5.57	6~12	6

续表

序号	品种	中成药数量	平均剂量下限（g）	平均剂量上限（g）	《中国药典》规定剂量（g）	《中国药典》规定剂量下限（g）
14	陈皮	28	2.26	2.77	3~10	3
15	连翘	27	9.4	11.86	6~15	6
16	炙甘草	27	3.59	3.97	2~10	2
17	熟地黄	26	4.52	5.56	9~15	9
18	防风	25	3.1	3.55	3~6	3
19	金银花	25	9.01	10.52	5~10	5
20	赤芍	24	6.41	7.05	6~12	6
21	红花	24	3.48	3.96	3~10	3
22	薄荷	24	2.42	2.57	6~15	6
23	桂枝	23	3.85	4.87	3~10	3
24	五味子	21	2.64	3.22	2~6	2
25	大枣	21	4.14	4.76	6~15	6
26	白芷	19	4.47	2.96	3~10	3
27	板蓝根	19	9.14	12.76	9~15	9
28	枸杞子	19	6.33	8.2	6~12	6
29	玄参	19	5.7	6.34	9~15	9
30	淫羊藿	18	6.16	7.73	6~10	6
31	栀子	18	2.49	3.46	6~10	6
32	生姜	17	3.28	3.94	3~10	3
33	人参	16	1.94	1.95	3~9	3
34	白术	15	4.59	5.12	6~12	6
35	葛根	15	4.39	5.71	10~15	10
36	三七	15	1.98	2	3~9	3
37	苦杏仁	14	4.27	5.16	5~10	5
38	牡丹皮	14	3.9	3.93	6~12	6
39	木香	14	2.26	2.42	3~6	3
40	麻黄	13	5.11	6.4	2~10	2
41	炒白术	13	3.26	3.81	6~12	6
42	制何首乌	13	4.79	5.59	6~12	6
43	细辛	12	1.65	2.05	1~3	1
44	益母草	12	13.44	14.69	9~30	9
45	山药	12	3.2	3.5	15~30	15
46	大青叶	11	10.33	15.11	9~15	9
47	大黄	11	2.12	3.27	3~15	3

续表

序号	品种	中成药数量	平均剂量下限（g）	平均剂量上限（g）	《中国药典》规定剂量（g）	《中国药典》规定剂量下限（g）
48	荆芥	11	4.33	4.33	5~10	5
49	蒲公英	11	9.03	13.68	10~15	10
50	山楂	11	3.84	4.58	9~12	9
51	石膏	11	6.32	9.11	15~60	15
52	桃仁	10	5.34	6.03	5~10	5
53	枳壳	10	4.01	4.95	3~10	3
54	阿胶	10	2.94	4.94	3~9	3
55	羌活	9	3.62	4.77	3~10	3
56	肉桂	9	2.38	2.38	1~5	1
57	黄连	9	1.7	2.04	2~5	2
58	牛膝	9	4.53	4.61	5~12	5
59	菟丝子	9	3.71	5.1	6~12	6
60	郁金	9	2.92	3.03	3~10	3
61	泽泻	9	1.42	1.51	6~10	6
62	炙黄芪	9	4.6	5.48	9~30	9
63	紫苏叶	9	2.3	2.85	5~10	5
64	醋香附	8	6.47	7.26	6~10	6
65	鸡血藤	8	11.26	12.92	9~15	9
66	女贞子	8	7.51	9.82	6~12	6
67	延胡索	8	4.75	4.75	3~10	3
68	炒苦杏仁	8	3.37	4.87	5~10	5
69	决明子	8	4.06	4.56	9~15	9
70	前胡	8	2.13	2.17	3~10	3
71	夏枯草	8	6.88	8.84	9~15	9
72	茵陈	8	5.85	8.35	6~15	6
73	苍术	7	5.14	6.1	3~9	3
74	醋延胡索	7	6.2	6.2	3~10	3
75	法半夏	7	3.21	4.72	3~9	3
76	天麻	7	5.16	5.22	3~10	3
77	补骨脂	7	4.83	4.95	6~10	6
78	广藿香	7	2.07	2.21	3~10	3
79	天花粉	7	1.99	2.21	10~15	10
80	川楝子	6	5.87	6.15	5~10	5
81	地龙	6	5.17	5.21	5~10	5

续表

序号	品种	中成药数量	平均剂量下限（g）	平均剂量上限（g）	《中国药典》规定剂量（g）	《中国药典》规定剂量下限（g）
82	钩藤	6	4.54	4.68	3~12	3
83	墨旱莲	6	8.3	9.52	6~12	6
84	菊花	6	1.36	1.77	5~10	5
85	桑寄生	6	5.89	6.06	9~15	9
86	浙贝母	6	3.42	3.57	5~10	5
87	海螵蛸	5	5.88	5.88	5~10	5
88	虎杖	5	9	19.67	9~15	9
89	青皮	5	5.65	9.31	3~10	3
90	桑椹	5	9.03	10.45	9~15	9
91	山银花	5	9.49	13.98	6~15	6
92	百合	5	1.35	1.49	6~12	6
93	炒白芍	5	5.73	6.01	6~15	6
94	川牛膝	5	4.37	4.56	5~10	5
95	干姜	5	2.58	3.33	3~10	3
96	滑石	5	5.27	5.63	10~20	10
97	荆芥穗	5	2.35	2.35	5~10	5
98	芦根	5	8.72	9.32	15~30	15
99	牡蛎	5	5.93	11.54	9~30	9
100	牛蒡子	5	3.66	3.78	6~12	6
101	三棱	5	4.9	4.9	5~10	5
102	野菊花	5	7.66	9.43	9~15	9
103	知母	5	2.81	3.19	6~12	6
104	紫花地丁	5	8.97	10.33	15~30	15
105	北沙参	4	6.42	7.05	5~12	5
106	苍耳子	4	6.27	6.27	3~10	3
107	狗脊	4	8.61	9.9	6~12	6
108	蒲黄	4	5.42	5.42	5~10	5
109	桑叶	4	5.06	7.12	5~10	5
110	石菖蒲	4	3.57	3.64	3~10	3
111	水蛭	4	4.22	4.28	1~3	1
112	艾叶	4	2.84	2.84	3~9	3
113	炒鸡内金	4	1.37	1.53	3~10	3
114	炒酸枣仁	4	6.28	9.56	10~15	10
115	刺五加	4	3.33	9.01	9~27	9

续表

序号	品种	中成药数量	平均剂量下限（g）	平均剂量上限（g）	《中国药典》规定剂量（g）	《中国药典》规定剂量下限（g）
116	莪术	4	4.62	4.62	6~9	6
117	麸炒枳实	4	2.58	3.04	3~10	3
118	海藻	4	3.7	7.26	6~12	6
119	红参	4	1.34	1.92	3~10	3
120	姜半夏	4	1.36	1.78	3~9	3
121	昆布	4	5.38	8.94	6~12	6
122	瞿麦	4	5.22	5.66	9~15	9
123	砂仁	4	1.9	1.93	3~6	3
124	天冬	4	1.49	2.74	6~12	6
125	乌梅	4	2.79	2.79	6~12	6
126	香附	4	5.83	5.83	6~10	6
127	续断	4	3.36	3.36	9~15	9
128	鱼腥草	4	4.52	5.26	15~25	15
平均值		/	4.72	5.75	/	5.81

第五节　中药配方颗粒与日本汉方药处方用量比较

中药配方颗粒与日本汉方药提取的理念有相似之处，均以“标准汤剂”为参照，但日本汉方药处方用量普遍较小，日本汉方药经过多年的应用，在临床疗效上充分得到证明。据文献报道，2001 年，日本东洋医学会建立了 EBM（Evidence based Medicine）委员会，用以收集日本国内有效的研究论文，所收集的研究论文内容分为 RCT 和 Meta 分析两种。RCT 的论文有感染证 27 篇、肿瘤 97 篇、血液病 9 篇、代谢 / 内分泌疾病 17 篇、精神 / 行动障碍 24 篇、神经系统疾病 18 篇、眼疾病 5 篇、耳疾病 9 篇、心血管疾病 20 篇、呼吸疾病 71 篇、消化肝胆疾病 82 篇、皮肤疾病 18 篇、筋骨骼 / 软组织疾病 20 篇、泌尿系统生殖器疾病 47 篇、产前 / 产后疾病 13 篇、症状以及症候 33 篇、损伤 / 中毒 / 术后疼痛 9 篇、其他 46 篇，共 565 篇；Meta 分析的论文有神经系统疾病 1 篇、产前 / 产后疾病 1 篇，共 2 篇，共有 567 篇，可见日本汉方药应用到了各医院科室，并取得了很好的疗效。2018 年日本西医临床诊疗指南（CPG）2849 个，其中含有汉方制剂的指南（KCPG）132 个，占 8.4%，说明在日本西医界对汉方药疗效与研究的认可，同时证明了日本汉方药的现代科学研究水平。因此，本节对日本汉方药的处方用量进行分析，为中药配方颗粒临床使用提供参考。

日本厚生省 2017 年发布了《一般用汉方制剂制造销售基准》（简称《基准》），共收载了 294 首方剂，其中 9 首方剂（苦参汤、鸡肝丸、左突膏、三黄散、紫云膏、蒸眼一方、神仙太乙膏、中黄膏和杨柏散等）不是汤剂剂型，进行了剔除。剩余 285 首方剂，按照汤剂用量进行处方分析。

对《基准》中 285 首方剂每个方剂的药材药味数量、每个方剂总药材剂量的下限和上限进行了汇总分析，结果见表 4–9，每个方剂总药材剂量中未计算方剂中蜂蜜和胶糖的重量。

表 4–9　285 首方剂中方剂药材味数及方剂总药材剂量汇总表

序号	方剂番号	方剂名称	方剂药材味数	方剂总药材剂量下限（g）	方剂总药材剂量上限（g）
1	1	安中散	7	13	20
2	1A	安中散加茯苓	8	18	25
3	2	胃风汤	8	21	26
4	3	胃苓散	14	29	37.5
5	4	茵陈蒿汤	3	6.4	22
6	5	乌药顺气散	12	20	35.5
7	6	乌苓通气散	14	19.2	36.5
8	7	温经汤	12	24	31
9	8	温清饮	8	17	24.5
10	9	温胆汤	10	19	30
11	9A	加味温胆汤	14	25.5	45
12	9B	竹茹温胆汤	13	26	41
13	10	越婢加术汤	6	20.5	28
14	10A	越婢加术附汤	7	20.8	28
15	10B	桂枝越婢汤	9	32	33.5
16	10C	桂枝二越婢一汤	7	17	27
17	10D	桂枝二越婢一汤加术附	9	20.5	21
18	11	延年半夏汤	9	13.8	31
19	12	黄芩汤	4	12	32
20	13	芎黄散	2	3	3
21	14	黄连阿胶汤	5	9	11.5

续表

序号	方剂番号	方剂名称	方剂药材味数	方剂总药材剂量下限（g）	方剂总药材剂量上限（g）
22	15	黄连解毒汤	4	8	11
23	16	黄连汤	7	22	26
24	17	乙字汤	6	14	24
25	17A	乙字汤去大黄	5	13.5	21
26	18	解急蜀椒汤	9	39.8	51
27	19	加减凉膈散（浅田）	8	26	26
28	20	加减凉膈散（龚延贤）	11	17.5	32.5
29	21	藿香正气散	13	21.5	40.5
30	22	葛根黄连黄芩汤	4	13	14
31	23	葛根红花汤	8	15.5	15.5
32	24	葛根汤	7	17	25.5
33	24A	葛根汤加川芎辛夷	9	21	31.5
34	24B	独活葛根汤	9	21.5	24
35	25	加味解毒汤	13	25	25
36	26	瓜蒌薤白白酒汤	3	6	14.6
37	26A	瓜蒌薤白汤	6	28	28
38	27	干姜人参半夏丸	3	12	12
39	28	甘草干姜汤	2	6	12
40	29	甘草汤	1	2	8
41	30	甘草附子汤	4	7.5	15
42	31	甘麦大枣汤	3	19.5	31
43	32	甘露饮	10	19	27
44	33	桔梗汤	2	3	12
45	34	归脾汤	12	19	33.5
46	34A	加味归脾汤	15	30.5	35
47	35	芎归调血饮	14	22.5	29.5
48	35A	芎归调血饮第一加减	22	35.5	37
49	36	响声破笛丸	9	17.5	17.5
50	37	杏苏散	12	18	21
51	39	祛风解毒汤	8	23.5	30.5
52	40	九味槟榔汤	11	21.5	22
53	41	荆芥连翘汤	17	25	28.5
54	43	桂姜枣草黄辛附汤	7	13.3	14.5
55	44	桂枝加黄芪汤	6	14	18.5
56	44A	黄芪桂枝五物汤	5	13.5	15

续表

序号	方剂番号	方剂名称	方剂药材味数	方剂总药材剂量下限（g）	方剂总药材剂量上限（g）
57	45	桂枝加芍药汤	5	15	17.5
58	45A	桂枝加芍药生姜人参汤	6	13	22.5
59	45B	桂枝加芍药大黄汤	6	14	19.5
60	46	桂枝加术附汤	7	15.5	20.5
61	46A	桂枝加苓术附汤	8	19.5	23.5
62	47	桂枝加龙骨牡蛎汤	7	18	21.5
63	48	桂枝芍药知母汤	9	19.8	29
64	49	桂枝汤	5	12	15.5
65	49A	桂枝加葛根汤	6	13	21.5
66	49B	桂枝加厚朴杏仁汤	7	12.4	23.5
67	50	桂枝茯苓丸	5	18	20
68	50A	桂枝茯苓丸料加薏苡仁	6	28	40
69	50B	甲字汤	7	17.5	23
70	51	启脾汤	11	24	26
71	52	荆防败毒散	14	20	26.5
72	53	桂麻各半汤	7	14.5	15
73	54	鸡鸣散加茯苓	8	17	24
74	55	外台四物汤加味	7	24	24
75	56	坚中汤	7	24	24.5
76	57	香砂养胃汤	13	23.2	29.5
77	58	香苏散	5	8.5	14
78	59	厚朴生姜半夏人参甘草汤	5	12	12
79	60	牛膝散	8	22	22
80	61	五积散	18	21.7	43.5
81	62	吴茱萸汤	3	8	13
82	63	五物解毒汤	5	11.5	11.5
83	64	五淋散	11	31	34
84	65	五苓散	5	15	22.5
85	65A	茵陈五苓散	6	18.5	26.5
86	65B	四苓散	4	16	16
87	66	柴葛解肌汤	10	21.5	36
88	66A	柴葛汤加川芎辛夷	13	40.2	40.2
89	67	柴梗半夏汤	11	24.5	29
90	68	柴胡加龙骨牡蛎汤	12	31	31.5
91	69	柴胡枳桔汤	8	20.5	24

续表

序号	方剂番号	方剂名称	方剂药材味数	方剂总药材剂量下限（g）	方剂总药材剂量上限（g）
92	70	柴胡桂枝干姜汤	7	22	25
93	71	柴胡桂枝汤	9	17.5	22.5
94	72	柴胡清肝汤	15	23	23
95	73	柴朴汤	10	33	39
96	74	柴苓汤	12	32	47
97	76	三黄泻心汤	3	3	13
98	77	酸枣仁汤	5	17	30
99	78	三物黄芩汤	3	10.5	12
100	79	滋阴降火汤	12	23	24，5
101	80	滋阴至宝汤	14	24	37
102	82	四逆散	4	7	13
103	82A	解劳散	8	18.5	30
104	82B	柴胡疏肝汤	7	19	25
105	83	四逆汤	3	3.8	10.8
106	83A	四逆加人参汤	4	5	13.8
107	84	四君子汤	6	12.5	17
108	85	滋血润肠汤	8	21	25
109	86	紫根牡蛎汤	10	21	29
110	87	栀子豉汤	2	3.4	12.7
111	88	栀子柏皮汤	3	4.5	10.8
112	89	滋肾通耳汤	10	25	30
113	90	滋肾明目汤	15	29.5	39
114	91	柿蒂汤	3	10	10.5
115	92	四物汤	4	12	20
116	92A	加味四物汤	13	24	39
117	92B	芎归胶艾汤	7	25	27
118	92C	七物降下汤	7	19	29
119	92D	当归饮子	10	27	27
120	93	炙甘草汤	9	25.8	37.5
121	94	芍药甘草汤	2	6	16
122	94A	芍药甘草附子汤	3	6.3	19.6
123	95	鹧鸪菜汤	3	5	8.5
124	96	蛇床子汤	4	40	40
125	97	十全大补汤	10	27	33
126	98	十味败毒汤	11	20.5	33

续表

序号	方剂番号	方剂名称	方剂药材味数	方剂总药材剂量下限（g）	方剂总药材剂量上限（g）
127	99	润肠汤	11	21.5	28.5
128	101	小建中汤	6	35	38.5
129	101A	黄芪建中汤	7	36.5	43
130	101B	归芪建中汤	8	39	46.5
131	101C	当归建中汤	7	38	42.5
132	102	小柴胡汤	7	18	30
133	102A	柴陷汤	9	24.5	34
134	102B	柴苏饮	10	29	30.5
135	102C	小柴胡汤加桔梗石膏	9	37	37.5
136	102D	清肌安蛔汤	8	26	28.5
137	103	小承气汤	3	6	11
138	104	小青龙汤	8	16	32
139	104A	小青龙汤加杏仁石膏	10	25.5	42
140	104B	小青龙汤加石膏	9	25	34
141	105	椒梅汤	12	24	24
142	106	小半夏加茯苓汤	3	13	24
143	107	消风散	13	23	33
144	108	升麻葛根汤	5	11	16
145	109	逍遥散	8	18	28.6
146	109A	加味逍遥散	10	22.5	23
147	109B	加味逍遥散加川芎地黄	12	28.5	34
148	110	辛夷清肺汤	9	24.5	31.5
149	111	秦艽羌活汤	11	20.5	20.5
150	112	秦艽防风汤	13	24	24
151	114	参苏饮	13	21.5	38.5
152	115	神秘汤	7	17.5	24
153	116	真武汤	5	9.3	13.1
154	117	参苓白术散	10	10.7	37.5
155	118	清湿化痰汤	11	23.5	32.5
156	119	清上蠲痛汤	15	30	40.5
157	120	清上防风汤	12	20.5	28.5
158	121	清暑益气汤	9	20	25.5
159	122	清心莲子饮	9	25.5	31
160	123	清热补气汤	10	21.5	25
161	124	清热补血汤	11	22.5	24

续表

序号	方剂番号	方剂名称	方剂药材味数	方剂总药材剂量下限（g）	方剂总药材剂量上限（g）
162	125	清肺汤	16	31.5	37
163	126	折冲饮	9	25	28.5
164	127	洗肝明目汤	19	24	30
165	128	川芎茶调散	9	19	20
166	129	千金鸡鸣散	3	9	12
167	130	千金内托散	10	19	26
168	131	喘四君子汤	14	22.5	34
169	132	钱氏白术散	7	18	18
170	133	续命汤	9	23	31
171	133A	小续命汤	12	20.3	38.5
172	134	疏经活血汤	17	26.5	44.5
173	135	苏子降气汤	10	19	30
174	136	大黄甘草汤	2	5	15
175	137	大黄附子汤	3	3.2	7.5
176	138	大黄牡丹汤	5	9.6	23
177	139	大建中汤	4	6	10
178	139A	中建中汤	8	22	22
179	140	大柴胡汤	8	21.5	33
180	140A	大柴胡汤去大黄	7	21	33
181	141	大半夏汤	3	10	10
182	142	大防风汤	15	26.5	38.5
183	143	泽泻汤	2	7	9
184	144	治头疮一方	9	15.5	26.5
185	144A	治头疮一方去大黄	8	16	16
186	145	治打扑一方	7	15.5	16.5
187	147	调胃承气汤	3	4	16.1
188	148	丁香柿蒂汤	14	22	22
189	149	钩藤散	11	28	33
190	150	猪苓汤	5	15	25
191	150A	猪苓汤合四物汤	9	27	27
192	151	通导散	10	23	27
193	152	桃核承气汤	5	15.5	15.5
194	153	当归散	5	9	13.5
195	154	当归四逆汤	7	12.2	27
196	154A	当归四逆加吴茱萸生姜汤	9	19.5	34.5

续表

序号	方剂番号	方剂名称	方剂药材味数	方剂总药材剂量下限（g）	方剂总药材剂量上限（g）
197	155	当归芍药散	6	22	44.9
198	155A	当归芍药散加黄芪钩藤	8	29	29
199	155B	当归芍药散加人参	7	21.5	22.5
200	155C	当归芍药散加附子	7	22.4	22.4
201	156	当归汤	10	27.5	27.5
202	157	当归贝母苦参丸料	3	9	9
203	158	独活汤	12	32.5	32.5
204	159	二术汤	12	17.1	29.5
205	160	二陈汤	5	14	19.5
206	160A	枳缩二陈汤	14	19	34
207	161	女神散	13	23.5	34.5
208	162	人参汤	4	11	12
209	162A	桂枝人参汤	5	15	17
210	162B	附子理中汤	5	10.5	13
211	163	人参养荣汤	12	26.5	35.5
212	164	排脓散及汤	6	14.5	20
213	164A	排脓散	4	7.5	18
214	164B	排脓汤	4	6	15
215	165	麦门冬汤	6	24	32
216	165A	竹叶石膏汤	7	14.4	51.5
217	166	八味地黄丸	8	21.5	22
218	166A	杞菊地黄丸	8	27	33
219	166B	牛车肾气丸	10	24.5	35
220	166C	知柏地黄丸	8	31	31
221	166D	味麦地黄丸	8	33	33
222	166E	六味地黄丸	6	20	21
223	167	八味疝气方	8	20	29
224	168	半夏厚朴汤	5	17	21
225	169	半夏散及汤	3	8	13
226	170	半夏泻心汤	7	17	22
227	170A	甘草泻心汤	7	18.5	19.5
228	170B	生姜泻心汤	8	18	29
229	171	半夏白术天麻汤	13	22	28
230	172	白术附子汤	5	5.8	12
231	173	白虎汤	4	30	34

续表

序号	方剂番号	方剂名称	方剂药材味数	方剂总药材剂量下限（g）	方剂总药材剂量上限（g）
232	173A	白虎加桂枝汤	5	33	47
233	173B	白虎加人参汤	5	31.5	47
234	174	伏龙肝汤	4	18	31
235	175	茯苓饮	6	11.7	18.5
236	175A	茯苓饮加半夏	7	21.5	22
237	175B	茯苓饮合半夏厚朴汤	9	26.5	34.5
238	176	茯苓杏仁甘草汤	3	6	12
239	177	茯苓四逆汤	5	8.8	15.3
240	178	茯苓泽泻汤	6	11.4	20
241	179	附子粳米汤	5	14.8	22
242	180	扶脾生脉散	8	22	23
243	181	分消汤	14	23.5	34
244	182	平胃散	6	13.5	20.5
245	182A	加味平胃散	9	19.5	30
246	182B	香砂平胃散	9	18	27.5
247	182C	不换金正气散	8	20	23
248	183	防己黄芪汤	6	17.5	20.5
249	184	防己茯苓汤	5	12.7	17
250	185	防风通圣散	18	27.1	30
251	186	补气建中汤	9	20.5	38
252	187	补中益气汤	10	18.5	28
253	188	补肺汤	8	21.5	22
254	189	补阳还五汤	7	19	19
255	190	奔豚汤（金匮要略）	6	15	15
256	191	奔豚汤（肘后方）	6	15	15
257	192	麻黄汤	4	10	15.5
258	193	麻黄附子细辛汤	3	4.3	8
259	194	麻杏甘石汤	4	20	20
260	194A	五虎汤	5	21	23
261	195	麻杏薏甘汤	4	19	19
262	196	麻子仁丸	6	15.5	18
263	197	木防己汤	4	12	28
264	199	薏苡仁汤	7	28	28
265	200	薏苡附子败酱散	3	1.7	26
266	201	抑肝散	7	20.5	23.5

续表

序号	方剂番号	方剂名称	方剂药材味数	方剂总药材剂量下限（g）	方剂总药材剂量上限（g）
267	201A	抑肝散加芍药黄连	9	28.4	28.4
268	201B	抑肝散加陈皮半夏	9	28.5	31.5
269	202	六君子汤	8	16.5	24.5
270	202A	化食养脾汤	12	29.5	29.5
271	202B	香砂六君子汤	11	21	32.5
272	202C	柴芍六君子汤	10	24.5	32
273	202D	八解散	10	29	29
274	203	立效散	5	7.5	10.5
275	204	龙胆泻肝汤	9	27	28.5
276	205	苓甘姜味辛夏仁汤	7	11.5	25
277	206	苓姜术甘汤	4	11	15
278	207	苓桂甘枣汤	4	14	19
279	208	苓桂术甘汤	4	11	17
280	208A	定悸汤	7	17	21
281	208B	明朗饮	7	16	23
282	208C	连珠饮	8	23	33
283	209	苓桂味甘汤	4	12.5	16
284	210	丽泽通气汤	14	32	32
285	210A	丽泽通气汤加辛夷	15	35	35
平均值			7.92	19.01	25.49

285 首方剂处方药味分析结果见图 4-2，处方药味数最多的是 7 味，有 37 首方剂，其次是 8 味，有 31 首方剂，再次是 5 味和 9 味，都有 29 首方剂，四者合计共有 126 首方剂，占 285 首方剂的 44.2%。

285 首方剂剂量下限为 1.7~40.2g，平均值为 19.01g，285 首方剂剂量上限为 3~51.5g，平均值为 25.49g。

285 首方剂所使用的药材有 174 味，其中出现频次超过 4 次的药材有 87 味，其中薄荷叶、粳米、胶糖、贝母和丁子等 5 味药材不便与《中国药典》比较，故不做分析，我们对这剩余 82 味药材方剂平均剂量下限和上限进行了分析，并与《中国药典》饮片规定剂量比较，具体结果见表 4-10。

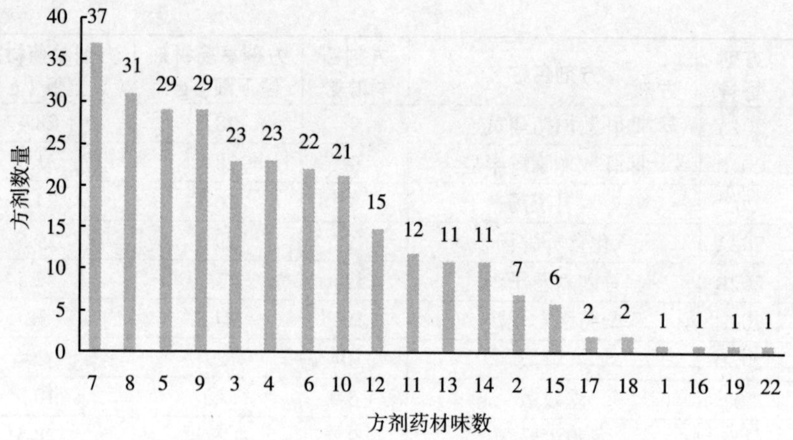

图 4-2　285 首方剂处方药味分析结果图

从表 4-10 中可以看出，82 味药材中有 77 味药材方剂剂量下限低于《中国药典》规定的中药饮片剂量的下限，占 93.9%；82 味药材中有 68 味药材方剂剂量上限低于《中国药典》规定的中药饮片剂量的下限，占比 82.9%；82 味药材平均方剂剂量上限（3.20g）是《中国药典》规定的平均中药饮片剂量下限（4.90g）的 65%，即远低于《中国药典》规定的中药饮片剂量。

表 4-10　285 首方剂中 82 味药材方剂剂量与《中国药典》规定饮片剂量比较表

序号	药材	方剂数量	方剂剂量下限（g）	方剂剂量上限（g）	《中国药典》规定中药饮片剂量范围（g）	《中国药典》规定中药饮片剂量下限（g）	方剂剂量上限低于《中国药典》下限的品种
1	甘草	211	1.53	2.29	2~10	2	
2	生姜	119	0.98	1.45	3~10	3	√
3	赤芍	98	2.92	3.89	6~12	6	√
4	茯苓	94	3.22	4.24	10~15	10	√
5	大枣	90	2.30	3.22	6~15	6	√
6	桂皮	89	2.74	3.42	3~10	3	
7	当归	75	3.04	3.60	6~12	6	√
8	人参	75	2.25	2.92	3~9	3	√
9	白术	65	2.73	3.58	6~12	6	√
10	半夏	63	3.97	5.52	3~9	3	
11	川芎	55	2.48	2.91	3~10	3	√
12	黄芩	52	2.43	3.08	3~10	3	
13	陈皮	49	2.24	2.96	3~10	3	√
14	柴胡	43	3.43	4.69	3~10	3	

续表

序号	药材	方剂数量	方剂剂量下限（g）	方剂剂量上限（g）	《中国药典》规定中药饮片剂量范围（g）	《中国药典》规定中药饮片剂量下限（g）	方剂剂量上限低于《中国药典》下限的品种
15	地黄	38	3.47	4.29	10~15	10	√
16	大黄	33	1.33	2.53	3~15	3	√
17	麻黄	32	2.54	3.26	2~10	2	
18	干姜	31	1.80	2.73	3~10	3	√
19	桔梗	31	1.96	2.81	3~10	3	√
20	苍术	29	2.98	3.71	3~9	3	
21	厚朴	29	2.41	2.96	3~10	3	√
22	枳实	29	1.50	2.79	3~10	3	√
23	泽泻	28	3.01	3.82	6~10	6	√
24	黄连	26	1.42	1.97	2~5	2	√
25	防风	25	2.13	2.68	5~10	5	√
26	附子	25	0.40	1.23	3~15	3	√
27	黄芪	25	2.52	3.18	9~30	9	√
28	石膏	24	6.72	8.46	15~60	15	√
29	麦冬	22	3.61	5.27	6~12	6	√
30	山栀子	22	1.64	2.45	6~10	6	√
31	牡丹皮	20	2.48	2.90	6~12	6	√
32	香附子	19	2.30	3.04	6~10	6	√
33	苦杏仁	18	2.86	3.47	5~10	5	√
34	黄柏	16	1.81	2.25	3~12	3	√
35	桃仁	16	3.09	3.66	5~10	5	√
36	木香	15	1.11	1.33	3~6	3	√
37	五味子	15	1.53	2.13	2~6	2	
38	白芷	14	1.96	2.93	3~10	3	√
39	连翘	14	2.37	2.68	6~15	6	√
40	缩砂	14	1.24	1.93	3~6	3	√
41	葛根	13	3.82	5.23	10~15	10	√
42	荆芥	13	1.28	1.81	5~10	5	√
43	羌活	13	2.09	2.50	3~10	3	√
44	升麻	13	1.04	1.65	3~10	3	√
45	细辛	13	1.65	2.46	1~3	1	
46	知母	13	2.62	3.35	6~12	5	√
47	紫苏叶	11	1.54	2.73	5~10	5	√

续表

序号	药材	方剂数量	方剂剂量下限（g）	方剂剂量上限（g）	《中国药典》规定中药饮片剂量范围（g）	《中国药典》规定中药饮片剂量下限（g）	方剂剂量上限低于《中国药典》下限的品种
48	红花	10	1.20	1.50	3~10	3	√
49	山药	10	2.94	3.45	15~30	15	√
50	吴茱萸	9	1.44	2.61	2~5	2	
51	木通	8	2.56	3.38	1~3	1	
52	延胡索	8	2.25	3.00	3~10	3	√
53	猪苓	8	2.88	3.88	6~12	6	√
54	阿胶	7	2.43	2.93	3~9	3	√
55	独活	7	2.21	2.57	3~10	3	√
56	防己	7	3.04	4.07	5~10	5	√
57	广藿香	7	1.28	1.93	3~10	3	√
58	牡蛎	7	2.93	3.36	9~30	9	√
59	牛膝	7	1.74	2.43	5~12	5	√
60	槟榔	6	2.33	3.33	3~10	3	
61	钩藤	6	2.92	3.08	3~12	3	
62	山椒	6	1.42	1.58	3~6	3	√
63	山茱萸	6	3.17	3.67	6~12	6	√
64	车前子	5	2.60	3.00	9~15	9	√
65	滑石	5	3.00	3.40	10~20	10	√
66	菊花	5	1.80	2.30	5~10	5	√
67	芒硝	5	2.22	3.60	6~12	6	√
68	桑白皮	5	1.70	2.40	6~12	6	√
69	酸枣仁	5	3.40	6.60	10~15	10	√
70	乌药	5	2.30	3.20	6~10	6	√
71	薏苡仁	5	5.96	12.40	9~30	9	
72	薄荷	4	1.38	1.88	3~6	3	√
73	瓜蒌子	4	2.50	2.75	9~15	9	√
74	小茴香	4	1.25	1.88	3~6	3	√
75	苦参	4	4.25	4.38	4.5~9	4.5	√
76	龙胆	4	1.38	1.88	3~6	3	√
77	山楂	4	2.00	2.62	9~12	9	√
78	辛夷	4	2.25	2.75	3~10	3	√
79	茵陈	4	2.75	5.62	6~15	6	√
80	远志	4	1.25	2.25	3~10	3	√

续表

序号	药材	方剂数量	方剂剂量下限（g）	方剂剂量上限（g）	《中国药典》规定中药饮片剂量范围（g）	《中国药典》规定中药饮片剂量下限（g）	方剂剂量上限低于《中国药典》下限的品种
81	枳壳	4	1.38	2.38	3~10	3	√
82	竹茹	4	2.25	2.88	5~10	5	√
平均值			2.35	3.20	/	4.90	

第六节　中药配方颗粒国标省标产品临床应用指引

中药配方颗粒行业进入国标省标时代，面临的挑战之一就是国标省标产品临床处方用量偏大，为此中国中药协会中药配方颗粒专业委员会下属 9 家中药配方颗粒生产企业：广东一方制药有限公司、江阴天江药业有限公司、华润三九医药股份有限公司、北京康仁堂药业有限公司、培力（南宁）药业有限公司、神威药业集团有限公司、石家庄以岭药业股份有限公司、浙江景岳堂药业有限公司、北京春风中药股份有限公司联合起草发布了《中药配方颗粒国标省标产品临床应用指引》，以便指导临床合理应用中药配方颗粒国标省标产品。

一、《中药配方颗粒国标省标产品临床应用指引》

《中药配方颗粒国标省标产品临床应用指引》其中对中药配方颗粒国标省标产品临床用量推荐：应针对病情轻重缓急、患者体质强弱，合理使用中药配方颗粒的单味剂量和处方剂量。

1. 总体建议剂量

（1）医生在开具中药配方颗粒处方时，建议以使用家庭煎煮中药饮片习惯用量的 1/2~2/3 为推荐剂量。

（2）建议中药配方颗粒单剂处方总剂量（即每日剂量）控制在：以中药饮片量计 100~200g、以颗粒量计 40~80g。

（3）中药配方颗粒处方的每味中药饮片剂量建议按照《中国药典》现行版及各省、自治区、直辖市中药饮片炮制规范相关饮片项下的规定范围剂量使用，原则上不超过规定范围剂量使用。

2. 特殊品种建议剂量

（1）对有大毒类、有毒类和有小毒类中药配方颗粒品种，开具处方时建议按照《中国药典》现行版或各省、自治区、直辖市中药饮片炮制规范相关饮片项下规定的低剂量开始使用，根据病情需要酌情调整剂量。

（2）对泻下类、清热类以及化湿类中药配方颗粒品种，开具处方时建议根据患者体质及病情状况酌情减量。

3. 出现胃肠道反应时建议剂量

患者服用中药配方颗粒如出现明显恶心、呕吐、腹泻等胃肠道反应，建议医生根据病情减量或停药。

二、中药配方颗粒国标省标与中药饮片家庭煎煮的比较分析

中药配方颗粒国标省标产品是严格按照《中药配方颗粒质量控制与标准制定技术要求》（简称《技术要求》）来制定生产的，《技术要求》是在总结 20 多年中药配方颗粒质量标准研究制定成果和思路基础上，充分体现国家药监局和国家药典委力求以最严谨的标准来推动中药配方颗粒健康有序发展的顶层设计，创新性地提出了标准汤剂的概念，建立了全过程整体质量控制体系，明确了中药配方颗粒的物质基础要与中药饮片标准汤剂的质量一致性原则，并通过三大指标（出膏率、含量测定和指纹图谱 / 特征图谱）加以体现，有确定的量值传递相关性和转移率范围，同时，注重安全性研究，要求所有中药配方颗粒都应进行有毒有害物质的检查研究。中药配方颗粒国家标准的出台有助于全面实现对中药配方颗粒安全性、有效性的整体质量控制，是一个具有历史意义的工作，也是中医药产业的传承和创新发展的一个重大里程碑。因此中药配方颗粒国标省标产品质量稳定可控，在临床应用方面需要重新认识中药配方颗粒国标省标产品，对医生和生产企业来说都面临一个学术推广和重新学习的过程。

（一）中药配方颗粒与中药饮片标准汤剂质量一致性

按照《技术要求》规定，对标准汤剂的要求是："单味中药配方颗粒是单味中药饮片的水提物，为使中药配方颗粒能够承载中药饮片的安全性、有效性，需要以标准汤剂为桥接，该标准汤剂为衡量单味中药配方颗粒是否与其相对应的单味中药饮片临床汤剂基本一致的物质基准。研究表征标准汤剂，需由不少于 15 批有代表性的原料，遵循中医药理论，分别按照临床汤剂煎煮方法，

参照原卫生部、国家中医药管理局《医疗机构中药煎药室管理规范》(国中医药发〔2009〕3号)文件规定，规范化煎煮，固液分离，经适当浓缩制得或经适宜方法干燥制得后，测定其出膏率、有效(或指标)成分的含量及转移率等，计算相关均值，并规定其变异可接受的范围。”中药配方颗粒的所有药学研究均须与标准汤剂进行对比。

(二)中药配方颗粒国标省标产品与中药饮片家庭煎煮汤剂的比较

所使用的中药饮片质量不同：中药配方颗粒国标省标产品使用的中药饮片质量标准远高于家庭煎煮使用的中药饮片质量标准，中药配方颗粒使用的中药饮片质量标准远高于《中国药典》及各省、自治区、直辖市中药饮片炮制规范的药材饮片质量标准。中药配方颗粒质量标准是建立在从药材、饮片、中间体到成品的全过程量值传递基础上的全套质量标准体系，对药材、饮片不仅按照《中国药典》及各省、自治区、直辖市中药饮片炮制规范要求进行检验，更重要的是通过研究制定了高于《中国药典》及各省、自治区、直辖市中药饮片炮制规范的药材饮片内控质量标准。每种药材、饮片均首次建立了特征/指纹图谱；每种药材、饮片均制定了含量测定指标，并依据标准汤剂测定结果，均制定了中药配方颗粒含量测定指标上下限，为此首次提出中药饮片混批生产，解决了因药材产地、季节变化引起的质量差异问题，使中药配方颗粒质量更加稳定均一；对于重点监控品种，加强了药材重金属及有害元素、农药残留量、黄曲霉毒素和二氧化硫残留量等安全性指标的检测控制，使中药配方颗粒更加安全有效。

中药饮片家庭煎煮所使用的中药饮片符合《中国药典》及各省、自治区、直辖市中药饮片炮制规范规定即可，也不需要每个品种都测定特征/指纹图谱，不需要每个品种都测定有效成分含量，不需要通过中药饮片混批来达到汤剂有效成分含量的上下限等要求。

1. 煎煮过程要求不一样：中药配方颗粒国标省标产品煎煮过程要求规范，家庭煎煮过程不规范

标准汤剂是严格按照临床汤剂煎煮方法，参照原卫生部、国家中医药管理局《医疗机构中药煎药室管理规范》(国中医药发〔2009〕3号)文件规定，规范化煎煮，即严格按照不同种类中药要求来确定先煎、后下、文火、武火、加水量、煎煮时间等，确保煎煮达到要求，保证药效。中药配方颗粒的所有药学研究都是与标准汤剂进行对比，所以中药配方颗粒国标省标产品质量有保证。

中药饮片家庭煎煮存在很多的不确定性，如难把握浸泡时间、加水量、煎煮时间、煎煮次数、先煎后下等，难控制文火武火，难掌握煎煮时不同的煎煮要求，如包煎、另煎、冲服、烊化等，难确认煎药容器是否对煎药有影响，因此煎药方法较复杂，且专业性较高，煎药人很难准确操作到位，因此一般家庭煎煮有效成分很难全部煎出，药用资源造成大量的隐性浪费，影响药效。

2. 产品质量稳定性不同：中药配方颗粒国标省标产品质量稳定，家庭煎煮产品质量不稳定

中药配方颗粒国标省标产品因中药饮片质量稳定、工艺规范化生产、产品标准严格，所以中药配方颗粒国标省标产品质量稳定。中药饮片家庭煎煮因中药饮片质量波动较大、个性化煎煮、中药饮片汤剂无检测标准，所以家庭煎煮质量不稳定。

（三）中药配方颗粒国标省标产品与中药饮片家庭煎煮的特点总结

根据以上的分析，对中药配方颗粒国标省标产品与中药饮片家庭煎煮的特点进行了总结（表 4–11）。

表 4–11　中药配方颗粒国标省标产品与中药饮片家庭煎煮比较表

项目	中药配方颗粒国标省标产品	中药饮片家庭煎煮
中药饮片质量	中药饮片质量高于《中国药典》及各省、自治区、直辖市中药饮片炮制规范的标准	中药饮片质量符合《中国药典》及各省、自治区、直辖市中药饮片炮制规范的标准
煎煮工艺	临床汤剂煎煮方法规范化煎煮，参照《医疗机构中药煎药室管理规范》	个性化煎煮
出膏率	规定出膏率上下限，确保提取充分、生产稳定，中药饮片得到充分煎煮，有效成分 / 指标成分得到充分溶出，进一步提高中药饮片利用率，减少浪费	没有规定出膏率，如果加水量少、煎煮时间短，都会使出膏率降低，有效成分 / 指标成分未得到充分溶出
含量测定指标	每个品种均规定含量测定指标上下限，每批药材、饮片、中间品和成品都要检测含量测定指标，并有量值传递要求，因此要对中药饮片进行混批处理，以确保饮片来源质量稳定，同时优化生产工艺，确保成品质量稳定	中药饮片家庭煎煮不需要检测含量指标。中药饮片不需要混批处理
特征 / 指纹图谱	每批药材、饮片、中间品和成品都要检测特征 / 指纹图谱，体现了中药配方颗粒的量值传递，杜绝了掺伪造假的可能，确保产品质量	没有检测特征 / 指纹图谱，中药饮片的假冒伪劣不易察觉，从而造成出膏率差异
有毒有害元素检测	除按照《中国药典》及各省级中药饮片炮制规范进行检测外，还对每个品种均进行了有毒有害检测研究，并加以控制	按照《中国药典》及各省级中药饮片炮制规范标准进行检测
产品质量稳定性	产品质量稳定	产品质量不稳定

中药配方颗粒国家标准创新提出“标准汤剂”这一核心概念，可以认为是普通“家庭煎煮”的最优状态，其药材、炮制、煎煮以及批间稳定性的要求与标准，远高于中药饮片家庭煎煮水平，出膏率大幅增加。

综上，中药配方颗粒国标省标的颗粒制成量变大，药物有效成分含量高，与传统中药饮片家庭煎煮有所不同，临床使用中药配方颗粒国标省标产品时需注意适当调节用量，注意合理用药。

第五章

中药配方颗粒行业现状

第一节　中药配方颗粒国标省标数量

一、中药配方颗粒国标数量

截至 2024 年 4 月 22 日，国家药监局公布了 296 个中药配方颗粒国家标准（简称国标），尚有 59 个品种在国标公示中。

二、中药配方颗粒省标数量

截至 2024 年 4 月 22 日，全国 30 个省、自治区、直辖市累计公示中药配方颗粒省标标准数量 9845 个，品种数量 754 个（扣除国标重复品种后为 601 个）；累计公布省标标准数量 9271 个，品种数量 728 个（扣除国标重复品种后为 575 个）。各地省标公示、公布具体数量见表 5-1。

其中六家联盟标准在省标中的占比如下：在公示省标中，六家联盟标准 8450 个，占比 85.83%。在公布省标中，六家联盟标准 7956 个，占比 85.82%。截至 2024 年 4 月 22 日，六家联盟已完成研究和复核的品种 518 个，基本满足人民群众用药需求。

表 5-1　各省级药监部门公示公布中药配方颗粒省标数量

序号	省份	公示数量	公示六家联盟数量	六家联盟数量占比（%）	公布数量	公布六家联盟数量	六家联盟数量占比（%）
1	广东	497	491	98.80	455	449	98.70
2	海南	422	333	78.90	422	333	78.90
3	河北	414	316	76.30	412	314	76.20
4	江苏	393	389	99.00	392	386	98.50
5	甘肃	392	392	100.00	390	389	99.70
6	四川	385	375	97.40	361	359	99.40
7	天津	382	351	91.90	305	296	97.00
8	陕西	382	375	98.20	265	264	99.60
9	贵州	398	381	95.70	377	366	97.10
10	山东	381	334	87.70	366	319	87.20

续表

序号	省份	公示数量	公示六家联盟数量	六家联盟数量占比（%）	公布数量	公布六家联盟数量	六家联盟数量占比（%）
11	湖北	372	233	62.60	336	210	62.50
12	上海	369	59	16.00	365	57	15.60
13	辽宁	368	328	89.10	365	325	89.00
14	安徽	360	357	99.20	360	357	99.20
15	云南	356	348	97.80	356	348	97.80
16	江西	338	337	99.70	338	337	99.70
17	宁夏	331	328	99.10	314	311	99.00
18	重庆	324	322	99.40	229	227	99.10
19	广西	296	294	99.30	294	292	99.30
20	青海	292	291	99.70	292	291	99.70
21	黑龙江	288	287	99.70	281	280	99.60
22	湖南	275	25	9.10	274	25	9.10
23	山西	264	264	100.00	232	232	100.00
24	北京	261	175	67.00	244	166	68.00
25	吉林	246	246	100.00	224	224	100.00
26	福建	225	225	100.00	219	219	100.00
27	浙江	224	79	35.30	217	74	34.10
28	新疆	224	224	100.00	224	224	100.00
29	内蒙古	196	195	99.50	190	189	99.50
30	河南	190	96	50.50	172	93	54.10
合计		9845	8450	85.83	9271	7956	85.82

注：表中统计数据截止到 2024 年 4 月 22 日。

第二节　中药配方颗粒企业在国家药监局进行生产备案情况

截至 2024 年 4 月 25 日，25 个省、自治区、直辖市的 87 家生产企业在国家药监局备案平台上进行了生产备案，并分别在 31 个省、自治区、直辖市药监局办理了跨省销售备案，具体情况见表 5-2。这些生产企业在 25 个省、自治区、直辖市的分布情况见图 5-1，最多的省份是湖北省，有 7 家企业，其次是安徽省、湖南省和吉林省，都分别有 6 家企业。另外有 6 个省、自治区没有中药配方颗粒生产企业，分别是山西、海南、宁夏、青海、新疆和西藏。

表 5–2　生产企业在国家药监局生产备案公示情况表

序号	省份	生产企业	上市备案公示品种总数	国标品种上市备案公示品种数	省标品种上市备案公示品种数
1	广东	广东一方制药有限公司	581	259	322
2	广东	华润三九现代中药制药有限公司	551	261	290
3	四川	四川新绿色药业科技发展有限公司	538	271	267
4	江苏	江阴天江药业有限公司	530	257	273
5	河北	石家庄以岭药业股份有限公司	530	249	281
6	河北	神威药业集团有限公司	518	258	260
7	山东	山东一方制药有限公司	503	232	271
8	甘肃	甘肃佛慈红日药业有限公司	502	244	258
9	贵州	国药集团同济堂（贵州）制药有限公司	483	228	255
10	湖北	国药集团中联药业有限公司	482	205	277
11	湖南	湖南春光九汇现代中药有限公司	471	252	219
12	北京	北京康仁堂药业有限公司	470	276	194
13	北京	北京春风中药股份有限公司	466	260	206
14	江苏	江苏康缘药业股份有限公司	459	217	242
15	山东	山东尧王中药科技有限公司	458	225	233
16	江西	江西百神药业股份有限公司	457	253	204
17	广西	广西仙茱制药有限公司	457	240	217
18	湖北	劲牌持正堂药业有限公司	456	247	209
19	湖南	长沙新林制药有限公司	453	238	215
20	山东	山东红日康仁堂药业有限公司	452	249	203
21	湖南	天地恒一制药股份有限公司	451	247	204
22	湖北	湖北辰美中药有限公司	446	222	224
23	广西	广西强寿药业集团有限公司	435	197	238
24	云南	云南神威施普瑞药业有限公司	431	237	194
25	辽宁	辽宁上药好护士药业（集团）有限公司	428	242	186
26	重庆	重庆红日康仁堂药业有限公司	419	257	162
27	湖南	湖南新汇制药股份有限公司	417	198	219
28	吉林	吉林敖东延边药业股份有限公司	411	244	167
29	广西	培力（南宁）药业有限公司	408	233	175
30	安徽	安徽九洲方圆制药有限公司	408	221	187
31	江西	江西纳弗堂制药有限公司	406	247	159
32	湖北	湖北恒安芙林药业股份有限公司	398	225	173

续表

序号	省份	生产企业	上市备案公示品种总数	国标品种上市备案公示品种数	省标品种上市备案公示品种数
33	上海	上海万仕诚药业有限公司	391	123	268
34	天津	天士力医药集团股份有限公司	390	198	192
35	浙江	浙江景岳堂药业有限公司	388	237	151
36	安徽	安徽宏方药业有限公司	381	209	172
37	河南	河南红日康仁堂药业有限公司	380	252	128
38	广西	广西一方天江制药有限公司	372	176	196
39	贵州	贵州益佰中药配方颗粒制药有限公司	371	241	130
40	浙江	浙江惠松制药有限公司	360	228	132
41	湖南	湖南一方天江药业有限公司	356	211	145
42	河南	仲景宛西制药股份有限公司	350	217	133
43	浙江	浙江佐力药业股份有限公司	342	216	126
44	湖南	湖南康寿制药有限公司	340	161	179
45	云南	云南天江一方药业有限公司	337	181	156
46	浙江	浙江贝尼菲特药业有限公司	335	213	122
47	上海	上海雷允上药业有限公司	320	111	209
48	四川	四川国药天江药业有限公司	318	162	156
49	广东	康美药业股份有限公司	315	187	128
50	河北	河北国金药业有限责任公司	300	172	128
51	贵州	贵阳新天药业股份有限公司	294	193	101
52	江西	江西一方天江药业有限公司	273	176	97
53	吉林	吉林吉尔吉药业有限公司	250	233	17
54	安徽	安徽协和成制药有限公司	250	208	42
55	安徽	安徽华润金蟾药业有限公司	247	247	0
56	江西	江西瑞龙药业有限公司	237	231	6
57	湖北	湖北一正药业股份有限公司	232	99	133
58	云南	鸿翔中药科技有限责任公司	218	146	72
59	河南	禹州市天源药业有限公司	217	217	0
60	重庆	重庆厚捷制药有限公司	197	197	0
61	内蒙古	内蒙古普康药业有限公司	194	194	0
62	贵州	贵州京诚药业有限公司	189	160	29
63	陕西	陕西一方平康制药有限公司	149	116	33
64	湖北	湖北中耀药业股份有限公司	124	105	19
65	安徽	安徽济人药业股份有限公司	113	111	2
66	广东	广州市香雪制药股份有限公司	90	90	0

续表

序号	省份	生产企业	上市备案公示品种总数	国标品种上市备案公示品种数	省标品种上市备案公示品种数
67	河北	安国市聚药堂药业有限公司	77	77	0
68	吉林	吉林百琦药业有限公司	67	62	5
69	湖北	李时珍医药集团有限公司	61	59	2
70	河南	白云山东泰商丘药业有限公司	49	49	0
71	吉林	吉林敖东集团力源制药股份有限公司	46	23	23
72	山东	山东宏济堂制药集团股份有限公司	36	33	3
73	江苏	济川药业集团有限公司	33	33	0
74	江西	江西草掌柜中药有限公司	31		
75	内蒙古	祈蒙股份有限公司	14	12	2
76	黑龙江	黑龙江森工药业有限责任公司	13	13	0
77	安徽	安徽广印堂中药股份有限公司	7	7	0
78	吉林	抚松县中药有限责任公司	6	6	0
79	江苏	扬子江药业集团江苏制药股份有限公司	5	5	0
80	陕西	陕西盘龙药业集团股份有限公司	5	5	0
81	山东	山东华涛药业有限公司	5	5	0
82	浙江	浙江一方制药有限公司	5	0	5
83	陕西	陕西孙思邈高新制药有限公司	4	4	0
84	福建	水仙药业（建瓯）股份有限公司	4	4	0
85	吉林	吉林长白山药业集团股份有限公司	4	4	0
86	河北	河北晨光药业有限公司	2	2	0
87	黑龙江	黑龙江赛美药业有限公司	1	0	1

注：表中统计数据截止到2024年4月25日。

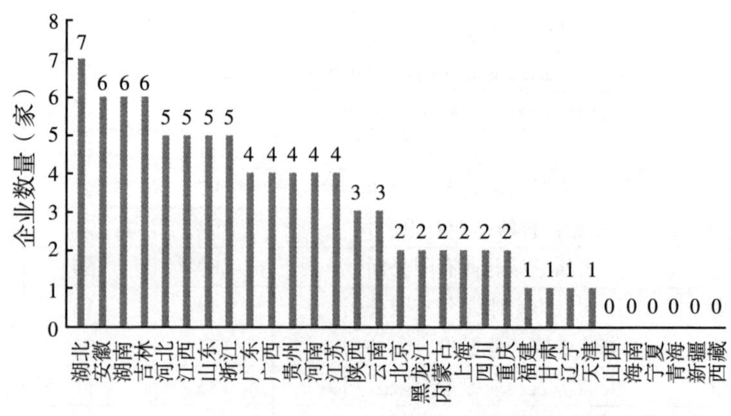

图5-1　各省、自治区、直辖市备案中药配方颗粒企业数量图

第三节 中药配方颗粒生产企业跨省销售备案情况

一、中药配方颗粒生产企业在各省级药监部门国标省标备案总数情况

截至 2024 年 4 月 24 日，共有 87 家生产企业在国家药监局网上进行国标省标生产备案和跨省销售备案，这些生产企业在各省级药监部门国标省标备案总数情况见表 5-3。

表 5-3 生产企业在各省级药监部门国标省标备案总数情况表

序号	生产企业	国标省标备案总数	平均每省备案数	备案总数大于400个省份数	备案总数大于300个省份数	国标备案总数	省标备案总数
1	广东一方制药有限公司	14347	448	26	28	8248	6099
2	华润三九现代中药制药有限公司	14109	441	25	28	8166	5943
3	江阴天江药业有限公司	13697	428	25	28	8148	5549
4	四川新绿色药业科技发展有限公司	13478	421	23	28	8359	5119
5	北京康仁堂药业有限公司	11681	365	5	28	8531	3150
6	石家庄以岭药业股份有限公司	11664	365	16	26	7420	4244
7	江西百神药业股份有限公司	9361	293	2	20	7130	2231
8	安徽九洲方圆制药有限公司	8969	280	2	19	6167	2802
9	神威药业集团有限公司	8732	273	3	9	7472	1260
10	甘肃佛慈红日药业有限公司	8236	257	13	18	4991	3245
11	培力（南宁）药业有限公司	7914	247	2	14	6060	1854
12	安徽宏方药业有限公司	7827	245	0	3	6180	1647

续表

序号	生产企业	国标省标备案总数	平均每省备案数	备案总数大于400个省份数	备案总数大于300个省份数	国标备案总数	省标备案总数
13	天地恒一制药股份有限公司	7403	231	2	2	6995	408
14	劲牌持正堂药业有限公司	7219	226	3	8	5985	1234
15	辽宁上药好护士药业（集团）有限公司	7212	225	2	5	5994	1218
16	国药集团同济堂（贵州）制药有限公司	7038	220	2	9	5505	1533
17	吉林敖东延边药业股份有限公司	7023	219	2	8	6009	1014
18	北京春风中药股份有限公司	6525	204	2	2	6025	500
19	湖北恒安芙林药业股份有限公司	6485	203	0	2	6090	395
20	山东尧王中药科技有限公司	6186	193	2	5	4983	1203
21	吉林吉尔吉药业有限公司	6182	193	0	0	6148	34
22	浙江佐力药业股份有限公司	6121	191	0	2	5811	310
23	江西纳弗堂制药有限公司	6057	189	2	4	5436	621
24	湖南春光九汇现代中药有限公司	5841	183	2	2	5401	440
25	山东红日康仁堂药业有限公司	5681	178	2	14	3947	1734
26	四川国药天江药业有限公司	5680	178	0	2	4005	1675
27	禹州市天源药业有限公司	5544	173	0	0	5544	0
28	云南神威施普瑞药业有限公司	5384	168	2	5	4702	682
29	山东一方制药有限公司	5207	163	2	2	4625	582
30	河南红日康仁堂药业有限公司	4843	151	0	2	4377	466
31	安徽协和成制药有限公司	4740	148	0	0	4634	106
32	江西瑞龙药业有限公司	4738	148	0	0	4702	36
33	内蒙古普康药业有限公司	4598	144	0	0	4598	0
34	云南天江一方药业有限公司	4528	142	0	2	3802	726

续表

序号	生产企业	国标省标备案总数	平均每省备案数	备案总数大于400个省份数	备案总数大于300个省份数	国标备案总数	省标备案总数
35	江苏康缘药业股份有限公司	4065	127	2	3	3308	757
36	贵阳新天药业股份有限公司	4047	126	0	0	3719	328
37	广西仙茱制药有限公司	3487	109	4	7	2304	1183
38	贵州京诚药业有限公司	3359	105	0	0	3080	279
39	国药集团中联药业有限公司	3285	103	2	2	2657	628
40	贵州益佰中药配方颗粒制药有限公司	3083	96	0	3	2715	368
41	康美药业股份有限公司	2944	92	0	1	2640	304
42	重庆红日康仁堂药业有限公司	2781	87	3	6	1902	879
43	江西一方天江药业有限公司	2728	85	0	0	2534	194
44	长沙新林制药有限公司	2575	80	2	2	2145	430
45	浙江景岳堂药业有限公司	2304	72	0	2	2000	304
46	广西一方天江制药有限公司	2155	67	0	2	1751	404
47	浙江惠松制药有限公司	2149	67	0	2	1885	264
48	天士力医药集团股份有限公司	2065	65	0	2	1681	384
49	陕西一方平康制药有限公司	2054	64	0	0	1961	93
50	湖北中耀药业股份有限公司	1595	50	0	0	1557	38
51	广州市香雪制药股份有限公司	1478	46	0	0	1478	0
52	浙江贝尼菲特药业有限公司	1378	43	0	2	1134	244
53	安国市聚药堂药业有限公司	1286	40	0	0	1286	0
54	湖南新汇制药股份有限公司	1229	38	2	2	789	440
55	广西强寿药业集团有限公司	1189	37	2	3	590	599

续表

序号	生产企业	国标省标备案总数	平均每省备案数	备案总数大于400个省份数	备案总数大于300个省份数	国标备案总数	省标备案总数
56	鸿翔中药科技有限责任公司	982	31	0	0	827	155
57	上海雷允上药业有限公司	935	29	0	2	514	421
58	湖北辰美中药有限公司	892	28	2	2	444	448
59	仲景宛西制药股份有限公司	872	27	0	2	606	266
60	河北国金药业有限责任公司	797	25	0	2	541	256
61	上海万仕诚药业有限公司	782	24	0	2	246	536
62	湖南一方天江药业有限公司	712	22	0	2	422	290
63	湖南康寿制药有限公司	680	21	0	2	322	358
64	山东宏济堂制药集团股份有限公司	648	20	0	0	642	6
65	湖北一正药业股份有限公司	639	20	0	0	366	273
66	白云山东泰商丘药业有限公司	547	17	0	0	547	0
67	安徽华润金蟾药业有限公司	494	15	0	0	494	0
68	重庆厚捷制药有限公司	397	12	0	0	397	0
69	江西草掌柜中药有限公司	307	10	0	0	303	4
70	安徽济人药业股份有限公司	226	7	0	0	222	4
71	吉林百琦药业有限公司	134	4	0	0	124	10
72	李时珍医药集团有限公司	122	4	0	0	118	4
73	吉林敖东集团力源制药股份有限公司	92	3	0	0	46	46
74	济川药业集团有限公司	66	2	0	0	66	0
75	陕西盘龙药业集团股份有限公司	35	1	0	0	35	0
76	祈蒙股份有限公司	28	1	0	0	24	4
77	黑龙江森工药业有限责任公司	26	1	0	0	26	0
78	安徽广印堂中药股份有限公司	19	1	0	0	19	0
79	抚松县中药有限责任公司	12	0	0	0	12	0

续表

序号	生产企业	国标省标备案总数	平均每省备案数	备案总数大于400个省份数	备案总数大于300个省份数	国标备案总数	省标备案总数
80	山东华涛药业有限公司	10	0	0	0	10	0
81	扬子江药业集团江苏制药股份有限公司	10	0	0	0	10	0
82	浙江一方制药有限公司	10	0	0	0	0	10
83	吉林长白山药业集团股份有限公司	8	0	0	0	8	0
84	陕西孙思邈高新制药有限公司	8	0	0	0	8	0
85	水仙药业（建瓯）股份有限公司	8	0	0	0	8	0
86	河北晨光药业有限公司	6	0	0	0	6	0
87	黑龙江赛美药业有限公司	2	0	0	0	0	2
总计		321992	/	/	/	252719	69273

注：表中品种数为删除品名重复项后的数量，数据截至 2024 年 4 月 24 日。

由表 5-3 可知，平均每省级药监部门国标省标备案总数位列前五名的分别是广东一方制药有限公司、华润三九现代中药制药有限公司、江阴天江药业有限公司、四川新绿色药业科技发展有限公司、北京康仁堂药业有限公司，都是原六家国家试点企业，龙头企业先发优势明显。

此外，每家企业在全国备案超 300 个品种的省份最多的位列前五名的企业也分别为广东一方制药有限公司、华润三九现代中药制药有限公司、江阴天江药业有限公司、四川新绿色药业科技发展有限公司、北京康仁堂药业有限公司，可见龙头企业稳居前列。

二、各省级药监部门国标省标备案情况

以每个省份为单位，各省级药监部门国标省标备案情况，具体结果见表 5-4 。可以看出各省级药监局备案数量有较大差异，具体做以下分析。

1. 各省级的国标跨省销售备案数有较大差异

中药配方颗粒国标是国家标准，在全国都可以进行跨省销售备案的，但在各省级备案的情况却有较大差异。

表 5-4　各省级药监部门中药配方颗粒国标省标分别备案情况表

序号	省份	备案总数	国标备案数					省标备案数				
			国标备案总数	省内备案企业数	省内企业备案数	省外备案企业数	省外企业备案数	省标备案总数	省内备案企业数	省内企业备案数	省外备案企业数	省外企业备案数
1	安徽	13719	10444	6	1003	51	9441	3275	4	403	29	2872
2	北京	10510	8663	2	536	41	8127	1847	2	400	20	1447
3	福建	11254	9452	1	4	48	9448	1802	0	0	22	1802
4	甘肃	10063	7993	1	244	41	7749	2070	1	258	20	1812
5	广东	24937	14334	4	797	81	13537	10603	3	740	66	9863
6	广西	7464	5739	4	846	28	4893	1725	4	826	6	899
7	贵州	11246	8669	4	822	39	7847	2577	4	515	17	2062
8	海南	11313	9404	0	0	51	9404	1909	0	0	22	3818
9	河北	10896	8410	5	758	41	7652	2486	3	649	22	1837
10	河南	2935	2665	4	735	16	1930	270	2	261	2	9
11	黑龙江	11031	9058	1	13	50	9045	1973	1	1	22	1972
12	湖北	7982	5973	7	1161	29	4812	2009	7	1037	10	972
13	湖南	10028	8826	6	1307	39	7519	1202	6	1181	3	21
14	吉林	11523	9531	6	572	51	8959	1992	4	212	23	1780
15	江苏	7055	5237	4	512	26	4725	1818	2	515	14	1303
16	江西	5102	3546	5	936	13	2610	1556	5	467	7	1089
17	辽宁	12284	9853	1	242	53	9611	2431	1	186	26	2245
18	内蒙古	10378	8725	2	206	45	8519	1653	1	2	22	1651
19	宁夏	8895	6824	0	0	35	6824	2071	0	0	17	2071
20	青海	10585	8658	0	0	46	8470	1927	0	0	17	1927

续表

序号	省份	备案总数	国标备案数					省标备案数				
			国标备案总数	省内备案企业数	省内企业备案数	省外备案企业数	省外企业备案数	省标备案总数	省内备案企业数	省内企业备案数	省外备案企业数	省外企业备案数
21	山东	13258	9983	5	744	59	9239	3275	4	710	32	2565
22	山西	10522	9460	0	0	53	9460	1062	0	0	21	2124
23	陕西	11992	9085	3	125	47	8960	2907	1	33	30	2874
24	上海	4154	3520	2	234	16	3286	634	2	477	6	157
25	四川	11615	9285	2	433	51	8852	2330	2	420	18	1910
26	天津	9466	7456	1	198	38	7258	2010	1	192	17	1818
27	西藏	7134	4954	0	0	27	4954	2180	0	0	12	2180
28	新疆	9873	8563	0	0	47	8563	1310	0	0	16	1310
29	新疆兵团	8050	6830	0	0	16	6830	1220	0	0	13	1220
30	云南	13112	10172	3	564	49	9608	2940	3	422	25	2518
31	浙江	4300	3653	4	893	12	2760	647	5	536	8	111
32	重庆	9316	7754	2	454	38	7300	1562	1	137	19	1400

注：表中品种数为删除品名重复项后的数量，数据截至 2024 年 4 月 24 日。

由图 5–2 可知，办理省外国标跨省销售备案企业数最多的省份是广东，多达 81 家省外企业备案，其次分别是山东、辽宁、山西、安徽、海南、吉林、四川，均超过 50 家企业。办理省外跨省销售备案企业数较少的省份有浙江、江西、新疆兵团、上海、河南，省外跨省销售备案企业数不足 20 家。

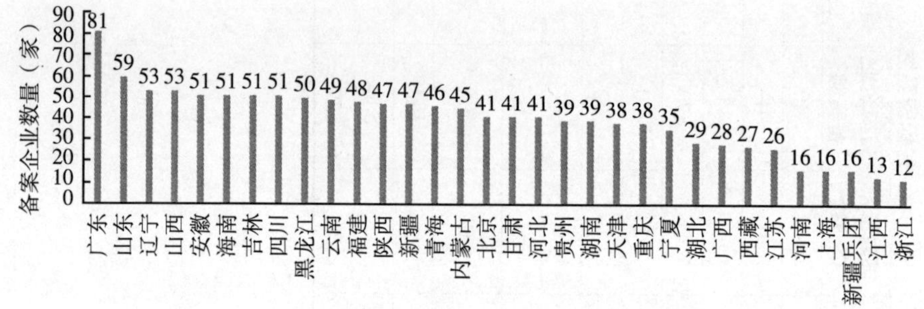

图 5–2　各省级药监部门办理国标跨省销售备案省外企业数量

2. 各省级的省标跨省销售备案数差异巨大

与国标跨省销售备案相比，外省省标跨省销售备案企业数量少了很多，并且差异较大。由图 5–3 可知，办理省外省标备案企业数最多的省份是广东，其次是山东、陕西、辽宁和云南，超过了 25 家外省企业备案。办理省外备案企业数最少的省份是河南，其次是湖南、上海、广西、江西、浙江，不足 10 家外省企业备案。

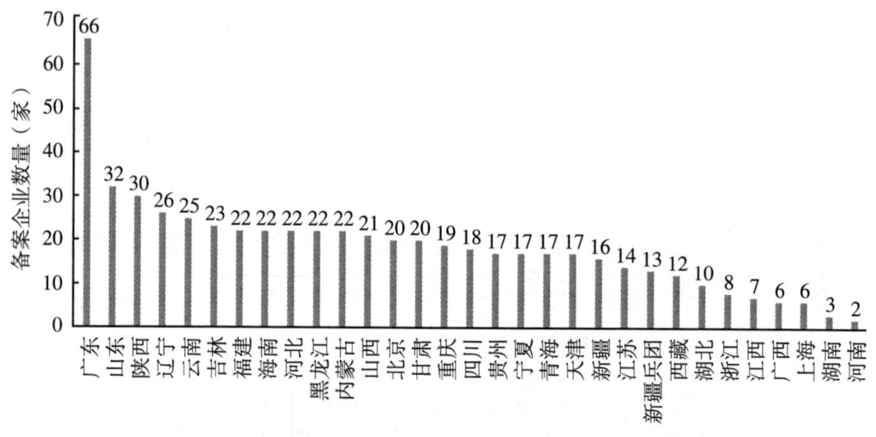

图 5–3　各省级药监部门办理省标跨省销售备案省外企业数量

第四节 中药配方颗粒纳入医保及挂网采购情况

大多数省、自治区、直辖市将中药配方颗粒纳入医保，部分已实施中药配方颗粒挂网采购。

2021 年 12 月，国家医疗保障局和中医药管理局发布《关于医保支持中医药传承创新发展的指导意见》（医保函〔2021〕229 号）明确规定："中药饮片销售价格严格按照实际购进价格顺加不超 25%，非饮片的中药严格按照实际购进价格'零差率'销售。同时，鼓励将公立医疗机构采购的中药配方颗粒纳入省级医药集中采购平台挂网交易，促进交易公开透明。"截至 2024 年 4 月 26 日，全国 31 个省、自治区、直辖市中有 26 个省、自治区、直辖市已发布政策，将中药配方颗粒纳入医保，分别是北京、云南、河北、江西、湖北、山东、贵州、内蒙古、吉林、浙江、四川、天津、广西、湖南、福建、甘肃、广东、江苏、安徽、海南、山西、新疆、辽宁、青海、黑龙江和西藏，尚有 5 个省、直辖市未将中药配方颗粒纳入医保，分别是陕西、宁夏、重庆、河南和上海。有 19 个省、自治区、直辖市已实施中药配方颗粒挂网采购，使交易更加公开透明，分别是上海、北京、福建、内蒙古、云南、甘肃、河北、山东、安徽、辽宁、陕西、天津、广东、江苏、吉林、青海、黑龙江、西藏和浙江。

各省（自治区、直辖市）中药配方颗粒医保及挂网采购情况见表 5-5。

表 5-5 各省、自治区、直辖市中药配方颗粒医保及官网采购汇总表

序号	省（自治区、直辖市）	医保准入	销售加成（%）	挂网采购
1	广东	纳入医保	25	已挂网
2	甘肃	纳入医保	25	已挂网
3	江苏	纳入医保	25	已挂网
4	四川	纳入医保	25	/
5	河北	纳入医保	15	已挂网
6	贵州	纳入医保	25	/
7	安徽	纳入医保	25	已挂网
8	江西	纳入医保	25	发布方案
9	广西	纳入医保	25	/
10	云南	纳入医保	15	已挂网

续表

序号	省（自治区、直辖市）	医保准入	销售加成（%）	挂网采购
11	山东	纳入医保	25	已挂网
12	海南	纳入医保	25	/
13	吉林	纳入医保	25	已挂网
14	湖北	纳入医保	25	/
15	福建	纳入医保	15	已挂网
16	山西	纳入医保	25	/
17	北京	纳入医保	25	已挂网
18	湖南	纳入医保	25	/
19	辽宁	纳入医保	25	已挂网
20	青海	纳入医保	25	已挂网
21	内蒙古	纳入医保	25	已挂网
22	黑龙江	纳入医保	25	已挂网
23	西藏	纳入医保	25	已挂网
24	天津	纳入医保	25	已挂网
25	浙江	纳入医保	25	已挂网
26	新疆或新疆兵团	纳入医保	25	/
27	陕西	不纳入医保	25	已挂网
28	宁夏	不纳入医保	25	/
29	重庆	不纳入医保	25	发布征求意见稿
30	河南	不纳入医保	25	/
31	上海	不纳入医保	20	已挂网

根据《公告》要求，中药配方颗粒的质量监管纳入中药饮片管理范畴，中药配方颗粒依旧按对应的中药饮片保持相应的加成率，同时中药配方颗粒的销售范围由原二级及以上中医医院（综合医院）调整为经审批或备案后能够提供中医药服务的医疗机构，扩大了销售范围，利于市场扩容，吸引更多企业相继入局。

第五节　中药配方颗粒医保编码情况

截至 2024 年 5 月 9 日，共有 7 六家生产企业已获得中药配方颗粒医保代码，已获得中药配方颗粒医保代码的品种有 24034 个，已获取中药配方颗粒医保代码数量有 62455 个（表 5-6）。

表 5-6 生产企业获得中药配方颗粒医保代码汇总表

序号	生产企业	已获取中药配方颗粒医保代码品种数	已获取中药配方颗粒医保代码数量	序号	生产企业	已获取中药配方颗粒医保代码品种数	已获取中药配方颗粒医保代码数量
1	广东一方制药有限公司	576	1307	21	山东尧王中药科技有限公司	442	892
2	华润三九现代中药制药有限公司	546	1100	22	湖北辰美中药有限公司	441	939
3	四川新绿色药业科技发展有限公司	537	1094	23	广西强寿药业集团有限公司	433	866
4	江阴天江药业有限公司	535	1675	24	江西纳弗堂制药有限公司	433	1293
5	石家庄以岭药业股份有限公司	530	2695	25	云南神威施普瑞药业有限公司	430	1701
6	神威药业集团有限公司	516	1670	26	辽宁上药好护士药业（集团）有限公司	423	983
7	山东一方制药有限公司	503	1056	27	湖南新汇制药股份有限公司	414	1074
8	甘肃佛慈红日药业有限公司	502	1032	28	培力（南宁）药业有限公司	408	408
9	湖南春光九汇现代中药有限公司	477	1336	29	重庆红日康仁堂药业有限公司	407	742
10	国药集团中联药业有限公司	475	895	30	吉林敖东延边药业股份有限公司	401	916
11	国药集团同济堂（贵州）制药有限公司	473	954	31	安徽九洲方圆制药有限公司	400	800
12	北京康仁堂药业有限公司	472	1471	32	湖北恒安芙林药业股份有限公司	398	1910
13	江苏康缘药业股份有限公司	466	932	33	浙江景岳堂药业有限公司	392	793
14	北京春风中药股份有限公司	465	1418	34	上海万仕诚药业有限公司	391	391
15	广西仙茱制药有限公司	456	1370	35	安徽宏方药业有限公司	382	1018
16	江西百神药业股份有限公司	456	1819	36	河南红日康仁堂药业有限公司	380	1054
17	劲牌持正堂药业有限公司	455	1017	37	广西一方天江制药有限公司	374	753
18	长沙新林制药有限公司	453	950	38	浙江惠松制药有限公司	365	716
19	山东红日康仁堂药业有限公司	452	452	39	贵州益佰中药配方颗粒制药有限公司	364	878
20	天地恒一制药股份有限公司	451	4334	40	湖南一方天江药业有限公司	356	708

续表

序号	生产企业	已获取中药配方颗粒医保代码品种数	已获取中药配方颗粒医保代码数量	序号	生产企业	已获取中药配方颗粒医保代码品种数	已获取中药配方颗粒医保代码数量
41	仲景宛西制药股份有限公司	352	708	59	贵州京诚药业有限公司	188	462
42	浙江贝尼菲特药业有限公司	351	702	60	内蒙古普康药业有限公司	187	374
43	浙江佐力药业股份有限公司	349	697	61	湖南康寿制药有限公司	154	879
44	湖北一正药业股份有限公司	335	437	62	陕西一方平康制药有限公司	146	292
45	天士力医药集团股份有限公司	335	1035	63	安国市聚药堂药业有限公司	77	325
46	云南天江一方药业有限公司	335	1385	64	广州市香雪制药股份有限公司	68	177
47	四川国药天江药业有限公司	312	959	65	白云山东泰商丘药业有限公司	49	99
48	康美药业股份有限公司	308	308	66	吉林敖东集团力源制药股份有限公司	44	88
49	上海雷允上药业有限公司	306	307	67	山东宏济堂制药集团股份有限公司	31	92
50	河北国金药业有限责任公司	300	599	68	江西草掌柜中药有限公司	30	120
51	贵阳新天药业股份有限公司	294	937	69	李时珍医药集团有限公司	18	55
52	江西一方天江药业有限公司	275	555	70	安徽济人药业股份有限公司	15	30
53	江西瑞龙药业有限公司	237	473	71	湖北中耀药业股份有限公司	13	35
54	吉林吉尔吉药业有限公司	229	959	72	黑龙江森工药业有限责任公司	10	19
55	禹州市天源药业有限公司	215	423	73	吉林百琦药业有限公司	10	10
56	安徽协和成制药有限公司	213	639	74	安徽广印堂中药股份有限公司	5	5
57	鸿翔中药科技有限责任公司	212	636	75	陕西盘龙药业集团股份有限公司	5	20
58	重庆厚捷制药有限公司	194	194	76	河北晨光药业有限公司	2	8

注：表中统计数据截至2024年5月9日。

第六节 中药配方颗粒省际联盟集采情况

一、山东省牵头的中药配方颗粒省际联盟集中采购结果

2023 年 9 月 6 日山东省公共资源交易中心发布了《中药配方颗粒采购联盟集中采购公告》，此次联盟集采囊括山东、山西、内蒙古、辽宁、吉林、黑龙江、安徽、江西、海南、云南、西藏、陕西、青海、新疆和新疆生产建设兵团 15 个省级单位组成省际联盟。将对 200 个具有中药配方颗粒国家药品标准的品种进行集采，涉及金银花、北柴胡、炒酸枣仁、黄芪、党参、当归等常用品种。文件明确，各品种采购周期为 2 年，自中选后实际执行日起计算。按照规则，报价降幅达到 40% 的企业即可获得拟中选资格；报价降幅在 40% 以上的企业低于 10 家，即使降幅达不到 40% 的企业仍有机会拟中选。

2023 年 11 月 13 日山东省公共资源交易中心发布了《关于公布省际联盟中药配方颗粒集中带量采购中选结果的通知》，中药配方颗粒省际联盟集中带量采购开标结果，200 个中药配方颗粒品种共有 59 家企业拟中标，平均降价 50.77%，平均每个品种有 34 个企业拟中标，具体情况见表 5-7。

200 个中药配方颗粒品种共有 59 家企业拟中选，截至 2023 年 10 月 26 日，共有 82 家企业在国家药监局官网上备案，拟中选企业占总备案企业的 72%，参与程度较高，具体情况见表 5-8。可以看出，原六家国家试点企业基本是全品种申报，部分新进入企业也是全品种申报，申报品种数量前 20 位的企业，申报数量由 184 到 200 不等，其中 11 家企业是原六家国家试点企业或者是与原六家国家试点企业有控股关系的企业，说明研发实力决定了申报数量，大部分新进入企业都是部分品种申报。

表 5-7　200 个品种每个品种中标企业数及中标扣率汇总表

销售排名	品种	中标企业数（家）	申报企业中位数中标扣率	申报企业平均中标扣率	销售排名	品种	中标企业数（家）	申报企业中位数中标扣率	申报企业平均中标扣率
1	黄芪（蒙古黄芪）配方颗粒	45	0.589	0.530	20	赤芍（芍药）配方颗粒	45	0.580	0.531
2	当归配方颗粒	33	0.598	0.574	21	防风配方颗粒	38	0.593	0.553
3	白芍配方颗粒	46	0.590	0.552	22	泽泻（泽泻）配方颗粒	41	0.581	0.531
4	白术配方颗粒	38	0.595	0.557	23	连翘（青翘）配方颗粒	30	0.596	0.579
5	党参（党参）配方颗粒	30	0.596	0.571	24	金银花配方颗粒	42	0.583	0.533
6	甘草（甘草）配方颗粒	42	0.587	0.537	25	生姜配方颗粒	36	0.563	0.539
7	北柴胡配方颗粒	39	0.580	0.537	26	鸡血藤配方颗粒	43	0.580	0.549
8	陈皮配方颗粒	38	0.576	0.532	27	大枣配方颗粒	33	0.579	0.559
9	川芎配方颗粒	46	0.565	0.520	28	厚朴（厚朴）配方颗粒	39	0.569	0.520
10	黄芩配方颗粒	44	0.589	0.551	29	首乌藤配方颗粒	39	0.584	0.547
11	丹参配方颗粒	41	0.590	0.549	30	益母草配方颗粒	40	0.570	0.537
12	炙甘草（甘草）配方颗粒	38	0.590	0.555	31	牛膝配方颗粒	42	0.582	0.546
13	炙甘草（胀果甘草）配方颗粒	18	0.595	0.576	32	荆芥配方颗粒	34	0.590	0.562
14	葛根配方颗粒	44	0.582	0.540	33	土茯苓配方颗粒	41	0.590	0.549
15	生地黄配方颗粒	45	0.589	0.552	34	桑寄生配方颗粒	45	0.580	0.538
16	麸炒白术配方颗粒	34	0.592	0.556	35	玄参配方颗粒	39	0.590	0.548
17	熟地黄配方颗粒	41	0.590	0.557	36	夏枯草配方颗粒	42	0.576	0.554
18	桔梗配方颗粒	37	0.581	0.548	37	黄柏配方颗粒	39	0.599	0.562
19	蒲公英（碱地蒲公英）配方颗粒	42	0.584	0.563	38	麸炒薏苡仁配方颗粒	33	0.570	0.543

续表

销售排名	品种	中标企业数（家）	申报企业中位数中标扣率	申报企业平均中标扣率	销售排名	品种	中标企业数（家）	申报企业中位数中标扣率	申报企业平均中标扣率
39	醋延胡索配方颗粒	32	0.599	0.568	58	杜仲配方颗粒	42	0.582	0.527
40	鱼腥草配方颗粒	37	0.589	0.564	59	川牛膝配方颗粒	38	0.570	0.549
41	桃仁（桃）配方颗粒	35	0.590	0.542	60	山楂（山里红）配方颗粒	38	0.587	0.549
42	干姜配方颗粒	38	0.579	0.531	61	知母配方颗粒	37	0.573	0.553
43	苦杏仁（西伯利亚杏）配方颗粒	36	0.595	0.553	62	焦山楂（山里红）配方颗粒	38	0.574	0.548
44	白芷（白芷）配方颗粒	30	0.576	0.564	63	栀子配方颗粒	42	0.594	0.552
45	菟丝子（南方菟丝子）配方颗粒	36	0.586	0.545	64	炒酸枣仁配方颗粒	21	0.600	0.590
46	合欢皮配方颗粒	40	0.578	0.553	65	枳壳配方颗粒	35	0.582	0.554
47	广藿香配方颗粒	32	0.590	0.550	66	桑叶配方颗粒	38	0.573	0.556
48	麸炒枳壳配方颗粒	41	0.594	0.544	67	菊花配方颗粒	40	0.595	0.557
49	续断配方颗粒	35	0.579	0.552	68	麻黄（草麻黄）配方颗粒	31	0.598	0.571
50	山萸肉配方颗粒	36	0.597	0.585	69	天花粉（栝楼）配方颗粒	36	0.599	0.576
51	木香配方颗粒	32	0.578	0.556	70	百合（卷丹）配方颗粒	37	0.581	0.557
52	醋香附配方颗粒	40	0.590	0.550	71	钩藤（钩藤）配方颗粒	29	0.581	0.567
53	苍术（北苍术）配方颗粒	34	0.585	0.542	72	桑白皮配方颗粒	32	0.575	0.559
54	茵陈[滨蒿（绵茵陈）]配方颗粒	35	0.597	0.567	73	大黄（药用大黄）配方颗粒	36	0.570	0.536
55	炒白芍配方颗粒	44	0.590	0.555	74	姜厚朴（厚朴）配方颗粒	37	0.580	0.539
56	薄荷配方颗粒	36	0.590	0.564	75	地肤子配方颗粒	35	0.592	0.562
57	天麻配方颗粒	40	0.580	0.550	76	瓜蒌（栝楼）配方颗粒	32	0.586	0.570

续表

销售排名	品种	中标企业数（家）	申报企业中位数中标扣率	申报企业平均中标扣率	销售排名	品种	中标企业数（家）	申报企业中位数中标扣率	申报企业平均中标扣率
77	麸炒苍术（北苍术）配方颗粒	39	0.590	0.536	96	炒苦杏仁（西伯利亚杏）配方颗粒	27	0.580	0.559
78	黄连（黄连）配方颗粒	38	0.595	0.570	97	射干配方颗粒	26	0.598	0.575
79	苦参配方颗粒	42	0.575	0.550	98	炒莱菔子配方颗粒	40	0.586	0.556
80	盐杜仲配方颗粒	37	0.576	0.517	99	肉苁蓉（管花肉苁蓉）配方颗粒	34	0.584	0.546
81	车前子（车前）配方颗粒	37	0.595	0.570	100	白鲜皮配方颗粒	38	0.590	0.558
82	独活配方颗粒	38	0.591	0.553	101	枇杷叶配方颗粒	40	0.584	0.556
83	百部（对叶百部）配方颗粒	37	0.579	0.556	102	紫花地丁配方颗粒	34	0.577	0.554
84	肉桂配方颗粒	31	0.590	0.558	103	紫苏子配方颗粒	39	0.590	0.556
85	枳实（酸橙）配方颗粒	39	0.583	0.525	104	女贞子配方颗粒	34	0.580	0.536
86	淡竹叶配方颗粒	38	0.599	0.570	105	牛蒡子配方颗粒	35	0.580	0.564
87	香附配方颗粒	33	0.584	0.536	106	麸炒枳实（酸橙）配方颗粒	39	0.580	0.526
88	板蓝根配方颗粒	41	0.581	0.554	107	墨旱莲配方颗粒	40	0.579	0.542
89	前胡配方颗粒	36	0.596	0.574	108	蜜麻黄（草麻黄）配方颗粒	31	0.591	0.563
90	炒苍耳子配方颗粒	25	0.580	0.581	109	佛手配方颗粒	35	0.589	0.541
91	火麻仁配方颗粒	28	0.598	0.569	110	紫菀配方颗粒	25	0.596	0.576
92	乌药配方颗粒	42	0.579	0.549	111	蛇床子配方颗粒	34	0.597	0.573
93	金钱草配方颗粒	37	0.580	0.550	112	乌梅配方颗粒	37	0.563	0.535
94	淫羊藿（淫羊藿）配方颗粒	37	0.591	0.567	113	醋北柴胡配方颗粒	35	0.580	0.547
95	车前草（车前）配方颗粒	30	0.591	0.559	114	半枝莲配方颗粒	37	0.580	0.558

续表

销售排名	品种	中标企业数（家）	申报企业中位数中标扣率	申报企业平均中标扣率	销售排名	品种	中标企业数（家）	申报企业中位数中标扣率	申报企业平均中标扣率
115	升麻（大三叶升麻）配方颗粒	38	0.585	0.556	135	合欢花（合欢花）配方颗粒	23	0.599	0.575
116	远志（远志）配方颗粒	32	0.590	0.572	136	忍冬藤配方颗粒	29	0.569	0.556
117	桑枝配方颗粒	38	0.577	0.547	137	款冬花配方颗粒	26	0.599	0.569
118	补骨脂配方颗粒	31	0.578	0.555	138	秦艽（粗茎秦艽）配方颗粒	36	0.587	0.544
119	虎杖配方颗粒	36	0.588	0.552	139	酒女贞子配方颗粒	38	0.584	0.535
120	制何首乌配方颗粒	38	0.579	0.539	140	蜜枇杷叶配方颗粒	40	0.587	0.549
121	灵芝（赤芝）配方颗粒	33	0.580	0.541	141	蜜百部（对叶百部）配方颗粒	37	0.595	0.565
122	莱菔子配方颗粒	34	0.589	0.574	142	炒牛蒡子配方颗粒	35	0.580	0.568
123	泽兰配方颗粒	37	0.586	0.555	143	盐补骨脂配方颗粒	32	0.587	0.552
124	骨碎补配方颗粒	38	0.590	0.549	144	大青叶配方颗粒	31	0.581	0.565
125	广金钱草配方颗粒	39	0.599	0.566	145	制远志（远志）配方颗粒	27	0.591	0.570
126	巴戟天配方颗粒	35	0.593	0.561	146	炒紫苏子配方颗粒	32	0.582	0.540
127	桑椹配方颗粒	32	0.584	0.568	147	青皮（个青皮）配方颗粒	32	0.560	0.555
128	延胡索配方颗粒	29	0.598	0.578	148	青皮（四花青皮）配方颗粒	20	0.591	0.565
129	蜜紫菀配方颗粒	29	0.597	0.579	149	炒王不留行配方颗粒	32	0.580	0.556
130	炒栀子配方颗粒	37	0.578	0.553	150	瞿麦（石竹）配方颗粒	35	0.593	0.556
131	人参配方颗粒	42	0.568	0.521	151	酒萸肉配方颗粒	32	0.593	0.566
132	野菊花配方颗粒	34	0.597	0.565	152	木蝴蝶配方颗粒	35	0.580	0.545
133	蒺藜配方颗粒	33	0.594	0.576	153	炒桃仁（桃）配方颗粒	27	0.592	0.569
134	盐菟丝子（南方菟丝子）配方颗粒	30	0.584	0.571	154	焯桃仁（桃）配方颗粒	27	0.585	0.559

续表

销售排名	品种	中标企业数（家）	申报企业中位数中标扣率	申报企业平均中标扣率	销售排名	品种	中标企业数（家）	申报企业中位数中标扣率	申报企业平均中标扣率
155	荷叶配方颗粒	41	0.594	0.549	170	槐花（槐花）配方颗粒	33	0.579	0.552
156	蜜桑白皮配方颗粒	34	0.596	0.563	171	苏木配方颗粒	34	0.580	0.568
157	侧柏叶配方颗粒	39	0.580	0.552	172	盐知母配方颗粒	33	0.596	0.564
158	旋覆花（旋覆花）配方颗粒	37	0.585	0.551	173	盐黄柏配方颗粒	29	0.599	0.579
159	蜜款冬花配方颗粒	27	0.599	0.584	174	酒大黄（药用大黄）配方颗粒	26	0.578	0.559
160	炒蒺藜配方颗粒	33	0.585	0.567	175	炒火麻仁配方颗粒	22	0.584	0.579
161	王不留行配方颗粒	27	0.595	0.579	176	香橼（香圆）配方颗粒	35	0.579	0.551
162	何首乌配方颗粒	32	0.554	0.544	177	秦皮（尖叶白蜡树）配方颗粒	33	0.585	0.567
163	盐车前子（车前）配方颗粒	34	0.591	0.535	178	醋青皮（个青皮）配方颗粒	31	0.589	0.557
164	龙胆（龙胆）配方颗粒	33	0.596	0.574	179	蜜百合（卷丹）配方颗粒	24	0.580	0.565
165	炮姜配方颗粒	23	0.576	0.560	180	烫骨碎补配方颗粒	34	0.583	0.568
166	炙淫羊藿（淫羊藿）配方颗粒	27	0.594	0.568	181	酒黄芩配方颗粒	36	0.583	0.557
167	酸枣仁配方颗粒	18	0.600	0.579	182	制吴茱萸（吴茱萸）配方颗粒	33	0.560	0.505
168	防己配方颗粒	39	0.585	0.555	183	蜜旋覆花（旋覆花）配方颗粒	28	0.580	0.556
169	吴茱萸（吴茱萸）配方颗粒	30	0.575	0.527	184	盐续断配方颗粒	33	0.577	0.545

续表

销售排名	品种	中标企业数（家）	申报企业中位数中标扣率	申报企业平均中标扣率	销售排名	品种	中标企业数（家）	申报企业中位数中标扣率	申报企业平均中标扣率
185	罗布麻叶配方颗粒	33	0.580	0.550	194	酒苁蓉（管花肉苁蓉）配方颗粒	30	0.588	0.545
186	肿节风配方颗粒	36	0.580	0.552	195	燀苦杏仁（西伯利亚杏）配方颗粒	30	0.580	0.561
187	醋青皮（四花青皮）配方颗粒	19	0.579	0.572	196	制巴戟天配方颗粒	29	0.595	0.554
188	白芷（杭白芷）配方颗粒	16	0.586	0.555	197	粉葛配方颗粒	32	0.580	0.547
189	熟大黄（药用大黄）配方颗粒	26	0.582	0.541	198	酒丹参配方颗粒	32	0.584	0.558
190	焦栀子配方颗粒	36	0.585	0.562	199	川射干配方颗粒	23	0.593	0.577
191	槐角配方颗粒	33	0.586	0.560	200	蜜槐角配方颗粒	26	0.579	0.542
192	酒当归配方颗粒	26	0.591	0.577	平均中标扣率		34	0.585	0.555
193	酒苁蓉（肉苁蓉）配方颗粒	17	0.593	0.571					

表 5-8　59 家拟中选企业拟中选品种数量表

序号	申报企业	拟中选品种数量	序号	申报企业	拟中选品种数量
1	北京康仁堂药业有限公司	200	31	禹州市天源药业有限公司	142
2	甘肃佛慈红日药业有限公司	200	32	江西纳弗堂制药有限公司	141
3	广东一方制药有限公司	200	33	康美药业股份有限公司	128
4	华润三九现代中药制药有限公司	200	34	四川国药天江药业有限公司	126
5	山东红日康仁堂药业有限公司	200	35	湖南新汇制药股份有限公司	112
6	江阴天江药业有限公司	199	36	湖南康寿制药有限公司	80
7	山东尧王中药科技有限公司	199	37	贵州京诚药业有限公司	79
8	石家庄以岭药业股份有限公司	199	38	陕西一方平康制药有限公司	70
9	河南红日康仁堂药业有限公司	198	39	辽宁上药好护士药业（集团）有限公司	64
10	山东一方制药有限公司	197	40	国药集团中联药业有限公司	61
11	四川新绿色药业科技发展有限公司	197	41	安国市聚药堂药业有限公司	47
12	吉林敖东延边药业股份有限公司	194	42	广州市香雪制药股份有限公司	43
13	国药集团同济堂（贵州）制药有限公司	192	43	广西一方天江制药有限公司	33
14	江西百神药业股份有限公司	192	44	浙江景岳堂药业有限公司	32
15	云南神威施普瑞药业有限公司	192	45	上海雷允上药业有限公司	30
16	安徽九洲方圆制药有限公司	191	46	河北国金药业有限责任公司	29
17	湖北一正药业股份有限公司	190	47	山东宏济堂制药集团股份有限公司	27
18	培力（南宁）药业有限公司	189	48	白云山东泰商丘药业有限公司	25
19	湖南春光九汇现代中药有限公司	186	49	浙江贝尼菲特药业有限公司	20
20	天地恒一制药股份有限公司	184	50	内蒙古普康药业有限公司	16
21	江西瑞龙药业有限公司	181	51	北京春风中药股份有限公司	12
22	浙江佐力药业股份有限公司	176	52	神威药业集团有限公司	12
23	安徽宏方药业有限公司	171	53	天士力医药集团股份有限公司	11
24	湖北恒安芙林药业股份有限公司	165	54	安徽广印堂中药股份有限公司	5
25	劲牌持正堂药业有限公司	162	55	陕西盘龙药业集团股份有限公司	5
26	云南天江一方药业有限公司	162	56	江西草掌柜中药有限公司	4
27	安徽协和成制药有限公司	161	57	广西仙茱制药有限公司	3
28	江西一方天江药业有限公司	160	58	河北晨光药业有限公司	2
29	吉林吉尔吉药业有限公司	150	59	仲景宛西制药股份有限公司	1
30	贵阳新天药业股份有限公司	146			

二、天津市药监局牵头的京津冀“3+N”联盟中药配方颗粒带量联动采购结果

京津冀“3+N”联盟采购与山东省际联盟采购品种一样，都是将具有中药配方颗粒国家药品标准的200个中药配方颗粒品种纳入带量联动范围，开展药品联合采购。本次京津冀“3+N”联盟中药配方颗粒集采共有46个企业中选，其中200个品种均中选的企业有12个。相较于2023年11月山东省牵头的省际联盟中药配方颗粒集采中选结果（简称省际联盟集采），本次集采200个品种均中选的企业增加7家，中选企业总数减少13个，其中新增5家企业申报，参加省际联盟集采的18家企业没有申报本次京津冀“3+N”联盟集采，具体情况见表5–9。

表5–9 京津冀“3+N”联盟集采与山东省际联盟集采申报企业及申报代表品种数量表

序号	申报企业名称	京津冀“3+N”集采申报代表品种数量	山东省际联盟集采申报代表品种数量
1	北京康仁堂药业有限公司	200	200
2	甘肃佛慈红日药业有限公司	200	200
3	广东一方制药有限公司	200	200
4	湖北辰美中药有限公司	200	0
5	华润三九现代中药制药有限公司	200	200
6	江西百神药业股份有限公司	200	192
7	江阴天江药业有限公司	200	199
8	辽宁上药好护士药业(集团)有限公司	200	64
9	山东红日康仁堂药业有限公司	200	200
10	山东尧王中药科技有限公司	200	199
11	天地恒一制药股份有限公司	200	184
12	重庆红日康仁堂药业有限公司	200	0
13	河南红日康仁堂药业有限公司	199	198
14	江苏康缘药业股份有限公司	198	0
15	石家庄以岭药业股份有限公司	198	199
16	国药集团同济堂(贵州)制药有限公司	197	192
17	江西纳弗堂制药有限公司	196	141
18	山东一方制药有限公司	196	197
19	四川新绿色药业科技发展有限公司	196	197
20	广西仙茱制药有限公司	195	3

续表

序号	申报企业名称	京津冀"3+N"集采申报代表品种数量	山东省际联盟集采申报代表品种数量
21	吉林敖东延边药业股份有限公司	193	194
22	安徽九洲方圆制药有限公司	192	191
23	湖北一正药业股份有限公司	192	190
24	云南神威施普瑞药业有限公司	192	192
25	贵州益佰中药配方颗粒制药有限公司	187	0
26	仲景宛西制药股份有限公司	184	1
27	安徽宏方药业有限公司	183	171
28	浙江佐力药业股份有限公司	183	176
29	贵阳新天药业股份有限公司	173	146
30	广西一方天江制药有限公司	166	33
31	湖北恒安芙林药业股份有限公司	166	165
32	江西一方天江药业有限公司	160	160
33	四川国药天江药业有限公司	152	126
34	吉林吉尔吉药业有限公司	150	150
35	河北国金药业有限责任公司	147	29
36	贵州京诚药业有限公司	142	79
37	劲牌持正堂药业有限公司	129	162
38	国药集团中联药业有限公司	120	61
39	陕西一方平康制药有限公司	72	70
40	浙江惠松制药有限公司	43	0
41	禹州市天源药业有限公司	42	142
42	广州市香雪制药股份有限公司	40	43
43	浙江景岳堂药业有限公司	32	32
44	神威药业集团有限公司	12	12
45	天士力医药集团股份有限公司	11	11
46	河北晨光药业有限公司	2	2
47	培力（南宁）药业有限公司	0	189
48	湖南春光九汇现代中药有限公司	0	186
49	江西瑞龙药业有限公司	0	181
50	云南天江一方药业有限公司	0	162
51	安徽协和成制药有限公司	0	161
52	康美药业股份有限公司	0	128
53	湖南新汇制药股份有限公司	0	112
54	湖南康寿制药有限公司	0	80

续表

序号	申报企业名称	京津冀"3+N"集采申报代表品种数量	山东省际联盟集采申报代表品种数量
55	安国市聚药堂药业有限公司	0	47
56	上海雷允上药业有限公司	0	30
57	山东宏济堂制药集团股份有限公司	0	27
58	白云山东泰商丘药业有限公司	0	25
59	浙江贝尼菲特药业有限公司	0	20
60	内蒙古普康药业有限公司	0	16
61	北京春风中药股份有限公司	0	12
62	安徽广印堂中药股份有限公司	0	5
63	陕西盘龙药业集团股份有限公司	0	5
64	江西草掌柜中药有限公司	0	4

由表5–9可知，本次京津冀"3+N"联盟集采的200个配方颗粒中，有148个品种中选企业超过35家，平均每个品种有3六家中选企业，与省际联盟集采相比，平均每个品种中选企业数（34家）增加2个，平均颗粒中选价格上升2.89%，单品种平均中选价格上升的品种196个，下降的3个，1个品种无变化。

三、中药配方颗粒省际联盟集采执行时间及对其他省采购的影响

山东省际联盟集采发布后，甘肃省公共资源交易中心于2024年4月12日发布了《关于开展甘肃省第五批药品集中带量采购（中药配方颗粒专项）工作的通知》，在文件中明确："在全国范围内省级及以上集采中选品种，申报价格不得高于全国最低价（含集采中选价及甘肃省2023年实际采购价）"，即参加了山东省际联盟集采。

京津冀"3+N"联盟集采发布后，在天津市集中采购管理系统上，可看到贵州、河南、江苏、广西等参加了京津冀"3+N"联盟集采。

中药配方颗粒省际联盟集采执行时间见表5–10。

表5–10　中药配方颗粒省际联盟集采情况汇总表

序号	省份	省际联盟集采	文件发布时间	执行时间
1	山东	山东省际联盟集采	2023年9月6日	2023年12月25日
2	吉林	山东省际联盟集采	2023年9月6日	2023年12月31日

续表

序号	省份	省际联盟集采	文件发布时间	执行时间
3	西藏	山东省际联盟集采	2023年9月6日	2024年1月1日
4	辽宁	山东省际联盟集采	2023年9月6日	2024年3月25日
5	陕西	山东省际联盟集采	2023年9月6日	2024年3月29日
6	黑龙江	山东省际联盟集采	2023年9月6日	2024年3月31日
7	安徽	山东省际联盟集采	2023年9月6日	2024年4月25日
8	山西	山东省际联盟集采	2023年9月6日	2024年5月10日
9	江西	山东省际联盟集采	2023年9月6日	2024年6月1日
10	内蒙古	山东省际联盟集采	2023年9月6日	待定
11	海南	山东省际联盟集采	2023年9月6日	待定
12	云南	山东省际联盟集采	2023年9月6日	待定
13	青海	山东省际联盟集采	2023年9月6日	待定
14	新疆	山东省际联盟集采	2023年9月6日	待定
15	新疆兵团	山东省际联盟集采	2023年9月6日	待定
16	甘肃	参加山东省际联盟集采	2024年4月12日	待定
17	天津	京津冀“3+N”联盟集采	2024年3月20日	待定
18	北京	京津冀“3+N”联盟集采	2024年3月20日	待定
19	河北	京津冀“3+N”联盟集采	2024年3月20日	待定
20	贵州	参加京津冀“3+N”联盟集采	2024年3月14日	待定
21	河南	参加京津冀“3+N”联盟集采	2024年3月22日	待定
22	江苏	参加京津冀“3+N”联盟集采	2024年4月3日	2024年7月1日
23	广西	参加京津冀“3+N”联盟集采	2024年4月26日	待定

第六章

中药配方颗粒行业发展趋势

第一节　中药配方颗粒行业面临的挑战

一、中药配方颗粒在国标省标发布及跨省销售备案方面面临的挑战

1. 中药配方颗粒国标省标发布数量不足

（1）国标发布数量不足，难以满足临床需求。一般来说至少 400 个常用品种才能基本满足临床要求，目前国标只公布了 296 个品种数量，还存在同一个品种有不同基原的情况，比如：白芷有两个基原国标，但临床一般只使用其中一个，使得实际临床使用数量远低于标准数量，远远不能满足临床组方需求。

（2）各省级药监部门发布省标数量相差较大，部分省级药监部门发布省标数量少。截止到 2024 年 4 月 22 日，在已发布省标的 30 个省级药监部门中，广东省公布省标数量最多为 455 个，河南公布省标数量最少为 172 个，相差较大。

2. 各省药监部门对跨省销售备案要求不同

（1）各省级药监部门开展省标跨省销售备案工作进度不一。截至 2024 年 4 月 24 日，广东省药品监督管理局办理了 66 家省外企业省标跨省备案，而河南省药品监督管理局和湖南省药品监督管理局分别办理了 2 家和 3 家省外企业省标跨省备案。

（2）部分省级药监部门要求备案标准要与使用地省标一致或高于使用地省标才允许跨省销售备案。根据《关于结束中药配方颗粒试点工作的公告》中的“无国家药品标准的中药配方颗粒跨省使用的，应当符合使用地省级药品监督管理部门制定的标准”的要求，中药配方颗粒省标在跨省销售备案时遇到的主要问题：生产企业所在地中药配方颗粒省标是否“符合使用地省级药品监督管理部门制定的标准”。虽然中药配方颗粒省标申报中六家联盟标准同一个品种的研究资料是由同一家企业申报的同一套资料，但在各省级药监部门评审时，由于各位评审专家意见不同，最终各省级标准正文略有不同，导致一些省级药监部门要求省标跨省销售备案时，备案标准要与对方省标一致或高于对方省标才允许备案，造成这种现象的主要原因是这些省级药监部门担心，如果生产企

业产品在抽检时虽然不符合“使用地省级药品监督管理部门制定的标准”，但符合生产备案时备案的当地执行标准时，生产企业是否能接受行政处罚？是否会引起法律风险？因此才要求要与对方省标一致或高于对方省标才允许备案。

（3）部分省份省标颁布数量少，可备案的省标也少，导致可跨省销售品种也少，不能满足临床基本用药需求。

（4）在部分省、自治区、直辖市的中药配方颗粒省标中大部分省标是省内企业制定的，而六家联盟标准数量偏少，对于省外生产企业来说能进行跨省销售备案品种偏少，但对于省内生产企业来说则是机遇。

一些省份省标中六家联盟标准数量偏少，对于省外生产企业来说，能进行跨省销售备案品种偏少，如湖南、上海等，虽然截至2024年4月22日，六家联盟标准占公示省标总数85.83%，但在以上这些省份六家联盟标准占比较低，导致可跨省销售备案的品种较少，因为省标不是由六家联盟申报的，一般是由省内企业完成，两个标准的规格大部分都是不一样的，如果两个标准的规格不一样，那就是生产所在地省标不符合使用地省级药品监督管理部门制定的标准，按照《公告》要求，是不可能进行跨省销售备案，只有规格（即每克配方颗粒相当于中药饮片量）即工艺制法一样的标准，才有可能进行跨省销售备案。但这种情况，对于省内生产企业来说，则是一个机遇，在省标方面竞争对手少，可以以此抢占市场，但也要求这些省内生产企业在短期内生产出可以供应市场的省标产品。

二、中药配方颗粒国标高标准带来的企业生产经营问题

中药配方颗粒高质量发展是建立在全产业链质量控制的理念上的，因此中药配方颗粒生产技术质量等方面面临的挑战主要是：中药全产业链中药材中药饮片质量控制、生产设备及技术人员需求尚未完全满足要求。

1. 中药材质量要求高

因为中药配方颗粒很多质量指标如含量测定指标、特征图谱、浸出物等都是新检测指标，没有历史检测数据，中药材又是大自然的产物，其质量受中药材品种、栽培产地、生长年限、采收时间、加工炮制、贮藏等多方面的影响，而中药饮片质量不稳定直接影响了中药配方颗粒的质量，所有这些都给生产带来了意想不到的困难，而稳定是生产药品的首要要求，尤其是中药配方颗粒标准中首次将含量测定指标规定了上下限，对中药材质量不仅要求高更要稳定，这不仅仅是中药配方颗粒生产企业面临的问题，更是整个中药产业都要思考的

问题，从种子种苗到中药材种植，从中药材采收加工到中药材贮存方式，从中药饮片炮制生产到中药配方颗粒提取生产，从中药配方颗粒提取生产到中药配方颗粒制剂生产，从中药配方颗粒成品贮存到临床使用，从中药材检测到中药饮片检测，从中药配方颗粒提取物检测到中药配方颗粒成品检测，都要重新思考如何质量高和稳定，从而把中药产业提高到一个新的高度，困难是肯定的，但也是整个中药产业必须要面对的挑战。

2. 中药配方颗粒生产技术要求高

中药配方颗粒高标准也给生产带来了从未有过的高压力。在此之前，我们总是认为中药标准不存在技术壁垒，尤其是仅仅水提取工艺，更不会存在什么技术壁垒，只要有标准，任何一家生产企业都可以生产出来。但随着中药配方颗粒国标省标的不断颁布，面临的生产困难也越来越多，使中药标准真正成了技术壁垒。

在高质量标准之下，中药配方颗粒生产面临的最大困难有如下两点。

一是从小试过渡到大生产的困难：因为中药配方颗粒的质量标准是根据标准汤剂的三大指标来建立的，标准汤剂煎煮是100~200g小锅煎煮，采用冻干（-40℃）的干燥方式，而工业大生产6t提取罐，每罐投料量为400~500kg，干燥方式大多数为喷雾干燥（180℃左右），如何保证工业生产与标准汤剂三大指标的一致性是工艺研究的难点，如何从小试过渡到中试，从中试过渡到大生产，是大生产面临的巨大难题，也是成为技术壁垒的核心难题。其中，生产设备是关键，应根据中药配方颗粒品种特点选择不同的设备进行大生产，但增加新的生产设备种类，从生产场地设计、生产设备选型、生产设备购买、调试、试生产等是一个漫长的过程，所以一般企业都很难增加新设备种类。如生产设备单一，将难以满足大生产需要，替代解决方案就是提高中药饮片质量，这也是为什么很多企业认为需要投料的中药饮片质量远远高于《中国药典》规定，甚至在市场上很难买到符合要求的药材的原因。

二是分析中药配方颗粒产品不符合标准规定的困难：当生产的产品不符合质量标准时，如何找到问题节点是生产面临的另一个难题，企业有时候都不知道是药材问题还是生产工艺问题，无从下手，因为中药配方颗粒的标准中有很多是以前从未有过的检测项目，如果没有参与过标准起草，不明白这些指标的变化规律，不知道如何全面加以调控，则往往控制了这个指标，另一个指标又出问题了，同时大生产的生产成本巨大，反复大生产，产品不符合规定，也会使研发人员畏惧，不敢轻易再进行大生产，更是增加了生产的难度。

3. 中药配方颗粒全过程控制成本高

中药配方颗粒国标省标每一个品种都有含量测定和指纹 / 特征图谱，这需要中药材、中药饮片、提取物到成品全过程都要检测这些指标，工作量巨大，同时由于中药成分复杂，中药配方颗粒水提取，没有任何其他精制过程，更加重了指纹 / 特征图谱检测难度，另外国家药监局和各省级药监局仅仅公布了中药配方颗粒国标和省标，没有对应的中药材和中药饮片内控质量标准，该如何控制中药材和中药饮片内控质量标准，需要生产企业自行研究确定，所有这些都对技术人员提出了更高的要求，同时检测量大，需要检测设备多，技术人员不足，检测设备也缺乏，难以满足生产要求。

三、尚有部分省、自治区、直辖市未将中药配方颗粒纳入医保的挑战

截至 2024 年 4 月 26 日，全国 31 个省、自治区、直辖市中尚有 5 个省、直辖市未将中药配方颗粒纳入医保，分别是陕西、宁夏、重庆、河南、上海。

四、中药配方颗粒新国标省标产品临床处方用量偏大问题

由于中药配方颗粒国标省标与中药饮片家庭煎煮差异较大，因此中药配方颗粒国标省标产品的临床使用上与中药饮片家庭煎煮存在较大差异，如果仍按照中药饮片家庭煎煮的用量开具中药配方颗粒处方量，将会发生患者服用量较大的情况，因此需要重新认识中药配方颗粒国标省标产品，调整中药配方颗粒处方量，对医生和生产企业来说都面临一个学术推广和重新学习的过程。

五、中药配方颗粒开始省际联盟集采面临的挑战

中药配方颗粒已开始实施省际联盟集采，生产企业面临成本压力，也面临改变销售模式的压力。

现阶段各地均已陆续开展集采，然而各地平台均延用西药或中成药模式，虽然模式成熟但并不适用于中药配方颗粒，出现一品一合（一个品种一份合同），甚至一品多合同；一品一票（一个品种一张发票）。中药配方颗粒是中药饮片的衍生，如一个品种一份合同、一个品种开一张发票，那么将给企业与医疗机构都带来非常大的工作量。且集采平台并无批量操作功能，导致需要在有

限的时间内完成庞大数量的数据处理，流程较繁琐，极大地影响了企业的工作效率与服务质量。

第二节　中药配方颗粒行业应对策略

一、中药配方颗粒国标省标发布、跨省销售备案应对策略

（1）中国中药协会中药配方颗粒专业委员会积极与国家药典委员会、国家药监局进行沟通，加快国标发布进度。

（2）加强与中药配方颗粒省标数量少的省级药监部门的沟通，督促六家联盟单位尽快报送研究资料，加快省标颁布。

（3）加强与对方省标一致或高于对方省标才允许备案的省级药监部门的沟通。建议这些省级药监部门要求跨省备案生产企业提交承诺函，承诺本企业跨省备案品种符合使用地省级药品监督管理部门制定的标准，因为生产企业的承诺函对行政处罚是具有法律效力的，以消除这些省级药监部门对生产企业行政处罚时产生的法律顾虑，加快跨省销售备案，满足临床用药需求。

（4）加强与部分中药配方颗粒省标中六家联盟标准数量偏少的省级药监部门的沟通，可采用六家联盟标准。同时中国中药协会中药配方颗粒专业委员会将积极与国家药监局进行沟通，建议国家药监局允许生产企业生产外省省标，在生产企业所在地进行生产备案，再按照《公告》要求，完成跨省销售备案，满足临床组方需求。目前中药饮片已有省级药监部门允许生产企业按照外省中药炮制规范要求生产中药饮片销往外省，因此，建议国家药监局进一步解放思想，建立全国统一大市场，允许生产企业生产外省中药配方颗粒省标，在生产企业所在地进行生产备案，再按照《公告》要求，进行跨省销售备案，满足临床组方需求。

二、中药配方颗粒企业生产经营等方面应对策略

1. 重视源头

建立质量可追溯的 GAP 中药材种子、种苗、中药材种植基地，推进中药材生产“八化发展”，即产地道地化、种源良种化、种植生态化、生产有机化、生产信息化、产品品牌化、发展集约化及管理法制化。

目前，我国中药材产业发展基础薄弱，黄璐琦院士在“2018 年全国中药材生产形势分析会暨农业农村部中药材专家指导组会议”上指出，随着中药材需求量的增加，中药材生产在规范化、规模化、组织化等方面，取得了显著成效。但是目前我国中药材产业发展基础仍然薄弱，主要表现为产业规模增长与产业管理机制发展不平衡，优良品种和先进的种植加工技术推广应用不充分。存在的主要问题如下：一是全国中药材市场需求和中药材生产量、库存量缺少权威信息统计数据，生产发展存在盲目性；二是中药材种子种苗生产经营管理不规范，良种覆盖率不足，种子种苗品种混杂、质量参差不齐；三是中药材种植的标准化生产水平低，登记农药产品少，连作障碍、土壤污染问题突出；四是基础设施条件差，现代农业技术装备缺乏，田间管理机械化水平低；五是产地加工条件落后、产业链短、精深加工少、产品附加值低；六是专业技术人才缺乏，农技部门技术力量薄弱，注重产量、忽视质量，注重经济效益、忽略生态效益。同时强调，针对以上问题，中药材生产下一步工作的重点是以有序、安全、有效为目标，推进中药材生产“八化发展”。这是每一个中药配方颗粒生产企业都必须要做的一项工作，尤其是中药材的种子种苗问题，因投入大，周期长，极少有企业涉足，但对未来中药材的发展至关重要，应引起企业高度重视。

2. 重视生产设备的多样化和智能化

生产设备对制药生产的重要性是不言而喻的，对于中药配方颗粒国标省标生产来说更是至关重要的。中药配方颗粒品种众多，要根据每个品种的特点选择设备。

3. 建立完善的质量体系，提高检测人员检验水平

建立完善的质量体系，包括建立中药材和中药饮片内控质量标准，建立中间品质量内控标准，购买足够的质量检测设备，提高检测人员检测水平。

三、中药配方颗粒进入医保应对策略

积极与各省级医保部门加强沟通，继续推进中药配方颗粒纳入各地医保。

四、中药配方颗粒新国标省标在医院使用应对策略

（1）中国中药协会已组织中医药专家研究制定《中药配方颗粒临床使用指南》团体标准。

（2）《中药配方颗粒临床使用指南》团体标准发布后，中国中药协会将积极与药典委等沟通，开展中药配方颗粒临床使用指南宣贯会，同时邀请国家药监局、国家卫生健康委、国家中医药管理局、国家医保局等部门作组织指导。

五、中药配方颗粒面临省际联盟集采应对策略

1. 加强生产成本控制

中药配方颗粒省际联盟集采带来的最直接的影响就是价格的下降，以山东省牵头的中药配方颗粒省际联盟集采降价 50%，因此生产企业首先就要加强生产成本的控制。

2. 改变市场销售模式，加强学术推广

由于中药配方颗粒实施的是“一票制”销售，因此销售模式需要按此要求开展工作，改变销售模式是企业面临的最大挑战，需要做细致的工作，同时更要加强学术推广工作，因为中药配方颗粒发展历史较短，医生对中药配方颗粒的认识有所不足，临床使用上只有对医生不断进行学术推广，医生对中药配方颗粒有了深刻认知后，才会增加中药配方颗粒的使用，只有形成规模化优势，才能解决集采带来的低价格问题，所以加强对医生的学术推广是一直要做的一项重要工作。

3. 生产企业应做好中药配方颗粒全面集采的准备

随着中药饮片首次集采完成，中药配方颗粒全面集采逼近。在业界看来，随着中药配方颗粒国家标准和挂网采购工作推进，集采将是大势所趋。2023 年 9 月 6 日山东省公共资源交易平台上发布了《中药配方颗粒采购联盟集中采购公告》，正式拉开了中药配方颗粒省际联盟集采的序幕。同时以下 3 点也为中药配方颗粒集采铺平了道路。

（1）中药饮片全国首次省际联盟采购完成　2023 年 5 月 31 日全国首次中药饮片省际联盟采购中选结果公布，中选结果与拟中选企业名单一致，21 个中药饮片品种共有 100 家企业中选，平均降价 29.5%。中药饮片联采落地“保质、提级、稳供”目标的达成，对行业产生了“风向标”意义，尤其对中药材种植、加工、仓储等源头环节提出了更高要求，同时明确道地药材产区要建立更完善的全程数字化溯源、质控体系，其对行业高质量发展的助推作用已经显现。行业响应做好扩围加速准备。

（2）中药配方颗粒挂网采购或为集采铺路　2021 年底，国家医保局、国家中医药管理局发布的《关于医保支持中医药传承创新发展的指导意见》明确，鼓励将公立医疗机构采购的中药配方颗粒纳入省级医药集中采购平台挂网交易，促进交易公开透明。截至 2024 年 4 月 26 日，有 19 个省、自治区、直辖市已实施中药配方颗粒挂网采购，使交易更加公开透明，分别是上海、北京、福建、内蒙古、云南、甘肃、河北、山东、安徽、辽宁、陕西、天津、广东、江苏、吉林、青海、黑龙江、西藏和浙江。

（3）中药配方颗粒国家标准的发布是集采的先决条件　截至 2024 年 5 月，国家药监局已发布中药配方颗粒国标 296 个，中药配方颗粒常用品种有 400~600 种，标准全面制定还需稳定推行，当然也不排除部分省市对量大价高的品种先行进行集采探索。

第三节　中药配方颗粒行业的前景分析

一、中药配方颗粒行业规模不断扩大

中药配方颗粒行业经过 30 多年的发展，已逐渐被广大医疗机构患者接受，市场规模不断扩大。中药配方颗粒试点结束意味着参与企业不再受到牌照限制，由以往的牌照管理变成了过程管理及质量管理，必将吸引更多企业参与，截止到 2024 年 4 月 25 日，已有 87 家生产企业在国家药监局官网上进行了生产备案。摆脱“试点”限制后，中药配方颗粒在市场开拓中面临的阻力显著降低，国家级层面政策支持叠加多，多家企业同步进行患者教育，将共同提升中药配方颗粒在医生、患者心中的认可度，扩大产品的应用频率、应用人群和应用疾病领域。

（一）中药饮片产业规模整体呈上升趋势

近年来，随着中医药在疾病的预防、治疗及康复中的作用愈加凸显，以及利好政策的频频发布，尤其是2009年国家基本药物制度建立后，中药饮片被纳入《国家基本药物目录》，中药饮片产业增幅更是大幅度攀升，保持了近10年的双位数增长，2021年中药饮片主营业务收入2057亿元，同比2020年的1809亿元增长13.7%，中药饮片产业主营业务收入占医药工业的比例也从不足3%增加到2021年的6.27%（图6–1）。

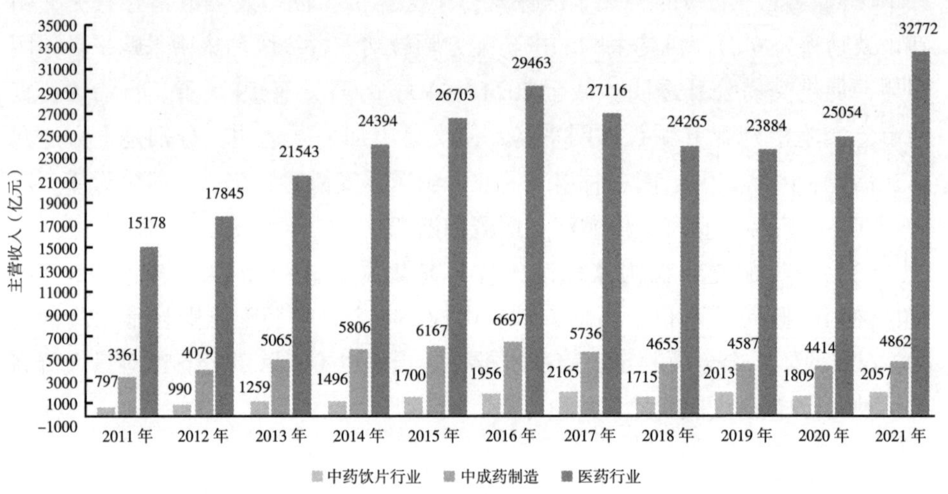

图6–1　2011—2021年中药饮片行业主营收入、中成药制造主营收入和医药行业主营收入图表

（二）中医类医疗机构不断增多

根据国家卫健委《2022中国卫生健康统计年鉴》数据显示，近几年，我国中医类医疗卫生机构数逐年增加，2021年达到77336个，同比增长6.9%；我国中医总诊疗量2020年因新冠疫情同比下降9.1%外，其他几年均逐年增加，2021年达12.02亿人次，同比增长13.7%，占全国总诊疗量的16.9%。其中：中医医疗机构8.93亿人次、其他医疗卫生机构中医类临床科室3.1亿人次（表6–1、表6–2）。

表6–1　2015—2021年中医类医疗卫生机构数表（个）

机构名称	2015年	2017年	2018年	2019年	2020年	2021年
中医类医院	3966	4566	4939	5232	5482	5715
中医类门诊部	1640	2418	2958	3267	3539	3840

续表

机构名称	2015年	2017年	2018年	2019年	2020年	2021年
中医类诊所	40888	47214	52799	57268	63291	67743
中医类研究机构	47	45	42	42	43	38
合计中医类医疗卫生机构	46541	54243	60738	65809	72355	77336
同比增长（%）	/	16.5	12.0	8.3	9.9	6.9

表 6–2 2015—2021 年中医类医疗机构诊疗人次数表（万人次）

机构分类	2015年	2017年	2018年	2019年	2020年	2021年
中医类医院	54870.9	60379.8	63052.7	67528.2	59699.2	68912.9
中医类门诊部	1761.9	2322.6	2821.0	3182.7	3113.6	3505.9
中医类诊所	11781.4	13660.9	14973.2	16469.8	15738.2	16875.7
非中医类机构中医类临床科室	22498.3	25522.2	26300.3	29209.2	27213.2	30938.4
合计中医类总诊疗量（万人次）	90912.4	101885.4	107147.1	116390.0	105764.1	120233.0
同比增长（%）	/	12.1	5.2	8.6	–9.1	13.7
中医类诊疗量占总诊疗量（%）（不包含村卫生室的比例）	15.7	15.9	16.1	16.4	16.8	16.9

（三）中药配方颗粒市场前景广阔

中药配方颗粒市场从无到有，随着国家中医药政策的大力支持，中药饮片及基层医疗机构的增长，截止到 2021 年，一直持续增长，2022 年因结束中药配方颗粒试点政策等多方影响，销售额下降，2023 年已在恢复中，较 2022 年有所增长，预计未来中药配方颗粒市场前景广阔。

1. 中药配方颗粒市场从 2016—2021 年这 6 年间，年复合增长率是 17.68%

据广州标点医药信息股份有限公司检索，由表 6–3 可知，2016—2021 年中药配方颗粒总体市场销售额（以企业出厂价计算）分别为 92.04、110.37、142.74、178.58、192.12 亿元和 244.45 亿元，这 6 年年均复合增长率是 17.68%；中药饮片 2016 年至 2021 年的主营业务收入分别为 1596、2165、1715、2013、1809 亿元和 2057 亿元，这 6 年年均复合增长率 4.32%，可以看出，从 2016 年到 2021 年，中药配方颗粒年均复合增长率远高于中药饮片年均复合增长率。作为中药饮片的补充，同期中药配方颗粒仅占中药饮片市场的 5.8%、5.1%、8.3%、8.9%、10.6% 和 11.9%，所占比重较低，说明中药配方颗粒对中药饮片市场渗透率低，但所占比重逐年增长，随着中药饮片市场的不断增长以及中医类临床服务的医疗机构的增多，特别是基层医疗机构的不断增加，中药配方颗粒试点结束前销售范围是二级及其以上中医院，试点结束后销售范围是具有中医执业的各级医疗机构，使用范围增加很大，基层医疗机构几乎是一个空白，有望迎来中药配方颗粒新的增长。因此中药配方颗粒市场前景广阔。

表 6-3　2016—2021 年中药配方颗粒市场销售额及占饮片市场比重表

项目	2016年	2017年	2018年	2019年	2020年	2021年
中药配方颗粒（亿元）	92.04	110.37	142.74	178.58	192.12	244.45
中药配方颗粒同比增长（%）	/	19.92	29.33	25.11	7.58	27.24
中药配方颗粒 6 年复合增长率（%）	17.68					
中药饮片（亿元）	1596	2165	1715	2013	1809	2057
中药饮片同比增长（%）	/	35.65	–20.79	17.38	–10.13	13.71
中药饮片年复合增长率（%）	4.32					
中药配方颗粒占饮片市场比重（%）	5.8	5.1	8.3	8.9	10.6	11.9

2. 2022 年中药配方颗粒市场销售额下降原因分析

2022 年是结束试点之后、《公告》实施的第 1 年，中药配方颗粒行业却迎来了销售额的大幅下降，据广州标点医药信息股份有限公司检索，2022 年中药配方颗粒总体市场销售额（以企业出厂价计算）为 161.49 亿元，与结束试点之前 2021 年 244.45 亿元相比同比下降 33.9%，分析其原因，主要有以下 4 点。

（1）《公告》对 2021 年 11 月 1 日前生产的原企标产品如何处理没有明文规定，国家药监局解读与企业理解不同，造成企业于 2021 年 11 月 1 日前生产的原企标产品部分已于 2021 年 11 月 1 日前销售备货到医疗机构中。

按照《公告》要求，“不具有国家药品标准或省级药品监督管理部门制定标准的中药配方颗粒不得上市销售”。企业理解为 2021 年 11 月 1 日后将不能再销售原企标产品，为此一般企业为医疗机构准备了 3~6 个月的库存，并且于 2021 年 11 月 1 日前已开票销售到医疗机构，导致 2021 年的销售额比 2020 年同比增长 27.2%，虽然是在新冠疫情期间，但增涨仍然较快，也就是说 2021 年的销售额中已包含了部分 2022 年的销售额。培力（南宁）药业有限公司在其 2022 年年报中写到：“新政策在 2021 年 11 月实施前，部分医院囤积了浓缩中药配方颗粒产品，此举暂时降低了新政策实施后的需求。”再以中药控股为例，中药控股在其 2022 年年报中也写到：“中药配方颗粒自 2021 年 11 月新政策正式实施以来，行业内新旧标准转换工作仍在持续推进。2022 年上半年，除新冠疫情影响外，受到国家标准和省级标准公布及备案品种不足，以及部分医疗机构由于新政策实施初期提前储备企标产品的影响，中药配方颗粒业务板块收入出现下滑。”中药控股中药配方颗粒板块2021年下半年销售额比上半年增长率高达48.71%，远高于往年下半年比上半年增长率，就是由于在医疗机构中备货造成的（表6–4）。

表6–4 2019—2021年中药控股中药配方颗粒销售额增长率比较表

中药控股 时间	上半年销售额 （亿元）	下半年销售额 （亿元）	下半年比上半年增长率 （%）
2019年	45.71	46.56	1.86
2020年	45.70	54.43	19.10
2021年	53.21	79.13	48.71

（2）2021年11月1日前企业一方面不敢贸然生产过多原企标产品，另一方面受产能限制，造成原企标产品库存数量有限，2022年5月后基本没有原企标产品库存了。

各省药监局对2021年11月1日前生产的原企标产品的处理方法也是各有不同，2021年4月23日湖南省药品监督管理局下发了《湖南省药品监督管理局关于结束中药配方颗粒试点工作有关事宜的通告》（2021年5号），文件规定：“原国家药品监督管理局批复的六家中药配方颗粒试点企业及各省批复中药配方颗粒省级试点企业（含中药超微饮片、破壁饮片等）按原标准生产的产品，自2021年11月1日起，停止在我省使用。否则，我局将依法严肃查处。”这个文件的出台说明原企标产品不仅不能销售更不能使用了，对中药配方颗粒企业来说无异于雪上加霜，所以中药配方颗粒企业更加不敢多生产原企标产品了，唯恐其他省级药监部门也跟进湖南省药品监督管理局的做法，如果真是这样，多生产出来的原企标产品做销毁处理的话，将会给企业带来无法预估的损失，所以企业一边按照原销售量略有增加生产原企标产品，一边在惴惴不安中等待，到了2021年10月，传来了国家药监局的消息，国家药监局认为原企标产品自2021年11月1日起不得销售和使用，与湖南省药品监督管理局的文件精神一致。为此国家药监局于2021年10月初口头通知各省级药监部门2021年11月1日起禁止销售使用原企标产品。这对中药配方颗粒生产企业来说好像晴天霹雳，无法接受，为使中药配方颗粒行业平稳过渡，广东一方制药有限公司、江阴天江药业有限公司、北京康仁堂药业有限公司、四川新绿色药业科技发展有限公司、华润三九医药股份有限公司、培力（南宁）药业有限公司和神威药业集团有限公司共7家中药配方颗粒企业于2021年10月23日联名向国家药监局提交了《关于中药配方颗粒产业高质量发展有关事宜的报告》，请求国家药监局允许企业 2021 年 11 月 1 日前按照原企标生产的在有效期内的产品可在医疗机构使用至 2022 年 4 月 30 日。经过多方沟通，国家药监局最终采纳了 7 家中药配方颗粒企业的意见，于 2021 年 10 月 29 日下发的《国家药监局综合司关于中药配方颗粒备案工作有关事项的通知》（药监综药注〔2021〕94 号）文件中指出，"自 2021 年 11 月 1 日起，中药配方颗粒应当按照《公告》规定进行生产。中药配方颗粒试点企业在 2021 年 11 月 1 日前生产的中药配方颗粒，可以在各省级药品监督管理部门备案的医疗机构内按规定使用，各省级药品监督管理部门应当加强监管"。文件明确放开了于 2021 年 11 月 1 日前生产的原企标产品的销售和使用，明确了自 2021 年 11 月 1 日起禁止生产原企标产品，应严格按照国标省标进行生产。因为这个文件是 2021 年 10 月 29 日才下发的，对于合规企业来说，此时已没有时间再大规模生产原企标产品，因此造成原企标产品库存数量有限，自 2022 年 5 月之后，使得医院既无企标产品又无较多国标省标产品可使用，致使 2022 年销售额大幅下降。

（3）2022 年国标数量不足，各省发布省标数量不均匀以及省标跨省销售备案不顺，不能满足临床组方需求。

截至 2022 年底，国家药监局共颁布了 200 个国标。由图 6–2 和表 6–5 可知，2021 年 30 个省级药监局共颁布省标 4326 个，平均每个省级药监局颁布省标 144 个，截至 2021 年 12 月 31 日，公布的省标数量超过 200 个的仅有 7 个省级药监部门；2022 年全国省标数量共增加 2600 个，平均每个省级药监局增加 86 个省标，截至 2022 年 12 月 31 日，公布的省标数量超过 300 个的有 7 个省级药监部门，公布的省标数量低于 200 个的省级药监部门有 11 个，同时跨省销售备案也极为不顺利，导致在各省可销售的品种较少，不能满足临床组方需求，最终导致 2022 年销售额下降。

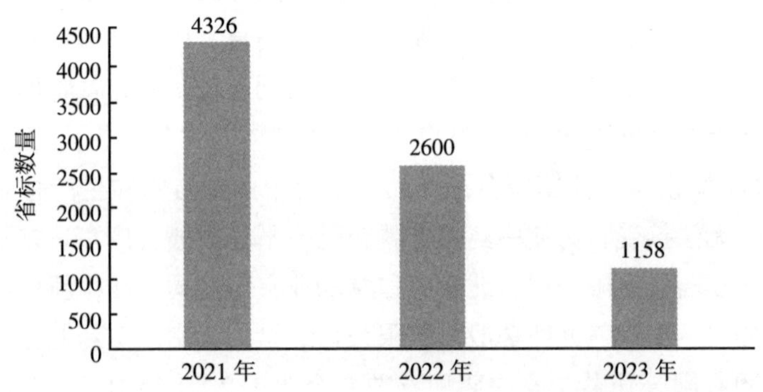

图 6–2　2021—2023 年全国颁布的中药配方颗粒省标数量

表 6–5 各省级药监局 2021 年及 2022 年颁布中药配方颗粒省标数量表

序号	省份	2021年	2022年第一季度	2022年第二季度	2022年第三季度	2022年第四季度	2022年末总计
1	河北	203	0	0	117	56	376
2	上海	223	126	0	0	12	361
3	广东	181	75	16	45	31	348
4	海南	223	118	0	0	0	341
5	山东	216	22	23	21	28	310
6	江苏	100	106	31	50	21	308
7	天津	182	0	0	0	123	305
8	江西	229	3	4	0	54	290
9	四川	197	0	37	22	34	290
10	辽宁	226	0	0	0	42	268
11	贵州	101	0	21	106	38	266
12	广西	178	0	0	34	43	255
13	安徽	145	21	41	8	25	240
14	甘肃	130	0	63	0	47	240
15	湖南	100	46	35	0	52	233
16	北京	121	29	56	27	0	233
17	黑龙江	168	0	0	40	18	226
18	云南	111	0	73	22	14	220
19	青海	200	0	0	0	0	200
20	陕西	197	0	0	0	0	197
21	山西	155	0	0	34	0	189
22	福建	50	49	0	0	82	181
23	浙江	28	69	30	22	28	177
24	湖北	104	0	69	0	0	173
25	吉林	119	0	0	0	35	154
26	宁夏	104	0	47	0	0	151
27	重庆	113	0	0	8	19	140
28	河南	105	0	0	0	23	128
29	内蒙古	117	0	0	0	0	117
30	新疆	0	0	0	0	9	9

（4）因中药配方颗粒国标省标产品生产成本增加，企业市场销售价格上涨，但医疗机构调价困难，影响国标省标产品销售，从而使得中药配方颗粒

2022 年销售额下降。

3. 2023 年中药配方颗粒销售情况较 2022 年有所好转

由于中药配方颗粒生产成本上涨，销售价格也随之上涨，这个可通过各省的挂网价格看出来，同时中药配方颗粒国标省标数量在增加，跨省销售备案数量在增加，医疗机构也在逐步接受新价格，进行了调价，整体 2023 年销售额较 2022 年好转。据广州标点医药信息股份有限公司检索，2022 年、2023 年中药配方颗粒总体市场销售额（以企业出厂价计算）分别为 161.49 亿元和 175.01 亿元，增长 8.4%。

二、中药配方颗粒行业竞争加剧

1. 短期内中药配方颗粒行业龙头仍将引领行业发展

短期内中药配方颗粒行业竞争格局不会有大的改变，行业龙头企业（即原六家国家试点企业）仍将引领行业发展，龙头企业在整个市场份额有可能会有所降低，但由于整个市场销售额在上升，所以龙头企业的绝对销售额会持续上升，这主要是由于行业龙头企业具有以下优势。

（1）龙头企业具有技术优势　龙头企业参与国标制定，充分体现了一流企业做标准，使标准成了进入行业的壁垒，通过高标准，使生产工艺成了企业核心竞争力，形成了坚固的护城河。

（2）龙头企业具有规模优势　龙头企业规模效益明显，中药配方颗粒品种众多，所以规模效益相对于中成药生产来说更加明显，龙头企业销售额大，规模效益明显，更具有成本优势。

（3）龙头企业具有品种优势　龙头企业具有先发优势，经过 30 多年的积累沉淀，生产品种多，经验丰富，具有品种优势。

（4）龙头企业具有渠道优势　龙头企业在二级以上医院经过多年培育，具有牢固的客户关系及信任度，有一套完善的市场学术推广方案及团队，短期内仍具有渠道优势。

（5）中药配方颗粒集采将有利于龙头企业的发展　随着中药配方颗粒纳入医保，挂网采购的推行，都使得中药配方颗粒行业竞争更加激烈，但更加有序，更加规范，未来中药配方颗粒集采将有利于龙头企业的发展，这可以从中成药的集采来预测。

从我国已开展的国家药品集采及各省联盟集采结果（表 6–6）来看，中成药和饮片价格受自然气候、市场供求关系影响大，价格难把控，为了更好地保障质量和供应，其降价比化学药温和。据德邦证券 2023 年 6 月 25 日发布的《中药行业事件点评：中成药全国集采拟中选公布，长期利好头部中药企业》认为，中长期来看，中成药集采同时也是腾笼换鸟，为更为优质的中成药品种，尤其是独家中成药新药腾出空间，中长期有望利好持续储备优秀独家品种的中成药头部企业。未来中成药集采有望持续利好高质量、生产规模大的产品，因此对企业的研发、生产、销售等全产业链布局能力要求更高；中成药集采对于具有全产业链的企业更为有利。中药行业的核心成长驱动来自量，集采或成为催化行业量增长的因素之一，此外基药目录、医保政策等均有望在量上驱动行业成长。

浙商证券研报认为：从中成药集采中可以看到三方面趋势。一是重视质量，对药企的技术评价进行打分，其中技术评价得分占比 40%，反映出国家对中成药质量的重视；二是重视品牌，大单品更具优势，中成药有独家品种及国家中药保护品种等竞争壁垒，难以进行仿制药一致性评价，竞争格局保障独家品种长期竞争。从平均降幅来看，中成药的降幅普遍低于仿制药国采降幅，并且独家的中成药降幅相对更低；品牌中药主要包括中药老字号和现代知名 OTC 品牌产品，这两类中成药受政策影响较小，且景气度好于中药其他领域。具有一定竞争壁垒的品牌中药公司，有较强竞争壁垒的中药产品具有更强的议价能力，无论是被纳入集采还是用于 OTC 零售渠道，均可保持较为坚挺的价格体系。随着国家愈发重视中医药发展，中药品牌价值有望重塑，竞争壁垒较高的中药老字号和现代知名 OTC 将享受更高的品牌溢价。三是剔除高价品种、集采条件中限制代表品报价日均费用不能超过同采购组日均费用的 1.8 倍，避免出现产品报价过高、定价不合理的情况出现。

从中成药集采看未来中药配方颗粒集采，可以预测中药配方颗粒集采将有利于龙头企业的发展，尤其是对于拥有全产业链、重视质量、重视品牌、具有竞争壁垒的龙头企业更加有利。国家药品集采或联盟集采汇总见表 6–6。

表 6–6　国家药品集采或联盟集采汇总表

国家药品集采批次或联盟集采	中标品种	平均降幅（%）	最高降幅（%）	备注
第一批“4+7”试点	25	52	78	化学药
第一批“4+7”扩围	25	59		化学药
第二批	32	53	93	化学药
第三批	55	53	95	化学药
第四批	45	52	96	化学药
第五批	61	56	98	化学药

续表

国家药品集采批次或联盟集采	中标品种	平均降幅（%）	最高降幅（%）	备注
第六批（胰岛素）	16	48	76	胰岛素
第七批	60	48	97	仿制药
第八批	39	56	96.50	肝素类
血制品广东联盟集采	276	未降反升	/	11 省血制品
中成药湖北联盟集采第一批	46	53.03	83	19 省中成药
广东中成药集采联盟	53	56	/	7 省中成药
中成药北京市集采	59	23	/	中成药
中成药山东省集采	67	44.31	87.97	中成药
中成药湖北联盟集采第二批	68	49.36	/	30 省中成药
全国首次中药饮片省际联盟	21	29.5	56.5	19 省中药饮片

2. 短期内中药配方颗粒行业集中度降低

随着中药配方颗粒生产企业越来越多，短期内中药配方颗粒行业集中度降低，竞争更加激烈。中药配方颗粒行业是个标准高、技术门槛高、资金需求大、市场扩展难的行业，短期内由于新进入者对这些问题认识不足，所以进入者较多，新进入者开始一般只在省内竞争，省内竞争本土企业具有一定优势，这主要体现在：一是由于中药配方颗粒跨省销售备案存在一定壁垒，但本土企业在这方面占有绝对优势；二是由于中药配方颗粒销售是一票制，这对本土企业来说具有运输成本较低和送货快速等优势，故在市场竞争中具有一定优势。因此短期内中药配方颗粒行业集中度会降低。

3. 中药配方颗粒行业竞争加剧

随着中药配方颗粒生产企业的增多，尤其是随着中药配方颗粒集采的深入，中药配方颗粒行业的竞争必将越来越激烈，激烈的竞争将促使企业不断创新、提高生产效率，促使企业更加注重客户需求和体验，从而提供更好的产品和服务，这种以消费者为中心的市场机制，可以提高市场的公平性和透明度，从而带动中药配方颗粒行业不断发展进步。

三、中药配方颗粒行业引领中药全产业链高质量发展

《公告》提出“中药配方颗粒生产企业应当履行药品全生命周期的主体责任和相关义务，实施生产全过程管理，建立追溯体系，逐步实现来源可查、去向可追，加强风险管理”。落实企业主体责任，建立涵盖药材种植养殖、采收

和产地初加工、中药饮片炮制、中药配方颗粒生产等环节的中药配方颗粒生产全过程质量追溯体系，加快推进药品信息化追溯体系建设，强化追溯信息互通共享，实现全品种、全过程追溯，是实现药品质量安全综合治理的有力保障。

中药配方颗粒国标是严格按照《技术要求》制定的，《技术要求》充分体现了国家药品监督管理局以最严谨的标准来推动中药配方颗粒产业健康有序发展的顶层设计，首次提出了中药饮片标准汤剂的概念，首次建立了全过程量值传递质量控制体系，首次明确了中药配方颗粒的物质基础要与中药饮片标准汤剂的质量一致性原则。因此中药配方颗粒国标具有三大创新点，首先规定了出膏率范围，对生产过程作出了明确规定，体现了产品质量是生产出来的原则；其二，每个品种均规定了有效（或指标）成分的含量及含量转移率，开创了我国中药标准含量测定指标规定上下限的先河，使产品批间质量更加稳定均一；其三，每个品种均规定了指纹/特征图谱，首次对我国几乎所有常用中药材做了全面指纹/特征图谱研究，充分体现了中药是多成分共同作用的结果，避免中药掺伪，为我国中药走出国门奠定了坚实的基础，使中药配方颗粒国标成为我国乃至世界中药标准的标杆。所以中药配方颗粒的发展是建立在中药全产业链质量控制的理念上的，中药配方颗粒生产企业只有不断加大对中药全产业链中中药材种子种苗质量控制、中药材种植初加工质量控制、中药饮片炮制过程质量控制、中药配方颗粒生产过程质量控制、中药配方颗粒成品质量控制以及中药配方颗粒临床应用的研究，才能将中药配方颗粒做强做大，目前中药配方颗粒企业也是按照这个要求，在中药全产业链进行布局，相信未来，中药配方颗粒行业必将引领中药全产业链高质量发展。

四、中药配方颗粒行业提升医疗机构服务能力

随着中药配方颗粒国家药品标准的出台，中药配方颗粒在质量控制方面逐渐“有尺可量，有度可依”。药监部门将构建针对中药配方颗粒的药品监管数据库，实现及时录入信息、高效传输数据、实时可查询等功能，将企业药品抽检不达标、行政处罚、不合格因素等进行信息化管理。企业内部构建形成自我约束、自我警戒的监管理念和内控标准，并利用大数据技术手段在监管部门和企业间搭建平台，结合信息溯源系统，建立中药配方颗粒药品风险评估体系，以保证产品质量，因此未来中药配方颗粒在强监管、强内功、强质量保障体系下，中药配方颗粒行业将不断提升医疗机构服务能力。

《中医药发展战略规划纲要（2016—2030年）》实施期间，是建立中医药现代化体系的重要时期，智能化系统和装置推进配方颗粒产业高质量发展是未来主流趋势，已有近4000家医院使用散装颗粒智能化机器进行调剂，极大解放了人工，中药调剂半自动化国内市场已打通，袋装中药配方颗粒自动化中药房在部分医院已经投入使用，近年来，“互联网中医医院”的兴起推动了中医药便民服务进程，中药配方颗粒作为拥有独立包装的药品，产业化程度高、运输便捷等优势都体现了智能化便民服务特色，随着国内中医药改革大潮不断向前推进，未来“网络问诊-下单-发药-邮寄到家”的互联网在线看病方式也有可能变为现实，在一定程度缓解患者看病难的问题。防疫抗疫应急时中药配方颗粒流动应急智能调剂车的应用，也充分体现出中药配方颗粒向更加便捷的终端服务发展。

中药配方颗粒在提升基层医疗机构服务能力方面更是具有发展潜力。

2023年3月23日中共中央办公厅、国务院办公厅印发了《关于进一步完善医疗卫生服务体系的意见》，文件明确指出，①发挥中医药重要作用：支持中医药传承创新发展，加强中医药服务体系建设，发挥中医药在治未病、重大疾病治疗和康复、传染病防治和卫生应急等方面的重要作用。建立中医传染病临床救治和科研体系，依托高水平中医院建设国家中医疫病防治基地，打造中医药疫病防治和紧急医学救援队伍。完善中西医会诊制度，深入开展重大疑难疾病中西医临床协作。实施中医药康复服务能力提升工程。支持有条件的中医院牵头建设医疗联合体，加强基层医疗卫生机构中医馆建设。坚持古为今用、守正创新，坚定文化自信，推动中医药健康养生文化创造性转化、创新性发展。②加大对中医院和基层医疗卫生机构的投入倾斜力度：建立稳定的公共卫生事业投入机制，落实政府对专业公共卫生机构和基本公共卫生服务经费的投入保障责任，落实医疗机构承担公共卫生服务任务的经费保障政策。强化区域卫生规划和医疗机构设置规划在医疗卫生资源配置方面的规范作用。按规定落实政府对符合区域卫生规划的公立医院投入政策，加大对中医院和基层医疗卫生机构的投入倾斜力度。建立持续稳定的中医药发展多元投入机制。③逐步提高基层医疗卫生机构提供的服务占比：深化医疗服务价格改革，建立分类管理、医院参与、科学确定、动态调整的医疗服务价格机制。完善“互联网+”医疗服务、上门提供医疗服务等收费政策。推进医保支付方式改革，完善多元复合式医保支付方式。健全符合中医药特点的医保支付方式。探索对紧密型医疗联合体实行总额付费，加强监督考核，实行结余留用、合理超支分担。逐步提高基层医疗卫生机构提供的服务在医疗服务总量和医保基金支付中的占比。

因此我国近几年基层医疗机构不断增多。根据国家卫生健康委员会《2022

中国卫生健康统计年鉴》数据显示，①近几年我国基层医疗机构逐年增加，从表 6–7 可以看出，我国基层医疗卫生机构数逐年增加，从 2016 年的 92 万家增加到 2021 年的 97 万家；②近几年我国基层医疗卫生机构病床数逐年增加，从 2016 年的 144.19 万张增加到 2021 年的 169.98 万张（表 6–8）；③我国基层医疗卫生机构人员数也在同步增长，尤其是卫生技术人员数增长更快（表 6–9）。这与我国近年来支持基层医疗机构政策出台是密不可分的。

表 6–7　2016—2021 年我国医疗卫生机构数表（万家）

机构分类	2016年	2017年	2018年	2019年	2020年	2021年
合计医疗卫生机构数	983394	986649	997433	1007579	1022922	1030935
合计医院数	29140	31056	33009	34354	35394	36570
综合医院数	18020	18921	19693	19963	20133	20307
中医医院数	3462	3695	3977	4221	4426	4630
专科医院数	6642	7220	7900	8531	9021	9699
基层医疗卫生机构数	926518	933024	943639	954390	970036	977790
专业公共卫生机构数	24866	19896	18033	15958	14492	13276

表 6–8　2016—2021 年我国医疗卫生机构床位数表（万张）

机构分类	2016年	2017年	2018年	2019年	2020年	2021年
合计医疗卫生机构病床数	741.05	794.03	840.41	880.70	910.07	945.01
合计医院病床数	568.89	612.05	651.97	686.65	713.12	741.42
综合医院病床数	392.79	417.24	437.89	453.27	462.25	469.97
中医医院病床数	76.18	81.82	87.21	93.26	98.11	102.28
专科医院病床数	84.46	94.56	105.41	115.81	125.83	139.84
基层医疗卫生机构病床数	144.19	152.85	158.36	163.11	164.94	169.98
专业公共卫生机构病床数	24.72	26.26	27.44	28.50	29.61	30.16

表 6–9　2020—2021 年我国基层医疗卫生机构人员数表

人员	2020年	2021年	同比增长（%）
基层医疗卫生机构人员总数	4339745	4431568	2.12
其中卫生技术人员	3123955	3301599	5.69
执业（助理）医师总数	1536381	1614973	5.12
执业医师	1037403	1102532	6.28
注册护士	1057420	1149879	8.74
药师（士）	157001	167647	6.78
技师（士）	118515	135120	14.01
乡村医生和卫生员	795510	696749	–12.41

由此可见，基层医疗服务可及性不断增强，市场潜力大。

目前我国生产的中药配方颗粒基本采用药用复合膜的包装方式，其内部和外部的隔离十分严密，可以防潮、避开强光、防止霉变及虫蛀，无论是包装的装配过程及保存过程均可以防止微生物滋生，便于内容物的长期保存等。而且该种包装方式十分节约空间，也方便运输和贮藏，特别适合基层医疗机构使用。传统的中药饮片在保存过程中占据的空间较大，而且中药饮片对于贮藏环境的要求非常高，部分药材甚至可以用十分苛刻形容，要求保存的空间内控制稳定的温度和湿度，达到阴凉通风的环境，这无形中显著增加了工作的复杂程度。中药饮片同样也存在较高的发霉、发潮、风干、褪色、细菌滋生等问题的危险性，这很容易导致疗效的降低甚至出现毒副作用，基层医疗机构有限的环境条件和缺乏专业的养护人员，往往使用中药饮片存在一定的不便性。因此，随着中药配方颗粒生产规模扩大，价格的逐步降低，做好基层医疗机构服务，尤其是边远地区和农村基层服务，让中药配方颗粒覆盖更广泛的人群，是中药配方颗粒未来发展的趋势。

五、中药配方颗粒行业推动中医药走向世界

中医药及其制剂等因文化理念、审批标准、有效性验证等多种因素影响，严重限制了其国际化发展途径。与中成药产品相比，中药配方颗粒在出口环节可以绕过一些针对药品的贸易壁垒，在一些国家不需要完成药品注册评审即可进入海外市场。因此，中药配方颗粒在新形势下很可能成为促进中药国际化的一个突破口。

尽管如此，中药配方颗粒在走向国际的过程中依然存在着市场竞争及国际标准等诸多挑战。据中国医药保健品进出口商会数据显示，全国众多中药配方颗粒生产企业中，原国家食品药品监督管理局批准的六家试点企业在出口量和出口额方面占据着约65%份额，但其中半数企业中药配方颗粒海外销售额占其营业收入的份额不足1.2%，主要是因为日本汉方药颗粒和中国台湾“科学中药”作为中药配方颗粒的类似产品都比中药配方颗粒更早研发生产和进入国际市场，已占据了一定的市场份额。

但目前尚未有中药配方颗粒的ISO标准发布，缺乏统一的国际标准，特别是对于安全与质量控制，已成为中医药走出去的难点。随着国内中药配方颗粒国家标准的实施，其全产业链、高标准的质量体系的建立，为其参与国际标准的研究制定工作奠定了坚实的基础，推动和引领中药配方颗粒国际标准的建立，提高国际竞争力，中药配方颗粒企业正在加快与国际市场接轨，助力中医药理论走出国门，带动中医药在国外的应用和认同，成为中医药国际化的桥梁。

附　录

附录1　1993—2024年中药配方颗粒企业承担完成的省级课题及项目汇总表

附表1　1993—2024年中药配方颗粒企业承担完成的省级课题及项目汇总表

序号	企业名称	承担省级课题及项目	时间
1	广东一方制药有限公司	广东省火炬计划项目“中药配方颗粒”（项目编号：粤科字〔1994〕59号）	1994年
2	江阴天江药业有限公司	江苏省计划与经济委员会“中药免煎饮片生产线技术改造项目”（项目编号：苏计经技发〔1996〕1741号）	1996年
3	北京康仁堂药业有限公司	北京市科学技术委员会项目“单味中药浓缩颗粒工艺和质量标准研究”（项目编号：京科生发〔2001〕425号）	2001年
4	北京康仁堂药业有限公司	北京市科学技术委员会项目“中药配方颗粒工艺及质量标准研究”（项目编号：2001EE880201）	2001年
5	北京康仁堂药业有限公司	北京市发展计划委员会项目“首创大地生物药业有限公司中药配方颗粒高技术产业化示范工程”（项目编号：京计高计字〔2002〕378）	2002年
6	江阴天江药业有限公司	江苏省科技厅“免煎中药配方颗粒的规范化临床疗效评价及其医院配药技术服务系统的研究开发与应用示范”（项目编号：BS2003055）	2003年
7	北京康仁堂药业有限公司	北京市发展计划委员会，北京市科学技术委员会北京市重大高新技术成果转化项目“中药配方颗粒”（项目编号：031200010A）	2003年
8	江阴天江药业有限公司	江苏省火炬计划项目“标准化、规模化生产中药配方颗粒”（项目编号：H2004026）	2004年
9	广东一方制药有限公司	广东省科技厅项目“中药配方颗粒产业化关键技术研究与应用”（项目编号：粤中医财〔2004〕13号）	2004年
10	培力（南宁）药业有限公司	广西科技厅项目“中药提取物的质量控制技术及质量标准研究”（项目编号：桂科计字〔2004〕24号）	2004年
11	广东一方制药有限公司	广东省财政支持技术创新专项资金项目“中草药挥发性成分活性物质提取关键技术”（项目编号：粤经贸技术〔2005〕809号）	2005年
12	广东一方制药有限公司	广东省财政厅支持中药现代化技术改造项目“年产200吨中药配方颗粒生产现代化技术改造”工程（项目编号：粤经贸函〔2005〕897号）	2005年
13	培力（南宁）药业有限公司	自治区科技计划项目“灵芝预防退化性神经系统疾病的药物开发研究”（桂科字〔2005〕37号）	2005年

续表

序号	企业名称	承担省级课题及项目	时间
14	江阴天江药业有限公司	江苏省火炬计划项目“300吨/年中药配方颗粒标准化生产”（项目编号：H2006021）	2006年
15	培力（南宁）药业有限公司	广西科技厅项目“何首乌与灵芝配方颗粒生产操作规程及质量控制标准研究”（项目编号：桂科计字〔2007〕18号）	2007年
16	广东一方制药有限公司	广东省科技计划项目“RFID在粤港药品生产与流通监管服务中的关键技术及应用研究”（项目编号：2008A011400008）	2008年
17	江阴天江药业有限公司	江苏省科技基础设施建设计划项目“江苏省中药配方颗粒工程技术研究中心”（项目编号：BM2008810）	2008年
18	江阴天江药业有限公司	江苏省科技厅、财政厅“重大科技成果转化项目”“600味中药配方颗粒研究与产业化”（项目编号：BA2009027）	2009年
19	广东一方制药有限公司	广东省科技厅项目“中药配方颗粒产业共性关键技术的研究与应用”（项目编号：粤科函财字〔2007〕519号）	2009年
20	培力（南宁）药业有限公司	广西西部地区外经贸发展促进资金项目的“中药配方颗粒研究开发”（项目编号：桂商规发〔2009〕13号）	2009年
21	培力（南宁）药业有限公司	广西科学研究与技术开发计划－科技特派员专项“中药黄芪配方颗粒的质量控制标准研究”（项目编号：桂科计字〔2009〕321号）	2009年
22	北京康仁堂药业有限公司	北京市经济和信息化委员会“工业发展资金项目”“中药配方颗粒终端调剂标准体系建设”（项目编号：验收〔2012〕011002号）	2009年
23	广东一方制药有限公司	广东省财政支持战略新型产业技术改造招标项目“中药配方颗粒生产自动化及在线质量监控项目”（项目编号：粤经信技改函〔2010〕2987号）	2010年
24	四川新绿色药业科技发展有限公司	四川省第五批科技计划项目“大宗川产道地药材配方颗粒关键技术成果转化”（项目编号：2010SZ0265）	2010年
25	广东一方制药有限公司	广东省科技厅项目“何首乌等9味中药炮制品配方颗粒红外光谱快速鉴别的示范性研究”（项目编号：2011B031700010）	2011年
26	广东一方制药有限公司	广东省中医药局中药医强省项目“生脉散中药配方颗粒调配剂与其传统中药汤剂的化学动态变化的示范性对比探讨研究”（项目编号：粤中医〔2011〕12号）	2011年
27	四川新绿色药业科技发展有限公司	四川省第三批科技计划项目“中药配方颗粒及自动发药机成果转化项目”（项目编号：2011CSZ0007）	2011年

续表

序号	企业名称	承担省级课题及项目	时间
28	四川新绿色药业科技发展有限公司	四川省第一批科技计划项目“中药配方颗粒质量标准的研究”（项目编号：2011SZ0074）	2011 年
29	四川新绿色药业科技发展有限公司	四川省第三批科技支撑计划项目“新型（现代）中药饮片及配方颗粒”（项目编号：2011GZX0070）	2011 年
30	培力（南宁）药业有限公司	广西科技厅项目“壮药配方颗粒生产工艺及质量标准研究”（项目编号：桂科计字〔2011〕14 号）	2011 年
31	培力（南宁）药业有限公司	广西科技厅项目“酸枣仁汤配方颗粒标准化制剂研究”（项目编号：桂财教〔2011〕40 号）	2011 年
32	北京康仁堂药业有限公司	北京市科学技术委员会北京市医药创新品种研发培育及产业支撑平台能力建设项目“基于智能定制的‘精准药材’全程溯源关键技术研究”（项目编号：Z201100005420005）	2011 年
33	广东一方制药有限公司	广东省教育厅“广东省中药配方颗粒产业化共性关键技术 - 高级研发人才产学研联合培养模式研究”（项目编号：2012B091100183）	2012 年
34	广东一方制药有限公司	广东省科技厅“降血脂创新药物产业化关键技术及临床研究”（项目编号：2012A080800003）	2012 年
35	广东一方制药有限公司	广东省科技计划项目“中药配方颗粒产业技术路线图的研究与制定”（项目编号：2012B050800006）	2012 年
36	华润三九医药股份有限公司	江西省卫生厅中医药科研基金课题“生化汤加味方在稽留流产药物治疗中增效作用的临床研究及其对血清 TNF-α 的影响”（项目编号：2012A095）	2012 年
37	华润三九医药股份有限公司	江西省卫生厅中医药科研基金项目“生化汤加味在稽留流产药物治疗中的增效作用研究”（项目编号：2012A095）	2012 年
38	华润三九医药股份有限公司	浙江省中医药防治重大疾病攻关计划项目“中医药综合防治原发性骨质疏松症的临床研究”（项目编号：2012ZGG044）	2012 年
39	北京康仁堂药业有限公司	北京市经济和信息化委员会“工业发展资金贴息项目”“中药配方颗粒自动化生产基地建设项目”（项目编号:〔2012〕承诺 223 号）	2012 年
40	广东一方制药有限公司	广东省科技厅“广东省医疗机构中药制剂研发技术平台建设”（项目编号：2013B040200040）	2013 年
41	华润三九医药股份有限公司	河北省中医药管理局项目“中药乳结散煎剂及免煎颗粒剂治疗乳腺增生的疗效及依从性比较”（项目编号：2013252）	2013 年
42	华润三九医药股份有限公司	河南省中医药科学研究专项课题“加味理冲汤治疗非酒精性脂肪肝临床研究”（项目编号：2013ZY02057）	2013 年

续表

序号	企业名称	承担省级课题及项目	时间
43	华润三九医药股份有限公司	河南省中医临床学科领军人才培育计划项目“桂枝加龙骨牡蛎汤治疗高血压伴失眠症 62 例”（项目编号：HNZYLJ201301006）	2013 年
44	培力（南宁）药业有限公司	广西科技厅项目“中药配方颗粒开发及出口示范”（项目编号：桂财教〔2013〕46 号）	2013 年
45	北京康仁堂药业有限公司	北京市科学技术委员会“高新技术成果转化项目”“中药配方颗粒技术产业化”（项目编号：2013 年〔C23〕号）	2013 年
46	华润三九医药股份有限公司	上海市浦东新区中医药事业发展项目“中药‘平调汤’治疗围绝经综合征 140 例临床观察”（项目编号：PDYNZJ-201405）	2014 年
47	培力（南宁）药业有限公司	广西科技厅项目“鸡骨草和郁金等 15 味壮药配方颗粒质量标准研究”（项目编号：桂科计字〔2014〕124 号）	2014 年
48	培力（南宁）药业有限公司	广西科技厅项目“广西现代中药配方颗粒工程技术研究中心升级建设”（项目编号：桂财教〔2014〕24 号）	2014 年
49	培力（南宁）药业有限公司	广西科技厅项目“15 种中药配方颗粒毒性品种的质量控制标准的研究与建立”（项目编号：桂财教〔2014〕86 号）	2014 年
50	神威药业集团有限公司	河北省重大成果转化专项“中药配方颗粒制备工艺及质量标准研究”项目（项目编号：14272504D）	2014 年
51	北京康仁堂药业有限公司	北京市科学技术委员会“科技创新基地培育与发展工程专项”“中药提取过程在线质量监控系统开发与应用研究”（项目编号：Z131110200281306５）	2014 年
52	四川新绿色药业科技发展有限公司	四川第一批省科技成果转化专项：川芎综合利用成果转化项目（2014SC0024）	2014 年
53	四川新绿色药业科技发展有限公司	四川省中医药管理局中医药科学技术研究专项：流动应急智能中药房研究及应用（项目编号：2014I009）	2014 年
54	广东一方制药有限公司	广东省科技厅中药配方颗粒国家标准研究与制定（项目编号：2015B070701010）	2015 年
55	华润三九医药股份有限公司	重庆市北碚区科委资助项目“欧氏麻杏汤治疗儿童咳嗽变异性哮喘临床研究”（项目编号：重庆市北碚区科委资助项目〔201212〕）	2015 年
56	四川新绿色药业科技发展有限公司	四川省科技厅科技支撑计划项目：川芎整合式全产业链综合开发研究（项目编号：2015SZ0031）	2015 年
57	北京康仁堂药业有限公司	北京市科学技术委员十病十药研发“提高难治性白血病临床疗效新药‘复方浙贝颗粒’临床前研究”（项目编号：Z151100003815027）	2015 年

续表

序号	企业名称	承担省级课题及项目	时间
58	浙江景岳堂药业有限公司	浙江省中医药管理局“配方颗粒关键工艺技术和质量研究及临床试验”（项目编号：浙中医药〔2015〕25号）	2015年
59	华润三九医药股份有限公司	浙江省中医药科技计划“麻杏薏甘汤在治疗痰湿型高尿酸血症患者中的临床疗效”（项目编号：2016ZB062）	2016年
60	培力（南宁）药业有限公司	广西科技厅项目“中药配方颗粒辅料应用及成型工艺的研究与开发”（项目编号：桂科计字〔2016〕380号）	2016年
61	培力（南宁）药业有限公司	广西科技厅项目“濒危药用植物金毛狗脊野生变家种关键技术研究”（项目编号：桂科计字〔2016〕381号）	2016年
62	培力（南宁）药业有限公司	广西自治区卫生计生委项目“夏枯草等5个中药配方颗粒产业化研究”（项目编号：桂卫中医发〔2016〕6号）	2016年
63	四川新绿色药业科技发展有限公司	四川省省科技支撑计划“白及、川芎新品种选育及配套技术研究”（项目编号：2016NYZ0019）	2016年
64	神威药业集团有限公司	河北省中医药管理局中医药类科研计划课题“中药配方颗粒与传统汤剂（中成药）等效性对比研究”（项目编号：2016297）	2016年
65	神威药业集团有限公司	河北省科技计划项目“基于标准煎液的中药配方颗粒大品种生产工艺研究与质量评价”（项目编号：16272510）	2016年
66	广东一方制药有限公司	广东省科技厅－广东特支计划项目“科技创业领军人才”（项目编号：2017TY04R197）	2017年
67	华润三九医药股份有限公司	陕西省中医药管理局项目“桃红四物汤加味治疗小儿阑尾脓肿临床观察”（项目编号：13-LC025）	2017年
68	华润三九医药股份有限公司	甘肃省武威市科技局科技攻关项目“自拟二陈汤加味方治疗风痰袭肺型咳嗽变异性哮喘的临床研究”（项目编号：ww160220）	2017年
69	华润三九医药股份有限公司	国家自然科学基金面上项目“基于肺主肃降理论对二陈汤加味治疗COPD结构重建的机制研究”（项目编号：81573881）	2017年
70	华润三九医药股份有限公司	第二军医大学东方肝胆外科医院院级课题“免煎中药泡足防治原发性肝癌化疗栓塞后患者不良反应的护理”（项目编号：14HL006）	2017年
71	江阴天江药业有限公司	江苏省经济和信息化委员会核心技术突破类“中药配方颗粒关键制备技术”（项目编号：苏经信科技〔2017〕207号）	2017年
72	江阴天江药业有限公司	江苏省经济和信息化委员会质量攻关类“20个中药配方颗粒品种国家标准研究”（项目编号：苏经信科技〔2017〕207号）	2017年

续表

序号	企业名称	承担省级课题及项目	时间
73	培力（南宁）药业有限公司	广西自治区工信厅项目“年产 3000 吨中药配方颗粒智能工厂建设”（项目编号：桂工信投资〔2017 号〕473）	2017 年
74	安徽济人药业有限公司	安徽省科技重大专项“中药配方颗粒质量控制与标准制定关键技术及临床研究”（项目编号：17030801009）	2017 年
75	神威药业集团有限公司	河北省重点研发计划项目“中药配方颗粒国家标准升级及与临床汤剂疗效对比研究”（项目编号：17272505D）	2017 年
76	广东一方制药有限公司	广东省发改委项目“广东省中药配方颗粒工程实验室”（项目编号：粤发改创新函〔2018〕3149 号）	2018 年
77	广东一方制药有限公司	广东省科技厅项目“广东省中药配方颗粒企业重点实验室”（项目编号：2018B030323004）	2018 年
78	四川新绿色药业科技发展有限公司	四川省科技项目“智能中药房研究和应用推广”（项目编号：2018SZ0066）	2018 年
79	四川新绿色药业科技发展有限公司	四川省科技项目“川产道地中药大品种栀子综合全产业链研究及开发”（项目编号：2018SZ0063）	2018 年
80	四川新绿色药业科技发展有限公司	四川省中管局项目“川芎饮片（含配方颗粒）质量提升”（项目编号：2018C021）	2018 年
81	培力（南宁）药业有限公司	广西科技厅项目“广西常用壮瑶药药材质量标准研究”（项目编号：桂科 AB17292069）	2018 年
82	北京康仁堂药业有限公司	北京市中医药管理局科技资金项目“葛根和首乌藤中药配方颗粒国家标准研究”（项目编号：QN201805）	2018 年
83	浙江景岳堂药业有限公司	浙江省食品药品监督管理局“关于做好中药配方颗粒质量标准研究工作的通知”（项目编号：浙食药监注〔2018〕4 号）	2018 年
84	浙江景岳堂药业有限公司	浙江省中医药科技计划项目“麻黄与杏仁等经典药对配方颗粒与其单味配方颗粒组合的有效成分差异比较研究”（项目编号：浙卫发〔2018〕53 号）	2018 年
85	广东一方制药有限公司	广东省科技厅项目“中药配方颗粒重大科技成果科普创作”（项目编号：2019A070701002）	2019 年
86	广东一方制药有限公司	广东省工信厅项目“中药配方颗粒数字化示范工厂建设”（项目编号：粤工信装备函〔2019〕1551 号）	2019 年
87	广东一方制药有限公司	广东省科技厅项目“中药废弃物资源化利用关键技术研究及示范”（项目编号：2019B110209005）	2019 年
88	四川新绿色药业科技发展有限公司	云南省科技成果转化项目“四川新绿色药业科技发展有限公司药业中药配方颗粒研发及产业化”（项目编号：2019ZF009）	2019 年
89	四川新绿色药业科技发展有限公司	四川省科技计划项目“四妙勇安汤经典名方研发”（项目编号：2019YFS0079）	2019 年

续表

序号	企业名称	承担省级课题及项目	时间
90	江阴天江药业有限公司	江苏省科技厅江苏省创新能力建设专项“江苏省中药配方颗粒制备与质量控制关键技术重点实验室”（项目编号：苏财教〔2019〕106号）	2019年
91	国药集团同济堂（贵州）制药有限公司	贵州省十大千亿级工业（健康医药）产业振兴专项“同济堂中药配方颗粒高技术产业化”（黔财工〔2019〕220号）	2019年
92	广东一方制药有限公司	广东省科技厅“多基原中药大黄、黄连质量一致性评价研究及ISO国际中药标准研发”（项目编号：2020A050515001）	2020年
93	广东一方制药有限公司	广东省科技厅20种岭南中药材质量标准国际示范研究（项目编号：2020B1111110007）	2020年
94	江西一方江阴天江药业有限公司、广东一方制药有限公司	江西省科技厅“灯心草等8味中药配方颗粒标准的示范性研究”（项目编号：2020A10）	2020年
95	湖南一方制药有限公司、广东一方制药有限公司	湖南省科技厅山银花中药配方颗粒国家标准研究（项目编号：2020JJ9006）	2020年
96	广东一方制药有限公司	广东省科技厅“抗新冠肺炎六类中药新药‘扶正解毒颗粒’临床前开发研究”（项目编号：2020B1111300005）	2020年
97	广东一方制药有限公司	广东省科技厅“动物类中药及其配方颗粒特征多肽示范性研究”（项目编号：2020B1515120033）	2020年
98	广东一方制药有限公司	澳门特别行政区科学技术发展基金“中医经典名方瓜蒌薤白半夏汤和麦门冬汤的制剂、标准研发与产业转化研究”（项目编号：0001/2020/AKP）	2020年
99	华润三九医药股份有限公司	深圳市科技计划项目“中药配方颗粒国家标准的制定研究”（项目编号：深科技创新〔2020〕194号）	2020年
100	江阴天江药业有限公司	江苏省科技厅－江苏省技术创新导向计划（标准领航产品）“白术等30味中药配方颗粒国家标准研究”（项目编号：苏工信创新〔2020〕155号）	2020年
101	江阴天江药业有限公司	江苏省发改委江苏省战略新兴产业发展专项“高品质中药配方颗粒关键技术研发及产业化项目”（项目编号：苏财建〔2020〕69号）	2020年
102	北京康仁堂药业有限公司	河北省科学技术厅“中央引导地方科技发展资金项目”“河北省中药配方颗粒关键共性技术的创建与应用”（项目编号：206Z2501G）	2020年
103	四川新绿色药业科技发展有限公司	四川省科技计划项目：经典名方颗粒制剂关键技术及产业化研究（项目编号：2020YFS0567）	2020年
104	广东一方制药有限公司	广东省科技厅“GMDTC驱镉作用的分子机制研究”（项目编号：2021A1515010771）	2021年
105	湖南一方制药有限公司、广东一方制药有限公司	湖南省科技厅吴茱萸中药配方颗粒国家标准研究（项目编号：2021JJ80057）	2021年

续表

序号	企业名称	承担省级课题及项目	时间
106	广东一方制药有限公司	广东省科技厅“基于STR分析技术及DNA微型条形码的乌梢蛇及其提取物的溯源研究”（项目编号：2021A1515110790）	2021年
107	华润三九医药股份有限公司	深圳市科技计划项目“基于全程质量传递的中药配方颗粒质量提升研究”（项目编号：深科技创新〔2021〕163号）	2021年
108	江阴天江药业有限公司	江苏省工信厅技术创新导向计划（标准领航产品）“大黄等20味中药配方颗粒国家标准研究”（项目编号：苏工信创新〔2021〕112号）	2021年
109	江阴天江药业有限公司	江苏省科技厅江苏省科技成果转化专项资金项目“基于多成分精准质控的高品质中药配方颗粒研发及产业化”（项目编号：BA2021018）	2021年
110	神威药业集团有限公司	云南省重大科技专项“基于标准汤剂的云南省特色中药配方颗粒生产工艺、质量体系及等效性研究”（项目编号：202102AA310027）	2021年
111	国药集团同济堂（贵州）制药有限公司	贵州省工业和信息化发展专项“同济堂配方颗粒AGV智能仓库建设”（批准文号：黔财工〔2022〕125号）	2021年
112	山东一方制药有限公司	山东省科技厅山东省重点研发计划“中药配方颗粒质量识别与控制关键技术研究及产业化应用”（项目编号：2021CXGC010511）	2021年
113	江阴天江药业有限公司	江苏省工业和信息产业转型升级专项资金“中药配方颗粒全过程质控体系关键技术攻关研究”（项目编号：苏市监标〔2023〕196号）	2022年
114	四川新绿色药业科技发展有限公司	四川省科技厅重点研发项目“川芎种植降镉关键技术研究与应用示范”（项目编号：2022YFS0428）	2022年
115	国药集团同济堂（贵州）制药有限公司	“科创中国·贵州”行动示范项目“贵州特色中药配方颗粒生产及质量控制关键技术研究与应用推广”（批准文号：黔科协创发〔2022〕53号）	2022年
116	国药集团同济堂（贵州）制药有限公司	贵州省科技计划项目“中药配方颗粒关键技术研究与应用”（批准文号：黔科合支撑〔2022〕一般186）	2022年
117	华润三九医药股份有限公司	广东省科技厅区域联合基金项目“疏肝消脂方对代谢相关的非酒精性脂肪性肝炎‘方证效’疗效评估与效应机理研究”（项目编号：2022B1515120034）	2022年
118	江阴天江药业有限公司	江苏省市场监督管理局“江苏省中药配方颗粒技术标准基地”（项目编号：苏市监标〔2023〕196号）	2023年

续表

序号	企业名称	承担省级课题及项目	时间
119	国药集团同济堂（贵州）制药有限公司	高技术发展引导建设专项“年产2000吨中药配方颗粒生产线建设高新技术产业化示范工程项目”（批准文号：黔发改投资〔2023〕239号）	2023年
120	国药集团同济堂（贵州）制药有限公司	2023年度省工业和信息化发展专项资金“国药同济堂（贵州）制药有限公司配方颗粒生产线扩建项目”（批准文号：黔财工〔2023〕42号）	2023年
121	江西一方制药有限公司	江西省中医药标准化技术委员会“艾叶、薏苡仁、茯苓配方颗粒国家标准研究与制定”（赣中医药标字〔2023〕11号）	2023年
122	广东一方制药有限公司	2023年度广东省中医药局科研项目（科研平台专项）“鲜益母草配方颗粒国家标准制定及其药效学研究”（项目编号：20233006）	2023年
123	四川新绿色药业科技发展有限公司	四川省科技成果转移转化示范项目“川芎新品种及规范化种植示范转化与综合开发”（项目编号：24ZHSF0263）	2023年
124	四川新绿色药业科技发展有限公司	四川省科技计划项目“川派中药炮制非遗技艺数字化重构与文创产品开发研究”（项目编号：2023YFS0458）	2023年

附录 2 1993—2024 年中药配方颗粒企业获得的专利汇总表

附表 2 1993—2024 年中药配方颗粒企业获得的专利汇总表

序号	企业名称	专利名称（专利号）	类型
1	江阴天江药业有限公司	单味中药饮片速溶颗粒的制备工艺（94114313.9）	发明
2	广东一方制药有限公司	一种物料计量装置（02228741.8）	实用新型
3	广东一方制药有限公司	一种包装机（02228742.6）	实用新型
4	广东一方制药有限公司	一种药库机械手（02228743.4）	实用新型
5	培力（南宁）药业有限公司	制备和检定具有可检验的口服吸收性云芝的免疫调节的肽联葡聚糖（03141007.3）	发明
6	四川新绿色药业科技发展有限公司	药品的自动分装与计量装置（03135523.4）	发明
7	广东一方制药有限公司	一种加快淀粉类中药提取液过滤的方法（200510101737.3）	发明
8	北京康仁堂药业有限公司	一种颗粒调剂方法及设备（200510137702.5）	发明
9	北京康仁堂药业有限公司	一种颗粒调剂方法及其设备（200510137702.5）	发明
10	广东一方制药有限公司	一种将超临界二氧化碳萃取物固体粉末化的方法（200610123297.6）	发明
11	江阴天江药业有限公司	中药配方颗粒的包衣防潮方法（200610039286.X）	发明
12	江阴天江药业有限公司	烫水蛭配方颗粒的制备方法（200610039285.5）	发明
13	江阴天江药业有限公司	中药配方颗粒的包衣防潮方法（200610039286.X）	发明
14	江阴天江药业有限公司	烫水蛭配方颗粒的制备方法（200610039285.5）	发明
15	北京康仁堂药业有限公司	一种麻黄配方颗粒及其制备方法和质量控制方法（200710118746.2）	发明
16	北京康仁堂药业有限公司	一种薄荷配方颗粒及其制备方法和质量控制方法（200710118747.7）	发明
17	北京康仁堂药业有限公司	治疗急性白血病的浙贝药物组合物及其新用途（200710143392.7）	发明
18	北京康仁堂药业有限公司	一种陈皮配方颗粒及其制备方法和质量控制（200710175354.X）	发明
19	北京康仁堂药业有限公司	一种黄芩配方颗粒及其制备方法和质量控制方法（200710175352.0）	发明
20	北京康仁堂药业有限公司	一种金银花配方颗粒及其制备方法和质量控制方法（200710175351.6）	发明

续表

序号	企业名称	专利名称（专利号）	类型
21	北京康仁堂药业有限公司	一种甘草配方颗粒及其制备方法和质量控制方法（200710175353.5）	发明
22	北京康仁堂药业有限公司	一种生姜配方颗粒及其制备方法和质量控制方法（200710118749.6）	发明
23	北京康仁堂药业有限公司	一种钩藤配方颗粒及其制备方法和质量控制方法（200710118748.1）	发明
24	北京康仁堂药业有限公司	一种葛根配方颗粒及其制备方法和质量控制方法（200710175350.1）	发明
25	北京康仁堂药业有限公司	一种薄荷配方颗粒的制备方法（200710118747.7）	发明
26	北京康仁堂药业有限公司	一种陈皮配方颗粒及其制备方法和质量检测方法（200710175354.X）	发明
27	北京康仁堂药业有限公司	一种黄芩配方颗粒及其制备方法和质量检测方法（200710175352.0）	发明
28	北京康仁堂药业有限公司	一种金银花配方颗粒及其制备方法和质量检测方法（200710175351.6）	发明
29	北京康仁堂药业有限公司	一种生姜配方颗粒及其制备方法和质量检测方法（200710118749.6）	发明
30	北京康仁堂药业有限公司	一种钩藤配方颗粒及其制备方法和质量检测方法（200710118748.1）	发明
31	北京康仁堂药业有限公司	一种中药枳实的检测和含量测定方法（200710120306.0）	发明
32	北京康仁堂药业有限公司	治疗急性白血病的浙贝药物组合物及其新用途（200710143392.7）	发明
33	北京康仁堂药业有限公司	一种薄荷配方颗粒的制备方法（200710118747.7）	发明
34	江阴天江药业有限公司	动物类中药配方颗粒腥臭味的掩盖方法（200710134316.X）	发明
35	江阴天江药业有限公司	天麻配方颗粒的制备方法（200710134318.9）	发明
36	江阴天江药业有限公司	动物类中药配方颗粒腥臭味的掩盖方法（200710134316.X）	发明
37	江阴天江药业有限公司	天麻配方颗粒的制备方法（200710134318.9）	发明
38	北京康仁堂药业有限公司	一种牛膝配方颗粒及其制备方法和质量控制方法（200810184566.9）	发明
39	北京康仁堂药业有限公司	一种瓜蒌配方颗粒及其制备方法和质量控制方法（200810184569.2）	发明
40	北京康仁堂药业有限公司	一种黄芪配方颗粒及其制备方法和质量控制方法（200810184571.X）	发明
41	北京康仁堂药业有限公司	一种北沙参配方颗粒及其制备方法和质量控制方法（200810184572.4）	发明
42	北京康仁堂药业有限公司	一种桔梗配方颗粒及其制备方法和质量控制方法（200810184575.8）	发明

续表

序号	企业名称	专利名称（专利号）	类型
43	北京康仁堂药业有限公司	一种野菊花配方颗粒及其制备方法和质量控制方法（200810184577.7）	发明
44	北京康仁堂药业有限公司	一种熟地黄配方颗粒及其制备方法和质量控制方法（200810184576.2）	发明
45	北京康仁堂药业有限公司	一种桂枝配方颗粒及其制备方法和质量控制方法（200810184563.5）	发明
46	北京康仁堂药业有限公司	一种玄参配方颗粒及其制备方法和质量控制方法（200810184570.5）	发明
47	北京康仁堂药业有限公司	一种防风配方颗粒及其制备方法和质量控制方法（200810184561.6）	发明
48	北京康仁堂药业有限公司	一种当归配方颗粒及其制备方法和质量控制方法（200810184562.0）	发明
49	北京康仁堂药业有限公司	一种白术配方颗粒及其制备方法和质量控制方法（200810184568.8）	发明
50	北京康仁堂药业有限公司	一种瓜蒌配方颗粒的检测方法（200810184569.2）	发明
51	北京康仁堂药业有限公司	一种黄芪配方颗粒的检测方法（200810184571.X）	发明
52	北京康仁堂药业有限公司	一种牛膝配方颗粒的检测方法（200810184566.9）	发明
53	北京康仁堂药业有限公司	一种羌活配方颗粒及其制备方法和质量控制方法（200810184567.3）	发明
54	北京康仁堂药业有限公司	一种北沙参配方颗粒的检测方法（200810184572.4）	发明
55	北京康仁堂药业有限公司	一种桔梗配方颗粒的检测方法（200810184575.8）	发明
56	北京康仁堂药业有限公司	一种野菊花配方颗粒的检测方法（200810184577.7）	发明
57	北京康仁堂药业有限公司	一种茵陈配方颗粒及其制备方法和质量控制方法（200810184578.1）	发明
58	北京康仁堂药业有限公司	一种玄参配方颗粒的检测方法（200810184570.5）	发明
59	北京康仁堂药业有限公司	一种桂枝配方颗粒的检测方法（200810184563.5）	发明
60	北京康仁堂药业有限公司	一种枸杞子配方颗粒及其制备方法和质量控制方法（200810184573.9）	发明
61	北京康仁堂药业有限公司	一种白芍配方颗粒及其制备方法和质量控制方法（200810184574.3）	发明
62	北京康仁堂药业有限公司	一种熟地黄配方颗粒的检测方法（200810184576.2）	发明
63	北京康仁堂药业有限公司	一种制吴茱萸配方颗粒及其制备方法和质量控制方法（200810184580.9）	发明
64	北京康仁堂药业有限公司	一种炒栀子配方颗粒及其制备方法和质量控制方法（200810184581.3）	发明
65	北京康仁堂药业有限公司	一种黄连配方颗粒及其制备方法和质量控制方法（200810184582.8）	发明
66	北京康仁堂药业有限公司	含挥发油成分的中药配方颗粒及其制备方法（200810056501.6）	发明

续表

序号	企业名称	专利名称（专利号）	类型
67	北京康仁堂药业有限公司	一种炒苦杏仁配方颗粒及其制备方法和检测方法（200810184559.9）	发明
68	北京康仁堂药业有限公司	一种地黄配方颗粒及其制备方法和质量控制方法（200810184560.1）	发明
69	江阴天江药业有限公司	速溶茯苓颗粒的制备方法（200810109009.0）	发明
70	江阴天江药业有限公司	姜枣颗粒的制备方法（200810109008.6）	发明
71	江阴天江药业有限公司	速溶茯苓颗粒的制备方法（200810109009.0）	发明
72	江阴天江药业有限公司	姜枣颗粒的制备方法（200810109008.6）	发明
73	培力（南宁）药业有限公司	Novel compounds and uses thereof for treating inflammation and modulating immune responses 美国：10/236996，英国：GB20040025752 0425752.3，德国：10392697.6，日本：特愿 2004-506504，中国：03141007.3，香港：04102013.5）	PCT
74	广东一方制药有限公司	醋乳香微泡腾颗粒及其制备方法（200910042367.9）	发明
75	广东一方制药有限公司	醋乳香微泡腾颗粒及其制备方法（200910042367.9）	发明
76	江阴天江药业有限公司	中药配方颗粒矫味剂及其制备方法和使用方法（200910235108.8）	发明
77	江阴天江药业有限公司	改善含油脂类中药配方颗粒水中分散性的方法（200910145154.9）	发明
78	江阴天江药业有限公司	中药配方颗粒矫味剂及其制备方法和使用方法（200910235108.8）	发明
79	江阴天江药业有限公司	改善含油脂类中药配方颗粒水中分散性的方法（200910145154.9）	发明
80	培力（南宁）药业有限公司	Efficient isolation of cimiracemate A,and methods of use（中国：200980158058.6，澳大利亚：2009336592，加拿大：2749575，欧洲：0983700.2，日本：2011-544934，美国：12/647843）	PCT
81	培力（南宁）药业有限公司	Materials and Methods for Prevention and Treatment of Viral Infections (WIPO：CT/IB2010/003482) 美国：13/318849	PCT
82	培力（南宁）药业有限公司	Novel Therapeutic method for treating inflammation and immune system disorders(WIPO：PCT/IB2010/003050)	PCT
83	四川新绿色药业科技发展有限公司	抽屉式下药机构（201010126110.4）	发明
84	四川新绿色药业科技发展有限公司	自动发药机及其发药方法（201010255870.5）	发明
85	四川新绿色药业科技发展有限公司	川芎配方颗粒及其制备方法（201010279865.8）	发明

续表

序号	企业名称	专利名称（专利号）	类型
86	培力（南宁）药业有限公司	Neuroprotective Ganoderma Compostitions and methods of use（澳大利亚：2010264200，加拿大：2766002，欧洲：10791704.9，日本：100102978，美国：13/379008）	PCT
87	培力（南宁）药业有限公司	Ontological information retrieval system（中国：201080029152.4，澳大利亚：2010242967，加拿大：2760530，欧洲：10770350.6，美国：12/770479）	PCT
88	培力（南宁）药业有限公司	一种比水重的挥发油提取包裹制备方法（201010178094.3）	发明
89	培力（南宁）药业有限公司	一种提高含人参皂苷类中药提取物质量的制备方法（201010218537.7）	发明
90	培力（南宁）药业有限公司	Artificial intelligence and methods for relating herbar ingredients with Illnesses in traditional chinese medicine（WIPO：PCT/IB2011/002500）	PCT
91	培力（南宁）药业有限公司	Uses of cimiracemate A and related compounds for treating inflammation and modulating immune responses（WIPO：PCT/IB2011/002582）	PCT
92	培力（南宁）药业有限公司	Coriolus versicolor extracts,methods of preparation and uses thereof（WIPO：PCT/IB2011/002845）	PCT
93	广东一方制药有限公司	一种无糖型风热感冒颗粒剂及其制备方法（201110209106.9）	发明
94	广东一方制药有限公司	一种无糖型风寒感冒颗粒剂制备方法（201110209100.1）	发明
95	四川新绿色药业科技发展有限公司	发药机送杯组件（201110097595.3）	发明
96	四川新绿色药业科技发展有限公司	抓药机称重装置（201110097617.6）	发明
97	四川新绿色药业科技发展有限公司	螺旋下药机构及其下药方法（201110153175.2）	发明
98	四川新绿色药业科技发展有限公司	圆环式发药机及其发药方法（201110182643.9）	发明
99	江阴天江药业有限公司	改善中药配方颗粒干法制粒成型性和颗粒质量的方法（201110002934.5）	发明
100	江阴天江药业有限公司	提高脂肪油类中药提取液浓缩效率和浓缩液浓度的方法（201110025477.1）	发明
101	江阴天江药业有限公司	分包机（201110174454.7）	发明
102	江阴天江药业有限公司	改善中药配方颗粒干法制粒成型性和颗粒质量的方法（201110002934.5）	发明
103	江阴天江药业有限公司	提高脂肪油类中药提取液浓缩效率和浓缩液浓度的方法（201110025477.1）	发明

续表

序号	企业名称	专利名称（专利号）	类型
104	华润三九医药股份有限公司	一种动物或矿物中药中钙和磷含量的测定方法（201110442685.1）	发明
105	广东一方制药有限公司	一种用超微粉代替部分辅料的茯苓配方颗粒的制备方法（201210018572.3）	发明
106	广东一方制药有限公司	一种检测决明子配方颗粒中大黄酚含量的方法（201210530478.6）	发明
107	广东一方制药有限公司	一种用超微粉代替部分辅料的茯苓配方颗粒的制备方法（201210018572.3）	发明
108	广东一方制药有限公司	一种检测决明子配方颗粒中大黄酚含量的方法（201210530478.6）	发明
109	四川新绿色药业科技发展有限公司	多层自动发药机及其发药方法（201210061537.X）	发明
110	四川新绿色药业科技发展有限公司	三层发药机及其发药方法（201210067662.1）	发明
111	华润三九医药股份有限公司	中药颗粒电子配药柜及系统（201210246592.6）	发明
112	安徽宏方药业有限公司	一种桑嫖蛸配方颗粒及其制备方法和质量控制方法（专利号：ZL201310287199.6；证书号：1610280）	发明
113	广东一方制药有限公司	一种减肥瘦腰围的组合物及其制备方法（201310011619.8）	发明
114	四川新绿色药业科技发展有限公司	全自动发药机及其发药方法（201310235288.6）	发明
115	培力（南宁）药业有限公司	云芝及含有云芝的制剂的检测方法（201310546455.9）	发明
116	培力（南宁）药业有限公司	一种山药配方颗粒制备方法（201310546456.3）	发明
117	培力（南宁）药业有限公司	一种含有灵芝多糖制剂的检测方法（201310547868.9）	发明
118	安徽宏方药业有限公司	一种覆盆子配方颗粒及其制备方法和质量控制方法（专利号：ZL201310287135.6；证书号：1876063）	发明
119	广东一方制药有限公司	一种菟丝子配方颗粒指纹图谱及其建立方法（201410742982.1）	发明
120	广东一方制药有限公司	一种固体饮料的制备方法及其应用（201410134988.0）	发明
121	广东一方制药有限公司	一种提高皮肤抗敏及修复能力的护肤品及其制备方法（201410385639.6）	发明
122	广东一方制药有限公司	一种菟丝子配方颗粒指纹图谱及其建立方法（201410742982.1）	发明
123	北京康仁堂药业有限公司	一种钩藤配方颗粒的制备方法（201410491509.0）	发明
124	北京康仁堂药业有限公司	一种茯苓配方颗粒的制备方法（201410809610.6）	发明
125	北京康仁堂药业有限公司	中药提取过程动态趋势在线紫外分析方法（201410377580.6）	发明
126	北京康仁堂药业有限公司	一种钩藤配方颗粒的制备方法（201410491509）	发明

续表

序号	企业名称	专利名称（专利号）	类型
127	四川新绿色药业科技发展有限公司	中药饮片发药机及其发药方法（201410093982.3）	发明
128	四川新绿色药业科技发展有限公司	全自动发药机及其发药方法（201410094196.5）	发明
129	四川新绿色药业科技发展有限公司	一种川芎冻苓子及其制备方法（201410382085.4）	发明
130	广东一方制药有限公司	一种固体饮料的制备方法（201510501513.5）	发明
131	广东一方制药有限公司	一种黄连解毒汤配方颗粒的制备方法及其质量控制方法（201510196446.0）	发明
132	广东一方制药有限公司	一种独活寄生汤配方颗粒的制备方法及其质量控制方法（201511022770.7）	发明
133	广东一方制药有限公司	一种龙胆泻肝汤配方颗粒的制备方法及其质量控制方法（201511002141.8）	发明
134	广东一方制药有限公司	一种麻杏石甘汤配方颗粒的检测方法（201510597933.8）	发明
135	广东一方制药有限公司	一种四物汤配方颗粒的制备方法及其质量控制方法（201510759578.X）	发明
136	北京康仁堂药业有限公司	中药提取过程动态响应模型的在线识别与终点判定方法（201510737972.3）	发明
137	北京康仁堂药业有限公司	中药配方颗粒组方的临床疗效评测方法和评测装置（201510746939.7）	发明
138	四川新绿色药业科技发展有限公司	一种发药机机架（201510239437.5）	发明
139	四川新绿色药业科技发展有限公司	一种发药机（201510290772.8）	发明
140	四川新绿色药业科技发展有限公司	一种封口、下药袋机构（201510373095.6）	发明
141	四川新绿色药业科技发展有限公司	一种多工位发药机（201510375702.2）	发明
142	四川新绿色药业科技发展有限公司	下药盖及下药的方法（201510666243.3）	发明
143	四川新绿色药业科技发展有限公司	一种发药机及发药方法（201510854162.6）	发明
144	四川新绿色药业科技发展有限公司	一种顶升下药机构（201510855984.6）	发明
145	四川新绿色药业科技发展有限公司	一种下药机构（201510860090.6）	发明
146	四川新绿色药业科技发展有限公司	一种取药袋装置及取药袋方法（201510863454.6）	发明
147	江阴天江药业有限公司	配方机及使用该配方机进行配药的方法（201510031582.4）	发明

续表

序号	企业名称	专利名称（专利号）	类型
148	江阴天江药业有限公司	一种补血益气饮及其制备方法（201510261663.3）	发明
149	江阴天江药业有限公司	配方机及使用该配方机进行配药的方法（201510031582.4）	发明
150	江阴天江药业有限公司	一种补血益气饮及其制备方法（201510261663.3）	发明
151	神威药业集团有限公司	一种阿胶药材水提取物的多展开剂快速薄层鉴别方法（201510705655.3）	发明
152	神威药业集团有限公司	一种半枝莲药材或其配方颗粒中野黄芩苷和野黄芩素的含量测定方法（201510917013.X）	发明
153	神威药业集团有限公司	一种玄参药材及其水提取物的快速多信息薄层鉴别方法（201510341334.X）	发明
154	神威药业集团有限公司	一种酸枣仁水提取物的快速多信息薄层鉴别方法（201510437744.4）	发明
155	神威药业集团有限公司	一种半枝莲药材及其水提取物的多信息梯度薄层鉴别方法（201510627568.0）	发明
156	云南神威施普瑞药业有限公司	一种黄芪药材及其水提取物的快速多信息薄层鉴别方法（201510341286.4）	发明
157	云南神威施普瑞药业有限公司	一种连翘药材及其水提取物的快速多信息薄层鉴别方法（201510341358.5）	发明
158	云南神威施普瑞药业有限公司	一种没药水提取物和水提配方颗粒的快速薄层鉴别方法（201510341322.7）	发明
159	云南神威施普瑞药业有限公司	一种土茯苓药材及其水提取物的快速多信息薄层鉴别方法（201510437686.5）	发明
160	华润三九医药股份有限公司	一种特异性茯苓多糖配方颗粒的制备方法（201510319214.X）	发明
161	广东一方制药有限公司	一种柴胡颗粒及其中药制剂（201610459102.9）	发明
162	广东一方制药有限公司	一种白芍颗粒及其中药制剂（201610454588.7）	发明
163	广东一方制药有限公司	一种陈皮颗粒及其中药制剂（201610454597.6）	发明
164	广东一方制药有限公司	一种麸炒枳壳颗粒的检测方法（201610454600.4）	发明
165	广东一方制药有限公司	一种丹参颗粒及其中药制剂（201610455040.4）	发明
166	广东一方制药有限公司	一种黄芩颗粒的检测方法（201610462580.5）	发明
167	广东一方制药有限公司	一种黄连颗粒的检测方法（201610453552.7）	发明
168	广东一方制药有限公司	一种连翘颗粒的检测方法（201610454028.1）	发明
169	广东一方制药有限公司	一种牡丹皮颗粒的检测方法（201610455039.1）	发明
170	广东一方制药有限公司	一种甘草颗粒的检测方法（201610459103.3）	发明
171	广东一方制药有限公司	一种玄参颗粒的检测方法（201610459105.2）	发明
172	广东一方制药有限公司	一种蒲公英颗粒的检测方法（201610454116.1）	发明
173	广东一方制药有限公司	一种黄柏颗粒及其中药制剂（201610454303.X）	发明
174	广东一方制药有限公司	一种山茱萸颗粒的检测方法（201610454087.9）	发明

续表

序号	企业名称	专利名称（专利号）	类型
175	广东一方制药有限公司	一种桂枝颗粒及其中药制剂（201610942990.X）	发明
176	广东一方制药有限公司	一种中药处方全自动配药系统（201610500966.0）	发明
177	广东一方制药有限公司	一种中药处方全自动配药方法（201610501742.1）	发明
178	广东一方制药有限公司	一种柴胡颗粒及其中药制剂（201610459102.9）	发明
179	广东一方制药有限公司	一种白芍颗粒及其中药制剂（201610454588.7）	发明
180	北京康仁堂药业有限公司	中药配方颗粒混合过程终点在线监控方法（201610836387.3）	发明
181	四川新绿色药业科技发展有限公司	一种川桐皮配方颗粒的薄层鉴别方法（201610440849.X）	发明
182	四川新绿色药业科技发展有限公司	一种复方中药配方颗粒安慰剂的制作工艺（201610601675.0）	发明
183	四川新绿色药业科技发展有限公司	一种烫骨碎补配方颗粒特征图谱及其建立方法（201610514569.9）	发明
184	神威药业集团有限公司	一种独活颗粒及其制备方法和质量控制方法（201611247968.X）	发明
185	华润三九医药股份有限公司	一种建立金银花的药物制剂的指纹图谱的方法（201610421439）	发明
186	培力（南宁）药业有限公司	一种测定药物颗粒剂产尘量的方法及装置（201610391897.4）	发明
187	山东一方制药有限公司	一种赤芍颗粒及其中药制剂（201610459101.4）	发明
188	广东一方制药有限公司	一种 UPLC-MS-MS 快速筛查延胡索与醋延胡索差异性的方法（201711406481.6）	发明
189	广东一方制药有限公司	一种 UPLC-MS-MS 快速筛查茵陈蒿与滨蒿不同基源差异性的方法（201711404655.5）	发明
190	广东一方制药有限公司	一种柏子仁药材 UPLC 特征图谱的构建及其检测方法（201711340900.0）	发明
191	广东一方制药有限公司	一种红枣人参保健果冻的制备方法（201711364170.8）	发明
192	北京康仁堂药业有限公司	一种中药煅制后的淬制设备（201710114977.X）	发明
193	神威药业集团有限公司	一种龙葵果配方颗粒的制备方法（201710409257.6）	发明
194	神威药业集团有限公司	一种超高效液相质谱联用测定吴茱萸配方颗粒中 10 种成分的定量方法（201710387576.1）	发明
195	华润三九医药股份有限公司	一种提高中药颗粒醇溶浸出物含量的方法及交联聚维酮的新用途（201710236594.X）	发明
196	华润三九医药股份有限公司	一种提高中药颗粒醇溶浸出物含量的方法及交联聚维酮的新用途（201710236594.X）	发明
197	天士力医药集团股份有限公司	一种中药配方颗粒及其制备方法（201710855653.1）	发明

续表

序号	企业名称	专利名称（专利号）	类型
198	天士力医药集团股份有限公司	一种中药防潮包衣剂（201710800490.7）	发明
199	浙江景岳堂药业有限公司	一种提高没药提取液浓缩效率和喷雾干燥收率的方法（201710871687.X）	发明
200	广东一方制药有限公司	一种中药颗粒计量装置（US 11427355 B2，美国）	PCT
201	广东一方制药有限公司	一种杜仲与盐杜仲的特征图谱的构建方法及鉴别方法（201811573300.3）	发明
202	广东一方制药有限公司	一种炒紫苏子特征图谱的构建方法及其在炒制工艺中的应用（201811568446.9）	发明
203	广东一方制药有限公司	车前草药材 UPLC 特征图谱的构建方法和检测方法（201811571421.4）	发明
204	广东一方制药有限公司	一种木蝴蝶配方颗粒中 6 种化学成分的含量测定方法（201811568823.9）	发明
205	广东一方制药有限公司	淡竹叶药材 UPLC 特征图谱的构建方法和检测方法（201811570822.8）	发明
206	广东一方制药有限公司	杭菊药材的 UPLC 特征图谱的构建方法、质量检测方法（201811572499.8）	发明
207	广东一方制药有限公司	生姜药材的 UPLC 特征图谱构建方法和检测方法（201811574310.9）	发明
208	广东一方制药有限公司	白芷药材的 UPLC 特征图谱构建方法和检测方法（201811572560.9）	发明
209	广东一方制药有限公司	蛇床子药材的 UPLC 特征图谱构建方法和检测方法（201811572564.7）	发明
210	广东一方制药有限公司	一种百合药材中王百合苷 B 的提取及测定方法（201811570360.X）	发明
211	广东一方制药有限公司	一种木蝴蝶配方颗粒 UPLC 特征图谱的构建方法及其应用（201811568630.3）	发明
212	广东一方制药有限公司	一种桑白皮药材 UPLC 指纹图谱的构建方法及其应用（201811568633.7）	发明
213	广东一方制药有限公司	一种酸枣仁黄酮类成分 UPLC 指纹图谱的建立方法及应用（201811569951.5）	发明
214	广东一方制药有限公司	黄柏药材 HPLC 特征图谱的构建方法和检测方法（201811572569.X）	发明
215	广东一方制药有限公司	对叶百部药材 UPLC 特征图谱的构建方法和检测方法（201811572512.X）	发明
216	广东一方制药有限公司	王不留行和炒王不留行的 UPLC 图谱的建立方法及应用（201811569867.3）	发明
217	广东一方制药有限公司	墨旱莲药材 UPLC 特征图谱的构建方法和检测方法（201811570716.X）	发明

续表

序号	企业名称	专利名称（专利号）	类型
218	广东一方制药有限公司	一种利用 UPLC 特征图谱鉴别百部药材基源的方法（201811569917.8）	发明
219	广东一方制药有限公司	牛膝和酒牛膝的 UPLC 图谱的建立方法及应用（201811570357.8）	发明
220	广东一方制药有限公司	一种中药颗粒计量装置（201810170174.0）	发明
221	广东一方制药有限公司	一种缓解口腔及咽喉不适的喷雾剂及其制备方法（201811568250.X）	发明
222	广东一方制药有限公司	一种缓解口腔及咽喉不适的含片及其制备方法（201811568246.3）	发明
223	广东一方制药有限公司	一种双封口中药颗粒调配机（201810482214.5）	发明
224	广东一方制药有限公司	一种防堵中药颗粒计量装置（201810170163.2）	发明
225	广东一方制药有限公司	一种中药颗粒双孔定量下料装置（201810430766.1）	发明
226	广东一方制药有限公司	一种一体式中药调配机（201810202614.6）	发明
227	北京康仁堂药业有限公司	定量预测中药配方颗粒混合过程终点时间的方法（201811443243.7）	发明
228	四川新绿色药业科技发展有限公司	一种用于防己药材、饮片及配方颗粒质量控制的薄层鉴别方法（201810948735.5）	发明
229	四川新绿色药业科技发展有限公司	一种用于荷叶药材、饮片及配方颗粒质量控制的薄层鉴别方法（201810943276.1）	发明
230	四川新绿色药业科技发展有限公司	一种枇杷叶或含枇杷叶原料的药物的检测方法及鉴别、含量测定方法（201810539533.5）	发明
231	四川新绿色药业科技发展有限公司	一种天花粉或含天花粉为原料制备的药物的含量测定方法（201810556428.2）	发明
232	四川新绿色药业科技发展有限公司	一种天花粉或含天花粉为原料制备的药物的检测方法（201810575107.7）	发明
233	四川新绿色药业科技发展有限公司	一种检测大青叶药材、饮片、标准汤剂、配方颗粒特征图谱的高效液相方法（201810861831.6）	发明
234	四川新绿色药业科技发展有限公司	一种检测荷叶药材、饮片、标准汤剂、配方颗粒特征图谱的高效液相方法（201810862017.6）	发明
235	四川新绿色药业科技发展有限公司	一种槐角制剂的特征图谱检测方法（201810952865.6）	发明
236	四川新绿色药业科技发展有限公司	一种栀子及其炮制品的质量检测及鉴别方法（201810969399.2）	发明
237	四川新绿色药业科技发展有限公司	一种栀子与炒栀子配方颗粒的鉴别方法（201811006054.3）	发明
238	四川新绿色药业科技发展有限公司	一种桑白皮与蜜桑白皮饮片的质量检测及鉴别方法（201811144694.0）	发明
239	四川新绿色药业科技发展有限公司	一种紫苏子标准汤剂的指纹图谱建立方法及其标准指纹图谱（201811176778.2）	发明

续表

序号	企业名称	专利名称（专利号）	类型
240	四川新绿色药业科技发展有限公司	一种烫骨碎补与骨碎补制剂的质量检测及鉴别方法（201811251542.0）	发明
241	四川新绿色药业科技发展有限公司	一种燀桃仁制剂特征图谱检测方法（201811251552.4）	发明
242	四川新绿色药业科技发展有限公司	一种治疗地龙细菌性疾病的药物及其制备方法（201811257423.6）	发明
243	四川新绿色药业科技发展有限公司	一种炒桃仁及其制剂的薄层色谱鉴别方法（201811452020.7）	发明
244	四川新绿色药业科技发展有限公司	一种浮萍及其制剂特征图谱检测方法（201811543834.1）	发明
245	江阴天江药业有限公司	一种贵细类中药的自动化提取方法（201811300711.5）	发明
246	江阴天江药业有限公司	一种贵细类中药的自动化提取方法（201811300711.5）	发明
247	江阴天江药业有限公司	续断标准汤剂的制备方法及其检测方法（国药集团同济堂制药有限公司合作）（201810357340.8）	发明
248	江阴天江药业有限公司	补骨脂标准汤剂的制备方法及其检测方法（国药集团同济堂制药有限公司合作）（201810148957.9）	发明
249	神威药业集团有限公司	一种升麻配方颗粒的制备方法（201810262864.9）	发明
250	神威药业集团有限公司、云南神威施普瑞药业有限公司	一种养胃汤冻干粉多味药材多信息快速薄层鉴别方法（201810838422.4）	发明
251	国药集团同济堂制药有限公司	续断标准汤剂的制备方法及其检测方法（201810357340.8）	发明
252	国药集团同济堂制药有限公司	补骨脂标准汤剂的制备方法及其检测方法（201810148957.9）	发明
253	广东一方制药有限公司	一种中药颗粒双孔定量下料装置（韩国：10-2245727）	PCT
254	广东一方制药有限公司	一种双封口中药颗粒调配机（韩国：10-2280181）	PCT
255	广东一方制药有限公司	一种中药颗粒双孔定量下料装置（韩国：10-2019-7024834）	PCT
256	广东一方制药有限公司	一种双封口中药颗粒调配机（韩国：10-2019-7026482）	PCT
257	广东一方制药有限公司	一种竹茹、姜竹茹的饮片和标准汤剂HPLC特征图谱构建方法及其成分含量测定方法（201911246639.7）	发明
258	广东一方制药有限公司	一种不同基原藁本药材UPLC特征图谱的构建方法及其鉴别方法（201911230181.6）	发明
259	广东一方制药有限公司	一种土贝母药材UPLC特征图谱的构建方法及其成分含量测定方法（201911222672.6）	发明
260	广东一方制药有限公司	一种麸炒北苍术饮片、标准汤剂和配方颗粒UPLC特征图谱的构建方法及其鉴别方法（201911246575.0）	发明

续表

序号	企业名称	专利名称（专利号）	类型
261	广东一方制药有限公司	一种南五味子药材UPLC特征图谱的构建方法及其鉴别方法（201911114102.5）	发明
262	广东一方制药有限公司	一种白茅根及其标准汤剂的特征图谱构建方法（201911246596.2）	发明
263	广东一方制药有限公司	鲜鱼腥草药材的UPLC特征图谱建立方法和检测方法（201911038448.1）	发明
264	广东一方制药有限公司	鲜鱼腥草标准汤剂的UPLC特征图谱的构建方法和鲜鱼腥草制剂的检测方法（201911037519.6）	发明
265	广东一方制药有限公司	天葵子药材的UPLC特征图谱建立方法及检测方法（201911336539.3）	发明
266	广东一方制药有限公司	一种冬葵果药材UPLC特征图谱的构建方法及其鉴别方法（201910894430.5）	发明
267	广东一方制药有限公司	一种广金钱草药材与广金钱草标准汤剂的UPLC特征图谱构建方法和鉴别方法（201910894431.X）	发明
268	广东一方制药有限公司	一种狗脊与烫狗脊药材的UPLC特征图谱构建方法及鉴别方法（201910894432.4）	发明
269	广东一方制药有限公司	一种龙脷叶药材UPLC特征图谱构建方法及其鉴别方法（201910895240.5）	发明
270	广东一方制药有限公司	一种鸡冠花HPLC特征指纹图谱的构建方法及黄酮类成分含量测定（201910895241.X）	发明
271	广东一方制药有限公司	一种太子参药材与太子参标准汤剂的UPLC特征图谱构建方法和鉴别方法（201910914035.9）	发明
272	广东一方制药有限公司	一种罗布麻叶药材UPLC特征图谱的构建方法及其黄酮类成分含量测定方法（201911222654.8）	发明
273	广东一方制药有限公司	一种辛夷配方颗粒UPLC特征图谱构建方法及其成分含量测定（201911142476.8）	发明
274	广东一方制药有限公司	一种巴戟天配方颗粒中寡聚糖的检测方法（201910942871.8）	发明
275	广东一方制药有限公司	一种有柄石韦、石韦、庐山石韦与华北石韦的UPLC特征图谱构建方法及其鉴别方法（201910895239.2）	发明
276	广东一方制药有限公司	基于神经网络的南沙参药材检测方法（201910834109.8）	发明
277	广东一方制药有限公司	一种竹茹、姜竹茹的饮片和标准汤剂HPLC特征图谱构建方法及其成分含量测定方法（201911246639.7）	发明
278	广东一方制药有限公司	一种麸炒北苍术饮片、标准汤剂和配方颗粒UPLC特征图谱的构建方法及其鉴别方法（201911246575.0）	发明
279	广东一方制药有限公司	鲜鱼腥草标准汤剂的UPLC特征图谱的构建方法和鲜鱼腥草制剂的检测方法（201911037519.6）	发明

续表

序号	企业名称	专利名称（专利号）	类型
280	广东一方制药有限公司	一种广金钱草药材与广金钱草标准汤剂的 UPLC 特征图谱构建方法和鉴别方法（201910894431.X）	发明
281	广东一方制药有限公司	一种龙脷叶药材 UPLC 特征图谱构建方法及其鉴别方法（201910895240.5）	发明
282	北京康仁堂药业有限公司	直接压片的片剂处方的设计方法（201910593241.4）	发明
283	北京康仁堂药业有限公司	一种北柴胡与南柴胡配方颗粒的检测方法（201911206578.1）	发明
284	四川新绿色药业科技发展有限公司	一种检测炒王不留行饮片、标准汤剂、配方颗粒特征图谱的高效液相方法（201910251976.9）	发明
285	四川新绿色药业科技发展有限公司	一种王不留行与炒王不留行饮片、标准汤剂、配方颗粒的质量检测及鉴别方法（201910256223.7）	发明
286	四川新绿色药业科技发展有限公司	一种检测王不留行药材、饮片、标准汤剂、配方颗粒特征图谱的高效液相方法（201910256631.2）	发明
287	四川新绿色药业科技发展有限公司	一种盐沙苑子配方颗粒的薄层鉴别方法（201910360060.7）	发明
288	四川新绿色药业科技发展有限公司	一种前胡配方颗粒的特征图谱检测方法（201910458181.5）	发明
289	江阴天江药业有限公司	一种基于 UPLC-Q-TOF/MS 检测萹蓄中化学成分的方法（201910417995.4）	发明
290	江阴天江药业有限公司	一种基于 UPLC-QTOF-MS 检测伸筋草生物碱成分的方法（201910361804.7）	发明
291	江阴天江药业有限公司	一种基于 HPLC(UPLC-QTOF-MS 检测骨碎补中多成分的方法（201910871226.1）	发明
292	江阴天江药业有限公司	一种基于 UPLC-QTOF/MS 检测芦根中化学成分的方法（201910871227.6）	发明
293	江阴天江药业有限公司	一种秦皮药材的UPLC特征图谱的构建方法、通过该方法构建的特征图谱及其应用（201910312597.6）	发明
294	江阴天江药业有限公司	一种威灵仙提取物的制备方法及其质量测定方法（国药集团同济堂制药有限公司合作）（201910521683.8）	发明
295	江阴天江药业有限公司	一种基于 UPLC-Q-TOF/MS 检测萹蓄中化学成分的方法（201910417995.4）	发明
296	江阴天江药业有限公司	一种基于 UPLC-QTOF-MS 检测伸筋草生物碱成分的方法（201910361804.7）	发明
297	江阴天江药业有限公司	一种基于 HPLC/UPLC-QTOF-MS 检测骨碎补中多成分的方法（201910871226.1）	发明
298	江阴天江药业有限公司	一种基于 UPLC-QTOF/MS 检测芦根中化学成分的方法（201910871227.6）	发明

续表

序号	企业名称	专利名称（专利号）	类型
299	江阴天江药业有限公司	一种秦皮药材的UPLC特征图谱的构建方法、通过该方法构建的特征图谱及其应用（201910312597.6）	发明
300	江阴天江药业有限公司	一种乌梅提取物的制备方法及其质量检测方法（国药集团同济堂制药有限公司合作）（201910521312.X）	发明
301	江阴天江药业有限公司	一种紫菀样品的质量评价方法（201910926076.X）	发明
302	江阴天江药业有限公司	一种五倍子药材的UPLC指纹图谱的构建方法、通过该方法构建的指纹图谱及其应用（201910821950.3）	发明
303	江阴天江药业有限公司	一种炒蒺藜或蒺藜中蒺藜皂苷K含量的测定方法（201910594357.X）	发明
304	神威药业集团有限公司	一种瓜蒌配方颗粒指纹图谱的构建方法（201910452335.X）	发明
305	神威药业集团有限公司	五味子药用成分的提取及其配方颗粒和配方颗粒制备方法（201910573426.9）	发明
306	神威药业集团有限公司	合欢花配方颗粒HPLC特征图谱及其构建方法和应用（201910657642.1）	发明
307	神威药业集团有限公司、云南神威施普瑞药业有限公司	一种陈皮与枳实药材的多区域薄层鉴别区分方法（201910677473.8）	发明
308	华润三九医药股份有限公司	一种用于雷公藤药材鉴别的分子标记、引物对及鉴别方法（201910630410.7）	发明
309	国药集团同济堂制药有限公司	一种威灵仙提取物的制备方法及其质量测定方法（201910521683.8）	发明
310	国药集团同济堂制药有限公司	一种乌梅提取物的制备方法及其质量检测方法（201910521312.X）	发明
311	广东一方制药有限公司	茺蔚子药材的特征图谱构建方法和检测方法（20（2010223351.4）	发明
312	广东一方制药有限公司	诃子和绒毛诃子药材特征图谱的构建方法和应用（202010207672.5）	发明
313	广东一方制药有限公司	鸡内金的检测方法（202010325320.X）	发明
314	广东一方制药有限公司	益智仁配方颗粒的特征图谱构建方法及其质量检测方法（202010332977.9）	发明
315	广东一方制药有限公司	地骨皮UPLC特征图谱的构建方法及地骨皮的检测方法（202010195409.9）	发明
316	广东一方制药有限公司	厚朴花药材的UPLC特征图谱的构建方法及检测方法（202010397462.7）	发明
317	广东一方制药有限公司	白芍和炒白芍的标准汤剂、中药配方颗粒的鉴别方法（202011026278.8）	发明

续表

序号	企业名称	专利名称（专利号）	类型
318	广东一方制药有限公司	两种中药配方颗粒的指纹图谱构建方法和鉴别方法（202010915647.2）	发明
319	广东一方制药有限公司	中药颗粒定量调配方法、主控装置、系统、设备及介质（202010441469.4）	发明
320	广东一方制药有限公司	中药颗粒定量调配设备的控制方法、设备及可读存储介质（202010446555.4）	发明
321	广东一方制药有限公司	化湿败毒组合物特征图谱的构建方法（202010834313.2）	发明
322	广东一方制药有限公司	化湿败毒组合物的质量检测方法（20（2010834335.9）	发明
323	广东一方制药有限公司	化湿败毒组合物的质量控制方法（202010834323.6）	发明
324	广东一方制药有限公司	化湿败毒组合物的检测方法（202010834342.9）	发明
325	广东一方制药有限公司	一种治疗新型冠状病毒肺炎的中药组合物（202010102403.2）	发明
326	广东一方制药有限公司	苓桂术甘汤提取物及其制备方法（202011118011.1）	发明
327	广东一方制药有限公司	茺蔚子药材的特征图谱构建方法和检测方法（202010223351.4）	发明
328	广东一方制药有限公司	鲜地黄药材、鲜地黄中药配方颗粒的检测方法（202011016201.2）	发明
329	广东一方制药有限公司	鸡内金特异性多肽及其在鉴定鸡内金中的应用（202010715915.6）	发明
330	广东一方制药有限公司	含有香豆素类化合物的中药配方颗粒及其制备方法（202011124062.5）	发明
331	广东一方制药有限公司	月季花指纹图谱的构建方法、检测方法和含量的测定方法（202010916811.1）	发明
332	广东一方制药有限公司	麻黄－桂枝药对中药配方颗粒的特征图谱构建及检测方法（202011504272.7）	发明
333	广东一方制药有限公司	用于鳖甲和龟甲检测的特征多肽组合的筛选方法和应用（202011082030.3）	发明
334	北京康仁堂药业有限公司	一种中药颗粒剂溶化性的检测方法（202010046003.4）	发明
335	北京康仁堂药业有限公司	槟榔或焦槟榔特征图谱的构建方法及应用（202010872389.4）	发明
336	北京康仁堂药业有限公司	一种木贼及其制剂特征图谱的构建方法（202010872929.9）	发明
337	北京康仁堂药业有限公司	一种银柴胡及其制剂特征图谱的建立方法（202010872945.8）	发明

续表

序号	企业名称	专利名称（专利号）	类型
338	北京康仁堂药业有限公司	一种瞿麦配方颗粒的质量控制方法（202010879871.0）	发明
339	北京康仁堂药业有限公司	一种片姜黄配方颗粒的质量控制方法（202010866407.8）	发明
340	北京康仁堂药业有限公司	一种广西莪术的质量控制方法（202010868795.3）	发明
341	北京康仁堂药业有限公司	一种佩兰及其制剂的质量控制方法、香豆素含量的测定方法及其应用（202010896957.4）	发明
342	北京康仁堂药业有限公司	一种月季花特征图谱的构建方法（202010872941.X）	发明
343	北京康仁堂药业有限公司	一种芦根及其制剂的薄层鉴别方法（202010866400.6）	发明
344	北京康仁堂药业有限公司	锁阳及其制剂特征图谱的构建方法及原儿茶酸含量的检测方法（202010888121.X）	发明
345	北京康仁堂药业有限公司	一种中药复方的物质基准实物或制剂的工艺评价方法（202011552778.5）	发明
346	北京康仁堂药业有限公司	一种甘姜苓术汤制备工艺及其质控方法（202011552827.5）	发明
347	北京康仁堂药业有限公司	一种苓桂术甘汤制备工艺及其质控方法（202011552808.2）	发明
348	北京康仁堂药业有限公司	一种乌梅的检测和质量控制方法（202010865490.7）	发明
349	四川新绿色药业科技发展有限公司	一种仙鹤草配方颗粒特征图谱鉴别方法（202011594894.3）	发明
350	四川新绿色药业科技发展有限公司	一种用于小蓟配方颗粒的指纹谱图质量测定方法（202010382201.8）	发明
351	四川新绿色药业科技发展有限公司	一种当归及其饮片的特征图谱、构建方法和鉴别方法（202010382210.7）	发明
352	四川新绿色药业科技发展有限公司	一种含有天竺黄或人工天竺黄中药制剂的薄层鉴别方法（202010875454.9）	发明
353	四川新绿色药业科技发展有限公司	一种冬凌草配方颗粒的 UPLC 特征图谱及其构建方法和应用（202010875455.3）	发明
354	四川新绿色药业科技发展有限公司	一种同时鉴别阿魏酸、毛蕊异黄酮葡萄糖苷、橙皮苷的薄层鉴别方法（202010937790.1）	发明
355	四川新绿色药业科技发展有限公司	一种小蓟与小蓟炭饮片、标准汤剂、配方颗粒的高效液相检测方法及其鉴别方法（202011154686.1）	发明
356	四川新绿色药业科技发展有限公司	一种有柄石韦药材及其饮片、标准汤剂、配方颗粒的特征图谱、构建方法和检测方法（202011155788.5）	发明
357	四川新绿色药业科技发展有限公司	一种圣愈汤标准煎液的特征图谱、特征图谱构建方法和鉴别方法（202011157745.0）	发明

续表

序号	企业名称	专利名称（专利号）	类型
358	四川新绿色药业科技发展有限公司	一种苓桂术甘汤和甘姜苓术汤特征图谱构建方法及其鉴别方法（202011213555.6）	发明
359	四川新绿色药业科技发展有限公司	一种木贼药材、饮片、标准汤剂、配方颗粒特征图谱的构建及检测方法（202011364044.4）	发明
360	四川新绿色药业科技发展有限公司	一种对叶百部药材中绿原酸含量的测定方法及其应用（202011378170.5）	发明
361	四川新绿色药业科技发展有限公司	一种柏子仁药材、饮片、标准汤剂、配方颗粒特征图谱的构建及检测方法（202011378581.4）	发明
362	四川新绿色药业科技发展有限公司	一种香附药材、饮片、标准汤剂、配方颗粒 HPLC 特征图谱的构建及检测方法（202011381149.0）	发明
363	四川新绿色药业科技发展有限公司	一种大血藤配方颗粒特征图谱鉴别方法（202011591935.3）	发明
364	四川新绿色药业科技发展有限公司	一种枇杷清肺饮提取物多成分质量检测方法（202011592119.4）	发明
365	四川新绿色药业科技发展有限公司	一种能高效去除重金属的海藻提取物的制备方法以及由其制备得到的海藻提取物和制剂（202011593640.X）	发明
366	四川新绿色药业科技发展有限公司	一种保阴煎特征图谱的构建及检测方法（202011594415.8）	发明
367	四川新绿色药业科技发展有限公司	一种罗布麻叶配方颗粒特征图谱鉴别方法（202011594907.7）	发明
368	四川新绿色药业科技发展有限公司	一种温经汤提取物多成分质量检测方法（202011595406.0）	发明
369	四川新绿色药业科技发展有限公司	一种保阴煎提取物多成分质量检测方法（202011599015.6）	发明
370	四川新绿色药业科技发展有限公司	一种二冬汤提取物多成分质量检测方法（202011599877.9）	发明
371	四川新绿色药业科技发展有限公司	一种小承气汤对照提取物及其制备方法、特征图谱和特征图谱的构建方法（202011601656.0）	发明
372	四川新绿色药业科技发展有限公司	一种二冬汤对照提取物及其制备方法和质量控制方法（202011604760.5）	发明
373	四川新绿色药业科技发展有限公司	藕节及藕节炭对照提取物的制备工艺及其质量控制方法（202011604897.0）	发明
374	四川新绿色药业科技发展有限公司	一种温经汤对照提取物及其制备方法（202011604918.9）	发明
375	四川新绿色药业科技发展有限公司	一种枇杷清肺饮对照提取物及制备方法和质量控制方法（202011604926.3）	发明
376	四川新绿色药业科技发展有限公司	一种当归补血汤标准煎液的制备工艺及其质量控制方法（202011605399.8）	发明
377	四川新绿色药业科技发展有限公司	一种藕节与藕节炭的特征图谱构建方法及鉴别方法（202011610874.0）	发明

续表

序号	企业名称	专利名称（专利号）	类型
378	四川新绿色药业科技发展有限公司	一种乌药汤高效液相特征图谱的构建方法（202011614363.6）	发明
379	四川新绿色药业科技发展有限公司	一种使君子配方颗粒特征图谱的构建及检测方法（202011614616.X）	发明
380	四川新绿色药业科技发展有限公司	一种苓桂术甘汤冻干粉快速薄层鉴别方法（202011617246.5）	发明
381	四川新绿色药业科技发展有限公司	一种丁香柿蒂散高效液相特征图谱的构建方法（202011617249.9）	发明
382	四川新绿色药业科技发展有限公司	一种栀子、炒栀子、焦栀子标准汤剂的鉴别方法（202011618013.7）	发明
383	四川新绿色药业科技发展有限公司	一种北豆根标准汤剂特征图谱的构建及质量检测方法（202011618020.7）	发明
384	江阴天江药业有限公司	一种水牛角特征肽段及其检测方法（202010923295.5）	发明
385	江阴天江药业有限公司	一种黑顺片饮片、标准汤剂、配方颗粒 UPLC-MS 特征图谱的构建方法（202011608245.4）	发明
386	江阴天江药业有限公司	一种钩藤药材的基源鉴定方法（202010728163.7）	发明
387	江阴天江药业有限公司	一种白前配方颗粒的薄层鉴别方法（202011593671.5）	发明
388	江阴天江药业有限公司	一种丝瓜络标准汤剂的超高效液相色谱检测方法及其应用（202011538090.1）	发明
389	江阴天江药业有限公司	一种清达颗粒中天麻 6 种指标成分的含量测定方法（202010722969.5）	发明
390	江阴天江药业有限公司	一种清达颗粒中钩藤 4 种生物碱的含量测定方法（202010722963.8）	发明
391	江阴天江药业有限公司	一种水牛角特征肽段及其检测方法（合作南中医）（202010923295.5）	发明
392	江阴天江药业有限公司	一种清达颗粒中天麻 6 种指标成分的含量测定方法（202010722969.5）	发明
393	江阴天江药业有限公司	一种黑顺片饮片、标准汤剂、配方颗粒 UPLC-MS 特征图谱及其构建方法和应用（202011608245.4）	发明
394	江阴天江药业有限公司	一种钩藤药材的基源鉴定方法（202010728163.7）	发明
395	江阴天江药业有限公司	一种白前配方颗粒的薄层鉴别方法（202011593671.5）	发明
396	江阴天江药业有限公司	一种丝瓜络标准汤剂的超高效液相色谱检测方法及其应用（202011538090.1）	发明
397	江阴天江药业有限公司	一种清达颗粒中钩藤 4 种生物碱的含量测定方法（202010722963.8）	发明
398	江阴天江药业有限公司	一种椿皮类药物的超高效液相色谱检测方法及其应用（202011544533.8）	发明

续表

序号	企业名称	专利名称（专利号）	类型
399	江阴天江药业有限公司	生产清达颗粒及基于其的复方中药的质量控制方法和制备方法（202010722976.5）	发明
400	江阴天江药业有限公司	一种辅助降血脂组合物，由其制备的复方颗粒以及制备方法和用途（202011406059.2）	发明
401	江阴天江药业有限公司	紫苏叶配方颗粒制备中的全过程质量检测方法（202011631068.1）	发明
402	江阴天江药业有限公司	一种银柴胡标准汤剂的超高效液相色谱检测方法及其应用（202011518212.0）	发明
403	江阴天江药业有限公司	玫瑰花标准汤剂制法、特征图谱及含量测定方法（202010870835.8）	发明
404	神威药业集团有限公司、云南神威施普瑞药业有限公司	一种椒目药材、颗粒及标煎液干粉的快速多信息薄层鉴别方法（202010056439.1）	发明
405	神威药业集团有限公司、云南神威施普瑞药业有限公司	一种百蕊草药材、颗粒及标煎液干粉的快速双信息薄层鉴别方法（202010018381.1）	发明
406	神威药业集团有限公司、云南神威施普瑞药业有限公司	一种鲜益母草药材冻干粉、颗粒及标煎液干粉的快速多信息薄层鉴别方法（202010018369.0）	发明
407	神威药业集团有限公司、云南神威施普瑞药业有限公司	一种叶下珠药材、颗粒及标煎液干粉的快速多信息薄层鉴别方法（202010056434.9）	发明
408	神威药业集团有限公司、云南神威施普瑞药业有限公司	一种天葵子颗粒及标煎液干粉的快速多信息薄层鉴别方法（202010056444.2）	发明
409	神威药业集团有限公司、云南神威施普瑞药业有限公司	一种六神曲药材的梯度全信息薄层鉴别方法（202010056437.2）	发明
410	神威药业集团有限公司、云南神威施普瑞药业有限公司	一种枳椇子药材、颗粒及标煎液干粉的快速双信息薄层鉴别方法（202010056438.7）	发明
411	神威药业集团有限公司、云南神威施普瑞药业有限公司	一种腊梅花药材、颗粒及标煎液干粉的快速多信息薄层鉴别方法（202010018380.7）	发明
412	神威药业集团有限公司、云南神威施普瑞药业有限公司	一种鸡矢藤药材、颗粒及标煎液干粉的快速多信息薄层鉴别方法（202010018969.7）	发明
413	神威药业集团有限公司、云南神威施普瑞药业有限公司	一种鬼针草颗粒及标煎粉的快速多信息薄层鉴别方法（202010279160.X）	发明

续表

序号	企业名称	专利名称（专利号）	类型
414	神威药业集团有限公司、云南神威施普瑞药业有限公司	一种杜仲炭颗粒及标煎粉的快速多信息薄层鉴别方法（202010279785.6）	发明
415	华润三九医药股份有限公司	一种中药材干燥过程水分在线控制方法及装置（202010087009.6）	发明
416	华润三九医药股份有限公司	一种中药材干燥过程水分在线控制方法及装置（202010087009.6）	发明
417	华润三九医药股份有限公司	一种三七粉配方颗粒及其制备方法（202011025460.1）	发明
418	华润三九医药股份有限公司	一种侧柏炭的药物制剂的指纹图谱的检测方法及其应用（202010865503.0）	发明
419	国药集团同济堂制药有限公司	玫瑰花标准汤剂制法、特征图谱及含量测定方法（202010870835.8）	发明
420	国药集团同济堂制药有限公司	一种沙苑子标准汤剂及制备方法和检测方法（202011301371.5）	发明
421	湖南一方制药有限公司	一种便于提取杂质的中药颗粒生产用固液分离装置（202010486503.X）	发明
422	湖南一方制药有限公司	一种可防烫伤的中药检验用提取装置（202010548903.9）	发明
423	广东一方制药有限公司	具有保湿功效的护肤组合物及护肤品（202110534602.5）	发明
424	广东一方制药有限公司	一种姜科中药配方颗粒的近红外光谱鉴别模型构建方法和鉴别方法（202110154200.2）	发明
425	广东一方制药有限公司	地榆药材的 UPLC 指纹图谱构建方法和检测方法（202110489021.4）	发明
426	广东一方制药有限公司	骨碎补生品及其炮制品 UPLC 指纹图谱构建及鉴别方法（202110125078.6）	发明
427	广东一方制药有限公司	姜黄药材特征图谱构建方法及鉴别方法（202110818219.2）	发明
428	广东一方制药有限公司	姜竹茹中药配方颗粒中生姜的鉴别方法（202111022637.7）	发明
429	广东一方制药有限公司	蝉蜕药材的特征图谱构建方法及其中药汤剂、中药配方颗粒的检测方法（202110955024.2）	发明
430	广东一方制药有限公司	茯苓药材特征图谱构建方法以及茯苓三萜类成分检测方法（202111039283.7）	发明
431	广东一方制药有限公司	鲜益母草药材及其标准汤剂和中药配方颗粒特征图谱构建及检测方法（202111479566.3）	发明
432	广东一方制药有限公司	当归与酒当归的鉴别方法（202111507318.5）	发明
433	广东一方制药有限公司	女贞子药材及其炮制品的特征图谱构建方法、多指标成分含量检测方法（202110909888.0）	发明

续表

序号	企业名称	专利名称（专利号）	类型
434	广东一方制药有限公司	淡豆豉的鉴别方法（202111255531.1）	发明
435	广东一方制药有限公司	僵蚕特征多肽以及僵蚕、僵蚕水提物制品和其他僵蚕制品的鉴别方法（202111327905.6）	发明
436	广东一方制药有限公司	动物类中药标准汤剂氨基酸特征图谱构建及其中药标准汤剂和中药配方颗粒氨基酸含量检测（202111042755.4）	发明
437	广东一方制药有限公司	中药汤剂中石膏含量的测定方法（202110707789.4）	发明
438	广东一方制药有限公司	石膏标准汤剂特征图谱的构建方法（202110706336.X）	发明
439	北京康仁堂药业有限公司	肿节风及肿节风组方制剂的薄层鉴定方法（202110473666.9）	发明
440	北京康仁堂药业有限公司	一种快速筛查石菖蒲不同产地的方法（202110735303.8）	发明
441	北京康仁堂药业有限公司	一种绵萆薢供试品的特征图谱的建立方法（202110891460.8）	发明
442	北京康仁堂药业有限公司	南葶苈子和/或北葶苈子配方颗粒特征图谱及其构建方法和鉴别方法（202110988980.0）	发明
443	北京康仁堂药业有限公司	茺蔚子特征图谱及其构建方法和盐酸水苏碱含量测定方法以及茺蔚子配方颗粒及其制备方法（202111039967.7）	发明
444	北京康仁堂药业有限公司	一种炒稻芽的质量控制方法（202111658880.8）	发明
445	北京康仁堂药业有限公司	一种冻干粉的制备方法（202110587525.X）	发明
446	北京康仁堂药业有限公司	一种龟甲与醋龟甲及其配方颗粒的检测及质量控制方法（202111619451.X）	发明
447	北京康仁堂药业有限公司	一种半边莲及其制剂的特征图谱及其构建方法（202110901000.9）	发明
448	北京康仁堂药业有限公司	羌活饮片或配方颗粒的特征图谱及其构建方法、羌活配方颗粒及其制备方法和质量控制方法（202111070341.2）	发明
449	北京康仁堂药业有限公司	一种同时鉴定黄连和黄柏成分的方法及其应用（202110209280.7）	发明
450	北京康仁堂药业有限公司	伸筋草及其制剂特征图谱及其构建方法（202110283005.X）	发明
451	北京康仁堂药业有限公司	一种快速区别薄荷水提物与留兰香水提物的方法（202110469844.0）	发明
452	北京康仁堂药业有限公司	猫爪草及其制剂特征图谱及其构建方法和猫爪草及其制剂的含量测定方法（202110990638.4）	发明
453	北京康仁堂药业有限公司	络石藤特征图谱及其构建方法和质量控制方法、络石藤配方颗粒及其制备方法（202110988986.8）	发明

续表

序号	企业名称	专利名称（专利号）	类型
454	北京康仁堂药业有限公司	一种白前及白前配方颗粒的质量控制方法（202111101636.1）	发明
455	北京康仁堂药业有限公司	一种仙鹤草的检测及其配方颗粒的制备和质量控制方法（202111658627.2）	发明
456	北京康仁堂药业有限公司	一种四妙勇安汤制备工艺及其质控方法（202110208860.4）	发明
457	北京康仁堂药业有限公司	一种吴茱萸汤制备工艺的评价方法（202110210074.8）	发明
458	北京康仁堂药业有限公司	具有改善肺部炎症中药组合物的质控方法及工艺评价方法（202110237076.6）	发明
459	北京康仁堂药业有限公司	一种当归四逆汤的制备工艺及其评价方法（202110267096.8）	发明
460	北京康仁堂药业有限公司	一种评价地黄中物质量值传递规律的方法及筛选方法（202110265985.0）	发明
461	北京康仁堂药业有限公司	一种中药单煎合并物质的质量评价方法及其应用（202110298565.2）	发明
462	北京康仁堂药业有限公司	一种烫狗脊制剂及其制备方法和质量控制方法（202110420789.6）	发明
463	北京康仁堂药业有限公司	一种薤白供试品的薄层鉴别方法（202110735282.X）	发明
464	北京康仁堂药业有限公司	一种含挥发油的中药配方颗粒工艺评价方法（202111342730.6）	发明
465	北京康仁堂药业有限公司	鸡内金和/或醋鸡内金及制剂的特征图谱及其构建方法和含量测定方法（202111624543.7）	发明
466	北京康仁堂药业有限公司	一种土鳖虫水提取物及其制剂的特征图谱及其构建方法（202111642318.6）	发明
467	北京康仁堂药业有限公司	一种桃核承气汤制备工艺的评价方法及其质控方法（202110236144.7）	发明
468	北京康仁堂药业有限公司	一种当归六黄汤的制备工艺及其评价方法（202110210073.3）	发明
469	北京康仁堂药业有限公司	一种温经汤的制备工艺及其质控方法（202110258534.4）	发明
470	北京康仁堂药业有限公司	一种含有挥发性成分的中药制剂及其制备方法（202111672860.6）	发明
471	北京康仁堂药业有限公司	一种薤白水提取物及其制剂的特征图谱及其构建方法（202110902467.5）	发明
472	北京康仁堂药业有限公司	一种绵萆薢供试品的制备方法及其薄层鉴别方法（202110901022.5）	发明
473	北京康仁堂药业有限公司	一种中药配方颗粒的工艺评价方法（202111342741.4）	发明

续表

序号	企业名称	专利名称（专利号）	类型
474	北京康仁堂药业有限公司	一种款冬花配方颗粒的制备工艺及其评价方法（202111341325.2）	发明
475	北京康仁堂药业有限公司	茜草炭及其制剂的特征图谱及其构建方法和含量测定方法（202111616870.8）	发明
476	北京康仁堂药业有限公司	一种绵萆薢中原薯蓣皂苷的含量测定方法（202110914876.7）	发明
477	北京康仁堂药业有限公司	一种薄层色谱的构建方法和同时鉴定金银花和甘草成分的方法及其应用（202110210023.5）	发明
478	北京康仁堂药业有限公司	炒九香虫或其提取物的高效液相特征图谱及其构建方法和用途（202111196020.7）	发明
479	北京康仁堂药业有限公司	一种检测南鹤虱或南鹤虱提取物中有关物质含量的方法（202111196017.5）	发明
480	四川新绿色药业科技发展有限公司	地榆及地榆炭对照提取物的制备工艺及其质量控制方法（202110842192.0）	发明
481	四川新绿色药业科技发展有限公司	地榆与地榆炭饮片、对照提取物、配方颗粒的高效液相检测方法及其鉴别方法（202110842254.8）	发明
482	四川新绿色药业科技发展有限公司	一种醋甘遂饮片、汤剂 HPLC 特征图谱构建方法（202111673319.7）	发明
483	四川新绿色药业科技发展有限公司	一种鼠妇虫 HPLC 特征图谱构建方法（202111674751.8）	发明
484	江阴天江药业有限公司	用于鉴别鹿角或鹿皮配方颗粒的特征肽段及其检测方法（南中医合作）（202110426950.0）	发明
485	江阴天江药业有限公司	用于鉴别含有鹿角或鹿皮的配方颗粒的特征肽段及其检测方法（南中医合作）（202110425965.5）	发明
486	江阴天江药业有限公司	一种鳖甲特征肽段及其检测方法（南中医合作）（202111405406.4）	发明
487	神威药业集团有限公司	一种挥发油环糊精包合物及其制备方法（202110614683.X）	发明
488	神威药业集团有限公司	一种环糊精油脂包合物及其制备方法（202110628851.0）	发明
489	神威药业集团有限公司	一种中药配方颗粒及其制备方法（202110614684.4）	发明
490	神威药业集团有限公司	一种脂肪油包合物及其制备方法（202110613922.X）	发明
491	神威药业集团有限公司、云南神威施普瑞药业有限公司	野马追配方颗粒指纹图谱的构建方法及其标准指纹图谱和应用（202111487005.8）	发明
492	神威药业集团有限公司、云南神威施普瑞药业有限公司	一种提高山萸肉膏粉中指标成分含量的制备方法（202111489070.4）	发明

续表

序号	企业名称	专利名称（专利号）	类型
493	华润三九医药股份有限公司	一种鹅不食草指纹图谱及其构建方法（202110247122.0）	发明
494	华润三九医药股份有限公司	月季花药材指纹图谱及其构建方法和月季花药材的质量检测方法（202110152860.7）	发明
495	华润三九医药股份有限公司	广地龙药物制剂的指纹图谱及其构建方法和含量测定方法（202111422816.X）	发明
496	华润三九医药股份有限公司	一种建立筋骨草的药物制剂的指纹图谱的方法（202110305526.0）	发明
497	华润三九医药股份有限公司	一种胡黄连的药物制剂的指纹图谱、及其建立方法和应用（202110257411.9）	发明
498	山东一方制药有限公司	地榆药材的 UPLC 指纹图谱构建方法和检测方法（202110489021.4）	发明
499	山东一方制药有限公司	石膏标准汤剂特征图谱的构建方法（202110706336.X）	发明
500	山东一方制药有限公司	中药汤剂中石膏含量的测定方法（202110707789.4）	发明
501	国药集团同济堂制药有限公司	一种茈草汤剂及其制备方法和含量、特征图谱检测方法（202110540667.0）	发明
502	国药集团同济堂制药有限公司	黑骨藤标准汤剂的制备方法及其质量检测方法（202110372021.6）	发明
503	湖南一方制药有限公司	一种提高烘干效果的中药烘干装置（202111270340.2）	发明
504	广东一方制药有限公司	中药颗粒的制备方法（202210486343.8）	发明
505	广东一方制药有限公司	郁金或莪术的指纹图谱构建方法及其鉴别方法（202210282123.3）	发明
506	广东一方制药有限公司	石见穿药材或其标准汤剂的特征图谱构建方法和检测方法（202210383733.2）	发明
507	广东一方制药有限公司	金银花 – 连翘药对制剂的特征图谱构建方法与检测方法（202210651345.8）	发明
508	广东一方制药有限公司	蔓荆子的指纹图谱构建方法以及多指标含量检测方法（202210342691.8）	发明
509	广东一方制药有限公司	檀香提取物、檀香中药配方颗粒及其制备方法（202210262732.2）	发明
510	广东一方制药有限公司	鲜益母草中药配方颗粒及其制备方法（202210668884.2）	发明
511	广东一方制药有限公司	半边莲中药标准汤剂的特征图谱构建方法、鉴别方法以及化学成分含量检测方法（202211003577.9）	发明
512	广东一方制药有限公司	皂角刺中药饮片标准汤剂的特征图谱的构建方法（202210822278.1）	发明

续表

序号	企业名称	专利名称（专利号）	类型
513	广东一方制药有限公司	石膏－知母药对中药配方颗粒指纹图谱的构建方法及指标成分含量的检测方法（202210458244.9）	发明
514	广东一方制药有限公司	皂角刺中药饮片标准汤剂中东莨菪内酯的含量的测定方法（202210821177.2）	发明
515	广东一方制药有限公司	决明子的指纹图谱构建与检测方法、基础鉴定的构建方法及其应用（202210905447.8）	发明
516	广东一方制药有限公司	车前科中药药材或制剂的指纹图谱的构建方法、检测方法和鉴别方法（202211220802.4）	发明
517	广东一方制药有限公司	旋覆花－赭石药对中药配方颗粒的指纹图谱的构建方法、鉴别方法和含量的测定方法（202210911904.4）	发明
518	广东一方制药有限公司	不同基原白薇、老瓜头的指纹图谱的构建方法和鉴别方法（202211156427.1）	发明
519	广东一方制药有限公司	酚类化合物、从通草中提取分离酚类化合物的方法、应用（202211438489.1）	发明
520	广东一方制药有限公司	黄荆子的特征图谱构建、检测以及与蔓荆子的鉴别方法（202211224757.X）	发明
521	北京康仁堂药业有限公司	一种区分北苍术与茅苍术水提物的方法（202210394671.5）	发明
522	北京康仁堂药业有限公司	一种绞股蓝水提物的检测及其质量控制方法（202210412374.9）	发明
523	北京康仁堂药业有限公司	一种麦芽炮制品的鉴别模型的构建方法以及鉴别方法（202210394378.9）	发明
524	北京康仁堂药业有限公司	海风藤及其制剂的检测方法和质量控制方法（202210400951.2）	发明
525	北京康仁堂药业有限公司	一种珍珠透骨草配方颗粒的质量控制方法（202211053695.0）	发明
526	北京康仁堂药业有限公司	一种珍珠透骨草配方颗粒的制备方法与质量控制方法（202211054350.7）	发明
527	北京康仁堂药业有限公司	一种木鳖子的 UPLC 特征图谱构建方法及应用（202210731284.6）	发明
528	北京康仁堂药业有限公司	一种蜈蚣配方颗粒特征图谱及其构建方法和应用（202211047665.9）	发明
529	北京康仁堂药业有限公司	一种蓼大青叶水提取物及其制剂的特征图谱及其构建方法（202210410953.X）	发明
530	北京康仁堂药业有限公司	一种莪术中药配方颗粒及其制备方法（202211057100.9）	发明
531	北京康仁堂药业有限公司	一种艾叶及其制剂特征图谱的构建方法、特征图谱和应用（202211005718.0）	发明

续表

序号	企业名称	专利名称（专利号）	类型
532	四川新绿色药业科技发展有限公司	一种大肺筋草药材、饮片、标准汤剂及其配方颗粒 HPLC 特征图谱构建方法（202210211836.0）	发明
533	四川新绿色药业科技发展有限公司	一种龙胆草配方颗粒 HPLC 特征图谱构建方法（202210212694.X）	发明
534	四川新绿色药业科技发展有限公司	一种构建盐吴茱萸高效液相特征图谱的方法及其应用（202210338604.1）	发明
535	四川新绿色药业科技发展有限公司	一种藿香及其制剂的检测方法（202210411593.5）	发明
536	四川新绿色药业科技发展有限公司	一种山枝仁药材、饮片、提取物及制剂的检测方法（202210411648.2）	发明
537	四川新绿色药业科技发展有限公司	一种同时检测紫苑药材或紫苑制品中 6 种有机酸的方法（202210421281.2）	发明
538	四川新绿色药业科技发展有限公司	鸡内金、炒鸡内金、醋鸡内金饮片及其标汤、颗粒剂的 UPLC 特征图谱构建方法及应用（202210421354.8）	发明
539	四川新绿色药业科技发展有限公司	一种竹叶柴胡或其制剂的检测方法及其指纹图谱的构建方法（202211309040.5）	发明
540	四川新绿色药业科技发展有限公司	一种同时检测川芎和水蛭的薄层色谱方法（202210824302.5）	发明
541	四川新绿色药业科技发展有限公司	一种鸡内金及其炮制品饮片、标准汤剂、配方颗粒中染料木苷的含量测定方法（202210877372.7）	发明
542	江阴天江药业有限公司	一种颗粒中药打包机（202210734318.7）	发明
543	江阴天江药业有限公司	一种竹沥半夏的特征图谱和对照图谱的构建方法及半夏不同炮制品的区分方法（202211016883.6）	发明
544	江阴天江药业有限公司	一种九香虫及其炮制品的质量评价方法（202210824283.6）	发明
545	江阴天江药业有限公司	清上蠲痛汤的质量控制方法（202210372406.7）	发明
546	江阴天江药业有限公司	青风藤特征图谱的构建方法（202210449695.6）	发明
547	江阴天江药业有限公司	一种全面控制叶下珠质量的检测方法（202211068032.6）	发明
548	江阴天江药业有限公司	清上蠲痛汤特征图谱的构建方法（202210373421.3）	发明
549	江阴天江药业有限公司	一种区分半夏不同炮制品的方法（202211323743.3）	发明
550	江阴天江药业有限公司	一种全面控制落花生枝叶质量的检测方法（202210902310.7）	发明
551	江阴天江药业有限公司	一种全面控制壁虎配方颗粒质量的控制方法（202210627638.2）	发明
552	江阴天江药业有限公司	一种快速全面控制半夏厚朴汤标准汤剂质量的检测方法（202210256179.1）	发明

续表

序号	企业名称	专利名称（专利号）	类型
553	江阴天江药业有限公司	一种全蝎药材及其配方颗粒 UPLC 特征图谱的构建方法及应用（202210533619.3）	发明
554	江阴天江药业有限公司	一种马勃药材及其配方颗粒特征图谱的构建方法及其应用（202210925290.5）	发明
555	江阴天江药业有限公司	一种地锦草及其制剂的薄层鉴别方法（202211108911.7）	发明
556	江阴天江药业有限公司	一种芦根药材指纹图谱的建立方法（202210913324.9）	发明
557	江阴天江药业有限公司	一种丝瓜络 UPLC 特征图谱的构建和检测方法（202211108737.6）	发明
558	江阴天江药业有限公司	一种寻骨风样品的质量控制方法（202210997228.7）	发明
559	江阴天江药业有限公司	枳实薤白桂枝汤 UPLC 特征图谱的构建及应用（202211082618.8）	发明
560	江阴天江药业有限公司	一种测定柿蒂中多成分的 UPLC-Q-TOF-MS 方法（202211063437.0）	发明
561	江阴天江药业有限公司	一种从茜草中制备活性单体大叶茜草素的方法（202210903414.X）	发明
562	华润三九医药股份有限公司	瓜蒌子产品的特征图谱检测方法和含量测定方法（202210527132.4）	发明
563	华润三九医药股份有限公司	一种金樱子肉配方颗粒的特征图谱检测方法及其质控方法（202210524393.0）	发明
564	华润三九医药股份有限公司	一种橘红配方颗粒的特征图谱检测方法及其质控方法（202210523379.9）	发明
565	华润三九医药股份有限公司	大黄产品的薄层鉴别方法及其用途（202210527131.X）	发明
566	华润三九医药股份有限公司	一种炒山楂药物制剂的指纹图谱及其构建方法与应用（202210525804.8）	发明
567	华润三九医药股份有限公司	一种赤小豆或其药物制剂特征图谱的构建方法及其用途（202210524043.4）	发明
568	华润三九医药股份有限公司	一种泽泻或其药物制剂的特征图谱的构建方法及其用途（202210524920.8）	发明
569	华润三九医药股份有限公司	锦灯笼的 UPLC 特征图谱构建方法及质量控制方法（202210524863.3）	发明
570	华润三九医药股份有限公司	川牛膝和 / 或酒川牛膝的 UPLC 特征图谱构建方法及鉴别与质量控制方法（202210524864.8）	发明
571	华润三九医药股份有限公司	一种紫苏梗药物制剂的特征图谱的构建方法（202210524385.6）	发明
572	山东一方制药有限公司	一种中药颗粒原材料特性检测用储存罐（202211616909.0）	发明

续表

序号	企业名称	专利名称（专利号）	类型
573	国药集团同济堂制药有限公司	一种隔山消提取物及其制备方法、检测方法和应用（202211468363.9）	发明
574	安徽宏方药业有限公司	一种颗粒药物定量分拣装置（专利号：ZL202222495056.1；证书号：第17951017号）	发明
575	广东一方制药有限公司	木芙蓉叶的特征图谱的构建方法（202310265188.1）	发明
576	北京康仁堂药业有限公司	一种液液连续萃取装置（202322485400.3）	实用新型
577	北京康仁堂药业有限公司	一种便携式颗粒剂外包装结构（202322757590.X）	实用新型
578	北京康仁堂药业有限公司	一种中药提取设备（202322758559.8）	实用新型
579	北京康仁堂药业有限公司	一种薄层层析缸（202323325752.9）	实用新型
580	北京康仁堂药业有限公司	一种中药提取终点的检测系统装置（202323328360.8）	实用新型
581	山东一方制药有限公司	一种基于人工智能的中药配方颗粒生产过程数据处理系统（202310518704.7）	发明
582	山东一方制药有限公司	一种基于图像处理的中药生产监视控制系统及方法（202311129303.9）	发明
583	山东一方制药有限公司	一种中药配方颗粒自动化生产流水线监测控制管理系统（202311714107.8）	发明
584	山东一方制药有限公司	一种中药配方颗粒生产加工一致性控制方法（202311726310.7）	发明
585	山东一方制药有限公司	一种中药配方颗粒全周期溯源管理平台（202311743555.0）	发明
586	湖南一方制药有限公司	一种药液抽检机（202310485485.7）	发明
587	湖南一方制药有限公司	一种中药自动破碎机（202310565974.3）	发明
588	浙江景岳堂药业有限公司	一种无花果配方颗粒质量控制方法（202311843208.5）	发明

附录3　296个中药配方颗粒国家标准起草单位

附表3　296个中药配方颗粒国家标准起草单位

企业名称	品种情况
广东一方制药有限公司	白芍、白芷（白芷）、百部（对叶百部）、百合（卷丹）、半枝莲、炒白芍、车前草（车前）、陈皮、醋延胡索、淡竹叶、杜仲、防风、佛手、麸炒薏苡仁、麸炒枳壳、广金钱草、合欢皮、厚朴（厚朴）、虎杖、黄柏、姜厚朴（厚朴）、金钱草、酒萸肉、菊花、灵芝（赤芝）、龙胆（龙胆）、蜜百部（对叶百部）、蜜百合（卷丹）、蜜旋覆花（旋覆花）、墨旱莲、牛膝、山萸肉、射干、升麻（大三叶升麻）、生姜、土茯苓、菟丝子（南方菟丝子）、旋覆花（旋覆花）、延胡索、盐杜仲、盐黄柏、盐菟丝子（南方菟丝子）、茵陈［滨蒿（绵茵陈）］、淫羊藿（淫羊藿）、鱼腥草、泽兰、枳壳、紫花地丁、炒苍耳子、醋青皮（个青皮）、醋青皮（四花青皮）、青皮（个青皮）、青皮（四花青皮）、蛇床子、矮地茶、北沙参、穿心莲、藁本（辽藁本）、红景天、密蒙花、木贼、沙苑子、辛夷（望春花）、浙贝母、太子参、积雪草、大蓟、姜黄、酒白芍、龙胆（坚龙胆）、龙脷叶、山银花（灰毡毛忍冬）、石韦（有柄石韦）、木芙蓉叶、艾叶、浮萍、两头尖、马鞭草、羌活（羌活）
江阴天江药业有限公司	白芷（杭白芷）、补骨脂、炒牛蒡子、车前子（车前）、川牛膝、大黄（药用大黄）、大枣、当归、地肤子、甘草（甘草）、干姜、钩藤（钩藤）、骨碎补、黄连（黄连）、黄芪（蒙古黄芪）、黄芩、火麻仁、鸡血藤、焦山楂（山里红）、酒大黄（药用大黄）、酒当归、酒黄芩、酒女贞子、蜜紫菀、牛蒡子、女贞子、秦皮（尖叶白蜡树）、山楂（山里红）、生地黄、熟大黄（药用大黄）、熟地黄、天麻、乌梅、乌药、续断、玄参、盐补骨脂、盐车前子（车前）、盐续断、远志（远志）、紫菀、白术、炒火麻仁、炒蒺藜、麸炒白术、桑椹、苏木、制远志（远志）、萹蓄、槟榔、炒槟榔、刺五加、焦槟榔、酒大黄（掌叶大黄）、酒黄连（黄连）、两面针、鹿衔草（鹿蹄草）、麦冬（川麦冬）、麦冬（浙麦冬）、木棉花、青葙子、山豆根、炙黄芪（蒙古黄芪）、醋五味子、五味子、荜茇、炒牵牛子（裂叶牵牛）、大腹皮（大腹皮）、覆盆子、贯叶金丝桃、荔枝核、牵牛子（裂叶牵牛）、盐荔枝核、垂盆草、猫爪草、蒲黄（水烛香蒲）、蒲黄炭（水烛香蒲）、重楼（云南重楼）
华润三九医药股份有限公司	侧柏叶、赤芍（芍药）、麸炒枳实（酸橙）、金银花、桑叶、野菊花、枳实（酸橙）、炙淫羊藿（淫羊藿）、炒酸枣仁、人参、酸枣仁、侧柏炭、炒山楂（山里红）、赤芍（川赤芍）、赤小豆（赤小豆）、大黄（掌叶大黄）、瓜蒌子（栝楼）、红花、胡黄连、化橘红（柚）、金樱子肉、锦灯笼、酒川牛膝、橘红、罗汉果、石榴皮、小蓟、盐泽泻（东方泽泻）、紫苏梗、布渣叶、醋南五味子、筋骨草、酒续断、玫瑰花、南五味子、青蒿、熟大黄（掌叶大黄）、炒瓜蒌子（栝楼）、赤小豆（赤豆）、大黄（唐古特大黄）、酒大黄（唐古特大黄）、熟大黄（唐古特大黄）

续表

企业名称	品种情况
四川新绿色药业科技发展有限公司	白鲜皮、板蓝根、焯桃仁（桃）、炒桃仁（桃）、炒王不留行、炒栀子、川射干、川芎、大青叶、防己、粉葛、荷叶、槐角、焦栀子、酒丹参、蜜槐角、蜜枇杷叶、蜜桑白皮、枇杷叶、蒲公英（碱地蒲公英）、前胡、桑白皮、桑枝、烫骨碎补、桃仁（桃）、天花粉（栝楼）、王不留行、香橼（香圆）、栀子、紫苏子、炒紫苏子、醋香附、罗布麻叶、香附、麻黄（草麻黄）、蜜麻黄（草麻黄）、小蓟炭、盐沙苑子、地榆炭（地榆）
北京康仁堂药业有限公司	巴戟天、薄荷、北柴胡、醋北柴胡、独活、麸炒苍术（北苍术）、葛根、何首乌、荆芥、苦参、款冬花、蜜款冬花、秦艽（粗茎秦艽）、肉桂、首乌藤、盐知母、益母草、泽泻（泽泻）、知母、制何首乌、炙甘草（甘草）、苍术（北苍术）、瓜蒌（栝楼）、酒苁蓉（肉苁蓉）、木蝴蝶、木香、炮姜、瞿麦（石竹）、吴茱萸（吴茱萸）、制巴戟天、制吴茱萸（吴茱萸）、广藿香、白前（柳叶白前）、白茅根、络石藤、蔓荆子（单叶蔓荆）、炒蔓荆子（单叶蔓荆）、青风藤（青藤）
培力（南宁）药业有限公司	焯苦杏仁（西伯利亚杏）、炒苦杏仁（西伯利亚杏）、炒莱菔子、苦杏仁（西伯利亚杏）、莱菔子、桑寄生、夏枯草、肿节风、党参（党参）、酒苁蓉（管花肉苁蓉）、桔梗、肉苁蓉（管花肉苁蓉）
神威药业集团有限公司	合欢花（合欢花）、槐花（槐花）、连翘（青翘）
北京盈科瑞创新医药股份有限公司	忍冬藤、炒槐花（槐花）
吉林长白山药业集团股份有限公司	蒺藜
天士力医药集团股份有限公司	丹参
安徽九洲方圆制药有限公司	炙甘草（胀果甘草）

附录4 2021年原六家国家试点企业中药配方颗粒省标品种分工表

附表4 2021年原六家国家试点企业中药配方颗粒省标品种分工表

企业名称	品种情况
广东一方制药有限公司	矮地茶、艾叶炭、白头翁、百药煎、白薇、半枫荷、扁豆花、蚕沙、草豆蔻、焯桃仁（山桃）、炒白扁豆、炒柏子仁、炒苍耳子、炒鸡内金、炒芥子（白芥）、炒桃仁（山桃）、炒菟丝子、炒紫苏子、穿山龙、磁石、葱白、醋莪术、醋龟甲、醋青皮（四花青皮）、醋五灵脂、醋郁金、大蓟炭、淡豆豉、冬葵果、豆蔻、煅磁石、莪术、儿茶、凤尾草、茯苓、藁本（辽藁本）、广东王不留行、龟甲胶、鬼针草、蛤蚧、荷梗、黑蚂蚁、厚朴花、葫芦茶、琥珀、花生衣、化橘红、火炭母、鸡矢藤、急性子、建曲、姜黄、姜竹茹、接骨木、芥子（芥）、金耳环、金樱子、橘核、苦丁茶、苦楝皮、腊梅花、老鹳草、雷公藤、连翘（青翘）、六月雪、芦荟、罗汉果、马鞭草、马兰根、毛麝香、茅莓根、米炒党参、木贼、佩兰、青果、青皮（个青皮）、肉豆蔻、山药、十大功劳叶、石斛、石决明、石韦（有柄石韦）、使君子、檀香、天竺黄、土大黄、乌梢蛇、五谷虫、五灵脂、五指毛桃、仙灵脾、鲜龙葵果、徐长卿、萱草花、芫花、益智仁、薏苡仁、银杏叶、郁金、预知子、赭石、珠子参、猪牙皂、竹蜂、竹茹、紫苏梗、艾叶、八角茴香、白扁豆、柏子仁、荜澄茄、扁豆衣、布渣叶、蝉蜕、炒川楝子、炒芥子（芥）、炒决明子、茺蔚子、川楝子、醋艾炭、醋青皮（个青皮）、醋乳香、大蓟、地骨皮（枸杞）、地榆、灯心草、冬瓜子、独脚金、煅自然铜、阿胶、番石榴叶、麸炒山药、茯苓皮、广东土牛膝、龟甲、海金沙、海螵蛸、诃子（诃子）、荷叶炭、黑豆衣、黑老虎、红豆蔻、红景天、红曲、蝴蝶果、花椒、滑石、鸡内金、僵蚕、芥子（白芥）、金莲花、金沙牛、酒白芍、酒蕲蛇、酒乌梢蛇、菊苣、卷柏、苦瓜、蓝花参、连翘心、两头尖、龙脷叶、罗布麻叶、绿豆、茅根炭、梅花、蜜金樱子、蜜马兜铃、绵马贯众、牡蛎、木芙蓉叶、南沙参、胖大海、蒲葵子、千里光、茜草、羌活、青皮（四花青皮）、青天葵、青叶胆、乳香、三七、沙苑子、山慈菇、山银花、蛇床子、石南藤、石韦、石蟹、松针、桃仁（山桃）、天葵子、甜瓜子、土鳖虫、仙鹤草、小蓟、亚麻子、盐巴戟天、盐橘核、盐益智仁、阴地蕨、鹰不泊、泽漆、浙贝母、栀子炭、制天南星、猪殃殃、自然铜、走马胎
江阴天江药业有限公司	白背叶根、白果仁、白及、白屈菜、败酱草、壁虎（天龙）、鳖甲、槟榔、草果仁、炒槐花（槐米）、炒蒺藜、炒九香虫、炒蒲黄、垂盆草、醋三棱、大腹皮、大黄（唐古特大黄）、大黄炭、当归尾、地锦草（斑地锦）、煅紫石英、麸炒白术、麸煨肉豆蔻、茯神、附片（黑顺片）、杠板归、狗肝菜（狗肝草）、枸骨叶、枸杞子、海风藤、黑豆、槐花（槐米）、槐角炭、黄精（多花黄精）、黄毛耳草、鸡蛋花、荠菜、姜半夏、降香、金果榄、韭菜子、酒黄连（黄连）、救必应、橘叶、辣蓼、荔枝核、莲子、刘寄奴、鹿角、鹿角霜、路路通、落花生枝叶、麻黄根（草麻黄）、马齿苋、芒果核、猫爪草、木瓜、片姜黄、蒲黄炭、七叶莲、千年健、青葙子、清半夏、全蝎、蕤仁、三棱、桑螵蛸、砂仁（阳春砂）、山豆根、蛇六谷、蛇蜕、石榴皮、水红花子、水杨梅根、丝瓜络、苏木、藤梨根、天浆壳、天仙藤、铁包金、土牛膝、望江南、苇茎、蜈蚣、喜树果、小茴香、小通草（中国旌节花）、寻骨风、盐荔枝核、盐小茴香、阳起石、浙桐皮、栀子根、枳实（甜橙）、制远志（远志）、炙升麻、重楼、紫荆皮、紫珠叶、菝葜、白花蛇舌草、白前

续表

企业名称	品种情况
江阴天江药业有限公司	（柳叶白前）、白术、瘪桃干、炒槟榔、炒车前子（车前）、炒黄连、炒火麻仁、炒没药、炒牵牛子（裂叶牵牛）、炒葶苈子（播娘蒿）、炒郁李仁、沉香、楮实子、椿皮、醋鳖甲、醋没药、醋商陆、醋五味子、淡附片、丁香、法半夏、翻白草、粉萆薢、凤仙透骨草、麸炒椿皮、麸炒枳实（甜橙）、浮海石（海浮石）、覆盆子、高良姜、桂枝、蛤壳、荷包草、黑顺片、红参、葫芦壳、花蕊石、淮小麦、蒺藜、姜炭、焦槟榔、焦六神曲、金荞麦、荆芥炭、景天三七、九香虫、酒大黄（唐古特大黄）、酒黄精（多花黄精）、爵床、老桑枝、荔枝草、连钱草、莲须、莲子心、凌霄花、鹿角胶、马勃、麦冬、猫人参、毛冬青、没药、蜜远志（远志）、木槿花、木通（木通）、墓头回、南方红豆杉、蒲黄、脐带、牵牛子（裂叶牵牛）、人参叶、三叉苦（三椏苦）、三叶青、桑椹、伸筋草、生地黄炭（生地炭）、石楠叶、柿蒂、熟大黄（唐古特大黄）、熟地炭、水牛角、娑罗子（天师栗）、葶苈子（播娘蒿）、通天草、土荆皮、威灵仙（东北铁线莲）、乌梅炭、无花果、五味子、西青果、豨莶草（腺梗豨莶）、香加皮、薤白（小根蒜）、雄蚕蛾、续断炭、血见愁、芫荽子、野葡萄根、薏苡根、银柴胡、余甘子、玉米芯、玉竹、制川乌、炙黄芪（蒙古黄芪）、朱灯心、猪苓、竹沥半夏、紫草、紫石英、紫苏叶
华润三九医药股份有限公司	白矾、侧柏炭、炒赤芍（芍药）、炒刺猬皮、炒瓜蒌子（栝楼）、炒六神曲、炒虻虫、炒山楂（山里红）、赤石脂、赤小豆（赤豆）、楮桃叶、醋京大戟、醋南五味子、醋香附、地耳草、地龙（参环毛蚓）、冬瓜皮、杜仲叶、煅浮海石、煅牡蛎、煅石膏、煅瓦楞子、煅珍珠母、阿胶珠、蜂房、麸炒泽泻、甘松、岗梅、谷芽、瓜蒌子（栝楼）、海金沙藤、海桐皮、寒水石、核桃仁、红大戟、红花、胡椒、胡颓子叶、黄柏炭、黄蜀葵花、焦白术、焦建神曲、金礞石、金雀根、筋骨草、酒川牛膝、酒苁蓉（肉苁蓉）、酒大黄（掌叶大黄）、酒续断、枯矾、两面针、绿豆衣、麦芽、玫瑰花、牡丹皮炭、木棉花、南板蓝根、南五味子、芡实、人参花、三七花、沙棘、商陆、神曲、石上柏、熟大黄（掌叶大黄）、四季青、酸枣仁、烫水蛭（蚂蟥）、甜瓜蒂、甜杏仁、香附、鸭跖草、盐女贞子、盐泽泻（东方泽泻）、叶下珠、禹余粮、皂角刺、珍珠母、制乳香、百蕊草、苍耳子、草果、常山、炒麦芽、炒酸枣仁、赤芍（川赤芍）、赤小豆（赤小豆）、川木通、醋芫花、大黄（掌叶大黄）、大蒜、杜仲炭、煅赤石脂、煅龙骨、煅石决明、煅阳起石、鹅不食草、岗稔、葛花、功劳叶、狗脊、瓜蒌皮（栝楼）、鹤虱、胡黄连、槐米、黄精（黄精）、黄药子、积雪草、椒目、绞股蓝、金樱子肉、锦灯笼、橘红、橘皮、宽筋藤、辣椒、龙齿、龙骨、龙眼肉、密蒙花、南瓜子、炮山甲、青蒿、青礞石、肉苁蓉（肉苁蓉）、石膏、水飞蓟、水蛭（蚂蟥）、素馨花、太子参、瓦楞子、五倍子、溪黄草、香茶菜、盐桑螵蛸、羊蹄、郁李仁、月季花
四川新绿色药业科技发展有限公司	巴戟肉、北豆根、萆薢、炒楮实子、炒蜂房、炒青葙子、抽葫芦、川明参、川桐皮、醋艾叶、大豆黄卷、大血藤、黛蛤散、地榆炭、灯盏细辛、独一味、煅禹余粮、法落海、榧子、浮萍、隔山撬、贯众炭、诃子肉、黑骨藤、红毛五加皮、鸡冠花、京半夏、粳米、酒羌活鱼、酒豨莶草、决明子、龙胆草、虻虫、蜜麸炒党参、蜜麻黄、蜜升麻、南瓜蒂、藕节炭、青龙衣、石打穿、秫米、鼠妇虫、松萝、铁线透骨草、煨木香、夏天无、小蓟炭、岩白菜、盐胡芦巴、盐韭菜子、盐沙苑子、白蔹、白土苓、北败酱草、北寒水石、北沙参、萹蓄、草红藤、炒白果仁、炒茺蔚子、炒黑芝麻、炒急性子、炒南鹤虱、醋甘遂、醋鸡内金、大肺筋草、刀豆、地锦草（地锦）、冬凌草、煅鹅管石、煅钟乳石、凤凰衣、枸橘梨、胡芦巴、胡枝子、黄荆子、藿香、鸡骨草、寄生、江南卷柏、金蝉花、金沸草、酒川芎、酒仙茅、酒制狗鞭、昆明山海棠、芦竹根、麻黄、黄绒、马兰草、藕节、青风藤（青藤）、山柰、山枝仁、石莲子、舒筋草、松节、天竺子、铁树叶、煨粉葛、小青草、盐蒺藜、盐牛膝、盐吴茱萸、制黄精、竹叶柴胡

续表

企业名称	品种情况
北京康仁堂药业有限公司	白茅根、白英、北刘寄奴、荜茇、炒冬瓜子、炒蔓荆子（单叶蔓荆）、赤茯苓、煅金礞石、番泻叶、麸炒芡实、黑芝麻、槲寄生、花椒目、焦稻芽、焦麦芽、荆芥穗炭、九节菖蒲、橘络、昆布、莲房、蓼大青叶、龙葵、龙血竭、漏芦、绵萆薢（绵萆薢）、木鳖子、南鹤虱、炮姜、茜草炭、青黛、青皮炭、石楠藤、锁阳、通草、土贝母、威灵仙（棉团铁线莲）、西洋参、豨莶草（豨莶）、香薷、辛夷（望春花）、茵陈（茵陈蒿）、油松节、玉米须、制草乌、苎麻根、棕榈炭、白附片、白药子、半边莲、炒稻芽、炒杜仲、炒谷芽、炒建曲、穿心莲、刺五加、大黄（后下）、玳玳花、胆南星、煅蛤壳、煅青礞石、煅赭石、伏龙肝、浮小麦、赶黄草、谷精草、贯叶金丝桃、广藿香、鬼箭羽、海藻、槐花炭、黄芩炭、姜草果仁、焦谷芽、荆芥穗、苦地丁、六神曲、芦根、鹿衔草（鹿蹄草）、络石藤、蔓荆子（单叶蔓荆）、牡丹皮、硼砂、瞿麦（石竹）、拳参、蛇莓、石菖蒲、石见穿、丝瓜络炭、烫狗脊、天冬、甜叶菊、煨肉豆蔻、五加皮、细辛、仙茅、珍珠粉、珍珠透骨草、制白附子、钟乳石
培力（南宁）药业有限公司	炒黄芩、当归炭、倒扣草、广西海风藤、魔芋、糯稻根、千斤拔、忍冬藤、山芝麻、守宫、水翁花、制地龙、碧桃干、炒乳香、穿破石、大驳骨、当归头、稻芽、猕猴桃根、牛大力、水蜈蚣、天香炉、小驳骨、鸦胆子、夜明砂

附录 5　2009—2016 年原六家国家试点企业制定行业标准会议照片

2009 年 11 月 19 日，国家食品药品监督管理局召开“中药配方颗粒监督管理研讨会”，提出由中国中药协会牵头，原六家国家试点生产企业共同进行中药配方颗粒质量标准统一，并制定行业标准，同年 12 月 13 日，原六家国家试点生产企业在江阴召开启动会议，从 2009 年 12 月至 2016 年 8 月，原六家国家试点生产企业共 100 多名科研人员，历经 6 年零 8 个月的实验研究，经过 16 次标准统稿会议，最终形成了 681 个品种的行业标准，为后来制定中药配方颗粒国家标准打下坚实的基础。

附图 1　配方颗粒质量标准统一启动会（2009 年 12 月 13 日）

附图 2　中药配方颗粒行业标准第一次统稿会（2010 年 3 月 16 日）

附图 3　中药配方颗粒行业标准第二次统稿会（2010 年 8 月 15 日）

附图 4　中药配方颗粒行业标准第三次统稿会（2011 年 8 月 13 日）

附图 5　中药配方颗粒行业标准第五次统稿会（2012 年 3 月 28 日）

附图 6　中药配方颗粒行业标准第六次统稿会（2012 年 7 月 17 日）

附图 7　中药配方颗粒质量标准研究制定技术要求（征求意见稿）讨论会（2012 年 10 月 11 日）

附图 8　中药配方颗粒行业标准第七次统稿会（2013 年 1 月 15 日）

附图 9　中药配方颗粒行业标准第八次统稿会（2013 年 4 月 11 日）

附图 10　中药配方颗粒行业标准第十次统稿会（2013 年 11 月 18 日）

附图 11　中药配方颗粒行业标准第十一次统稿会（2014 年 4 月 26 日）

附图 12　中药配方颗粒行业标准第十二次统稿会（2014 年 9 月 23 日）

附图 13　中药配方颗粒行业标准第十三次统稿会（2014 年 12 月 24 日）

附图 14　中药配方颗粒行业标准第十四次统稿会（2015 年 3 月 17 日）

附图 15　中药配方颗粒行业标准第十五次统稿会（2015 年 8 月 3 日）

附图 16　中药配方颗粒行业标准第十六次统稿会（2015 年 12 月 21 日）

附录 6　2016—2023 年中药配方颗粒国家标准评审会议照片

2015 年 12 月国家食品药品监督管理总局发布了《中药配方颗粒管理办法（征求意见稿）》，2016 年 8 月，国家药典委员会下发《中药配方颗粒质量控制与标准制定技术要求（征求意见稿）》，在国家药监局、药典委的领导下，原六家中药配方颗粒国家试点生产企业开始中药配方颗粒国家标准的研究工作。

附图 17　中药配方颗粒国家标准启动会（2016 年 7 月 26 日）

附图 18　中药配方颗粒国家标准申报第二次会议（2017 年 2 月 28 日）

附图 19　国标申报专家咨询会（2017 年 9 月 7 日）

附图 20　中药配方颗粒国家标准专家咨询会（2019 年 4 月 11 日）

附图 21　中药配方颗粒国家标准复核工作会议（2019 年 9 月 24 日）

附图 22　中药配方颗粒试点统一标准（公示稿）讨论会（2019 年 12 月 11 日）

附图 23　第一批中药配方颗粒国家标准公示稿意见反馈会（2020 年 8 月 11 日）

附图 24　国标评审会第十六次（2020 年 8 月 13 日）

附图 25　国标评审会第十六次（2020 年 9 月 3 日）

附图 26　国标评审会第十七次（2021 年 4 月 7 日）

附图 27　国标评审会（2023 年 4 月 11 日）

附图 28　国标评审会（2023 年 10 月 10 日）

附图 29　国标评审会（2023 年 10 月 10 日）

附图 30　国标评审会（2023 年 10 月 10 日）

参考文献

扫码看参考文献